독자의 경험을 더 멋지게 만드는 UX 멀티-터치 책 디자인 툴

iBooks Author 2

윤남웅 저

DIGITAL BOOKS
www.digitalbooks.co.kr
디·지·털·세·상·의·안·내·자

독자의 경험을 더 멋지게 만드는 UX 멀타-터치 책 디자인 툴

iBooks Author 2

| 만든 사람들 |

기획 IT · CG기획부 **| 진행** 이종석 **| 집필** 윤남웅 **| 편집 디자인** 아이디어스토리지 **| 표지 디자인** 심즈커뮤니케이션

| 책 내용 문의 |

도서 내용에 대해 궁금한 사항이 있으시면
디지털북스 홈페이지의 게시판을 통해서 해결하실 수 있습니다.
디지털북스 홈페이지 : www.digitalbooks.co.kr
E-Mail : digital@digitalbooks.co.kr

| 각종 문의 |

영업관련 hi@digitalbooks.co.kr
기획관련 dgbookplan@digitalbooks.co.kr
전화번호 (02) 447-3157~8

2012년 1월. 애플은 멀티-터치 책(e-book) 저작 도구인 iBooks Author를 세상에 선 보입니다. 애플이 제안한 멀티-터치 책은 기존 전자책의 한계를 뛰어 넘어 보다 다양한 방식의 인터랙티브 대상체인 갤러리, 동영상, 오디오(음성 나레이션), 인터랙티브 다이어그램, 키노트, 복습(문제 내기), 3D 오브젝트 및 HTML Dashcode를 포함함으로서 보다 파워풀하면서 효과적인 방식으로 책의 풍부함을 확장합니다. 그리고 2012년 10월 일부 기능을 대폭 강화한 iBooks Authror 2 버전을 소리소문 없이 업데이트합니다.

이 책은 'iBooks Author 2'에서 새롭게 추가된 세로 보기 전용 책 템플릿, 책 파일에 서체 임베딩, 스크롤 사이드바 및 팝 오버 Widget, 동영상/오디오 자동 변환, 이미지를 탭하여 음성 나레이션 재생, LaTex 및 MathML 기호에 기반하는 수학 표현식 및 책 발행 흐름 등을 다시 재구성하여 집필하였습니다. 드래그 편집 방식에 기반한 iBooks Author는 누구나 손쉽게 원하는 유형의 멀티-터치 책을 디자인하고 만들 수 있으며 iPad를 집어든 학생들에게 교육 과정에 대한 흥미를 느끼기에 충분합니다. iBooks Author는 학생들을 위한 교육용 책 포맷에만 제한되지는 않습니다. Indesign에서 만들었던 포트폴리오, 잡지, 카다로그 또는 요리책, 포토북 등 좀 더 풍부한 콘텐츠를 직접 디자인할 수 도 있으며 생산성과 통일성을 극대화하는데 훌륭한 도구입니다. 그리고 잘 알려져 있지 않지만 시각적으로 어려움이 있는 장애인들을 위한 VoiceOver 지원은 iBooks Author의 교육 대상 스펙트럼을 더욱 확장해 줍니다.

그럼에도 불구하고, 아직까지 우리나라 교육 시장에서 iBooks Author의 포지션은 미미해 보입니다. 멀티-터치 책의 한계 또는 생소함이라기 보다는 대한민국의 현 교육 방식과의 차이로 보이며 보다 능동적인 교육 분위기를 만들려면 교육 방식의 흐름부터 다시 검토해야 합니다. 만약, 여러분이 학생들에게 그 무엇인가를 가르치고 있고, 지금까지 수집해 왔던 교육 자료들을 보다 풍부한 콘텐츠로 만들고 그들에게 새로운 방식의 경험을 선사하고 싶다면 iBooks Author가 그 길을 마련 줄 것입니다. 책 콘텐츠 제공 서비스인 CA(Contents Aggregator, 콘텐츠 중계자)가 국내에 없는 관계로 미국 iBookStore에 멀티-터치 책을 올려야 하는 과정이 조금은 아이러니하지만 요즘 많이 회자되는 '1인 출판 시대'에 여러분들이 동참한다면 우리나라에도 그에 걸맞는 콘텐츠 배포 시스템이 곧 갖추어 질 것이라고 생각해 봅니다.

마지막으로 국내 애플 서적 시장의 활성화를 위하여 노력하고 있는 디지털북스 전직원 그리고 중소 기업 직장인들의 애플 무료 교육을 지원해 주시는 한국폴리텍I 강서캠퍼스 박 민 교수님에게 고맙다는 말을 전합니다.

2013년 2월 5일
저자 윤남웅

C o n t e n t s

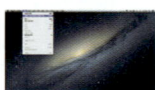

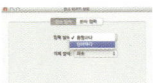

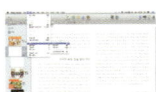

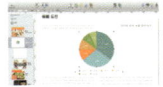

Contents

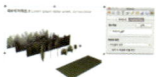

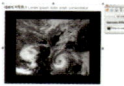

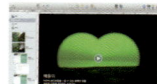

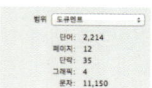

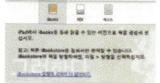

● ● ●

"Here's to the crazy ones. The rebels. The troublemakers. The ones who see things differently. While some may see them as the crazy ones, we see genius. Because the people who are crazy enough to think they can change the world, are the ones who do."

Dedicated to the memory of Steve Jobs.

"반역자, 문제아, 세상을 다르게 보는 미친 그들!
어떤 이는 그들을 그냥 미쳤다고 하지만, 우리는 거기서 천재성을 본다.
세상을 바꿀 수 있다고 믿을 만큼 충분히 미친 사람들,
그들이야말로 진정으로 세상을 바꾸는 사람들이다."

세상을 바꾼 미친 사람, 스티브잡스를 기억하며

Part 01

 준비하기

Lesson **01** 시스템 요구 사항

iBooks Author 2 응용 프로그램을 설치하고 대화식 책 콘텐츠를 제작하려면 다음의 사양을 만족하는 Mac 컴퓨터와 iPad 장비가 필요합니다. 최근에 구입한 새로운 Mac 컴퓨터 또는 iPad 장비는 다음과 같은 요구 사항을 모두 만족합니다.

시스템 요구 사항

① Mac OS X Lion 10.7.4 또는 OS X Mountain Lion 10.8 이상이 설치된 Mac Pro, iMac, Mac mini, MacBook Pro, MacBook Air 컴퓨터
② Mac App Store에서 iBooks Author를 무료로 구입하기 위한 Apple ID 계정
③ iBooks 앱이 설치된 iPad 장비 및 USB 케이블

Lesson 02 | Mac 컴퓨터에 iBooks Author 응용 프로그램 설치

Mac 컴퓨터에 iBooks Author 응용 프로그램을 무료로 구매하고 Mac 컴퓨터에 설치하는 방법에 대하여 학습합니다. (Mac)App Store에 접속하려면 Mac 컴퓨터가 유선 또는 무선 인터넷(Wi-Fi)에 연결되어 있어야 합니다.

Exercise 01 Mac 컴퓨터에 iBooks Author 2 설치하기

01 Mac 컴퓨터를 인터넷에 연결하고, [🍎] 메뉴 → [App Store]를 선택합니다.

02 [App Store]를 선택하면 [App Store] 윈도우가 나타납니다. 오른쪽 상단 코너에 위치한 검색 필드에 'iBooks Author'를 입력하고 [Return] 키를 누릅니다. 그리고 응용 프로그램에 대한 세부 내용을 보기 위하여 검색 결과 목록에서 [iBooks Author] 아이콘 항목을 클릭합니다.

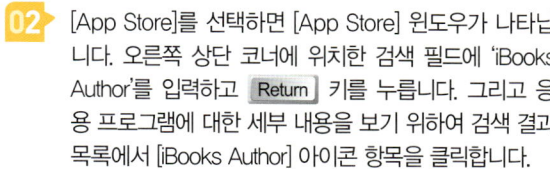

03 아이콘을 클릭하면 iBooks Author에 대한 설명과 해당 버전의 새로운 기능 및 정보를 살펴보고 설치하기 위해 [무료] 버튼을 클릭합니다. [무료] 버튼이 녹색 모양의 [App 설치] 버튼을 바뀌면 해당 버튼을 다시 한 번 클릭합니다.

> **Tip** App Store에 이미 로그인되어 있다면 [무료] 버튼 대신에 [설치] 버튼이 나타납니다.

04 [App 설치] 버튼을 클릭하면 로그인 패널이 나타납니다. 나타난 로그인 패널에서 사용자의 [Apple ID]와 [암호]를 입력하고 [로그인] 버튼을 클릭합니다.

Tip 만약 Apple ID가 없다면 [Apple ID 생성] 버튼을 클릭하고 화면 지침에 따라 사용자의 계정 ID를 생성합니다. 이 계정은 Mac App Store뿐만 아니라 iTunes Store, iBook Store 및 App Store 등에서 공용으로 사용되는 Apple ID입니다.

05 데스크탑 하단에 위치한 Dock의 [Launchpad] 아이콘 위로 [iBooks Author] 아이콘이 날아가며(Flying) 다운로드 및 설치를 시작합니다.

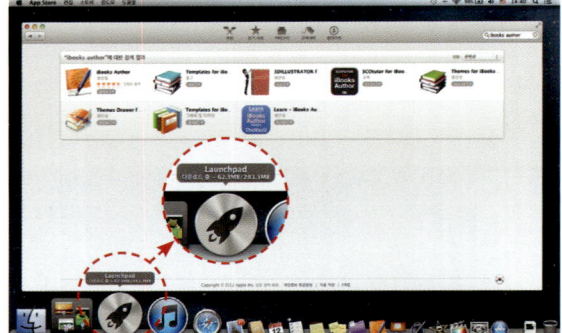

Tip 다운로드하는 동안 다른 작업을 수행할 수 있으며, 설치가 완료되면 Dock의 [Launchpad] 아이콘이 한 번 튕겨져 올라옵니다.

06 설치가 완료되면 Dock에서 [Launchpad] 아이콘을 클릭하고, 메뉴에서 [iBooks Author] 아이콘을 다시 한 번 클릭하여 실행합니다.

Lesson 03 iPad 장비에 iBooks 앱 설치

이전까지 Mac 컴퓨터에 iBooks Author 2 설치하는 것을 살펴봤다면 지금부터는 iPad 장비에 iBooks 앱을 무료로 구매하고 설치하는 방법에 대하여 학습합니다. App Store에 접속하려면 iPad가 무선 인터넷(Wi-Fi)에 연결되어 있어야 합니다. iBooks 앱은 iBooks Author에서 책을 편집하는 동안 실시간으로 해당 섹션을 미리보거나 완성된 책을 볼 때 사용합니다.

Exercise 01 iPad에 iBooks 3 앱 설치하기

01 먼저 iPad를 인터넷에 연결합니다. 홈 화면에서 [App Store] 아이콘을 탭(클릭)하면 [App Store] 창이 나타납니다. 검색 입력 필드에 'iBooks'를 입력하고, 가상 키보드에서 [Search] 키를 탭(클릭)합니다.

02 앱에 대한 세부 내용을 보기 위하여 검색 결과 목록에서 [iPad App] 섹션의 [iBooks] 아이콘 항목을 탭(클릭)합니다.

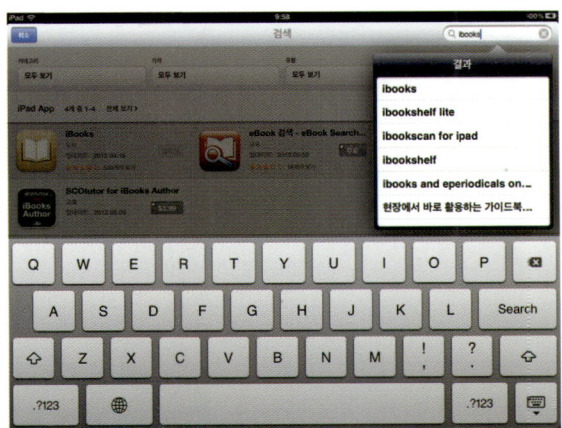

03 iBooks 3에 대한 설명과 해당 버전의 새로운 기능 및 정보 등을 확인합니다. 이어서 [무료] 버튼을 탭(클릭)하면 [무료] 버튼이 녹색 모양의 [App 설치] 버튼으로 바뀝니다. 이때 [App 설치] 버튼을 탭(클릭)합니다.

Tip [App Store]에 이미 로그인되어 있다면 [무료] 버튼 대신에 [설치] 버튼이 나타납니다.

04 로그인 패널이 나타나며, 여기에 Apple ID에 대한
[암호]를 입력한 후 [승인] 버튼을 탭(클릭)합니다.

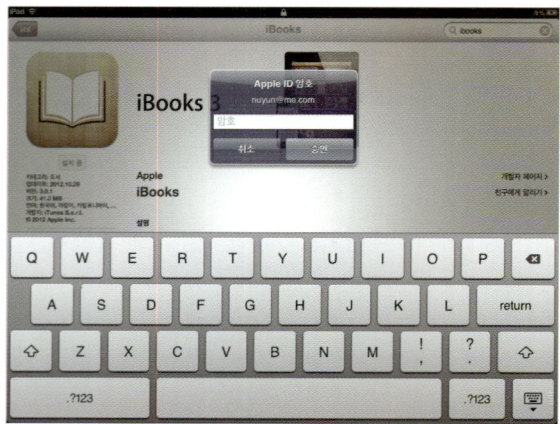

> **Tip**
> [App Store]에 로그인되어 있지 않다면 로그인 패널에서 [기존의 Apple ID 사용] 버튼을 탭하고, 다음 화면 지침에서 [Apple
> ID]와 [암호]를 입력한 후 [승인] 버튼을 탭합니다.
> Apple ID가 없다면 [새로운 Apple ID 생성] 버튼을 탭하고, 화면 지침에 따라 사용자의 계정 ID를 생성합니다. 이 계정은
> App Store뿐만 아니라 iTunes Store, iBook Store 및 Mac App Store에서 공용으로 사용됩니다.

05 홈 화면으로 전환되며 iBooks 앱 다운로드 및 설치가
시작됩니다. 다운로드 및 설치를 진행하는 동안
[iBooks] 아이콘 아래에 상태 막대를 표시해 줍니다.

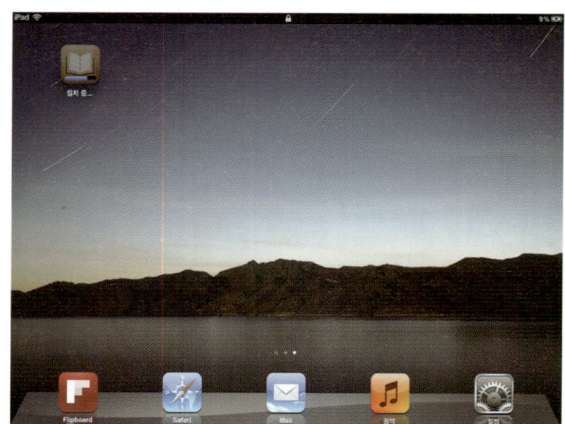

> **Tip**
> iBooks 앱을 설치하는 동안 해당 아이콘을 한 번 탭하면 설치가 일시적으로 중지되며, 다시 한 번 탭하면 설치를 다시 시작
> 합니다.

06 설치가 완료되고 홈 화면에서 [iBooks] 아이콘을 탭하
면 책장 패턴의 iBook 앱 화면이 나타납니다.

> **Tip**
> 다음 그림은 iBooks 앱을 설치한 후, iBook Store
> 에서 여러 가지 유형의 책을 구입한 예시입니다.
> iBooks Author 응용 프로그램에서 제작한 책은
> iPad 장비에서만 볼 수 있습니다.

Lesson 04 책 작업의 흐름

iBooks Author를 사용하여 인터랙티브한 책을 제작하는 기본적인 작업 흐름은 먼저, 멀티-터치 책의 구성을 이해하고 페이지에 다양한 유형의 콘텐츠를 추가 및 편집한 다음, 책 표지 디자인, 소개 동영상 추가 및 기타 책 마무리 단계의 과정으로 이것을 이해하는 것이 중요합니다. 멀티-터치 책을 만드는 전반적인 작업 흐름을 보려면 이 책의 목차 부분부터 살펴보도록 합니다. 이 책의 목차는 작업 순서에 따라 순차적으로 구성하였습니다.

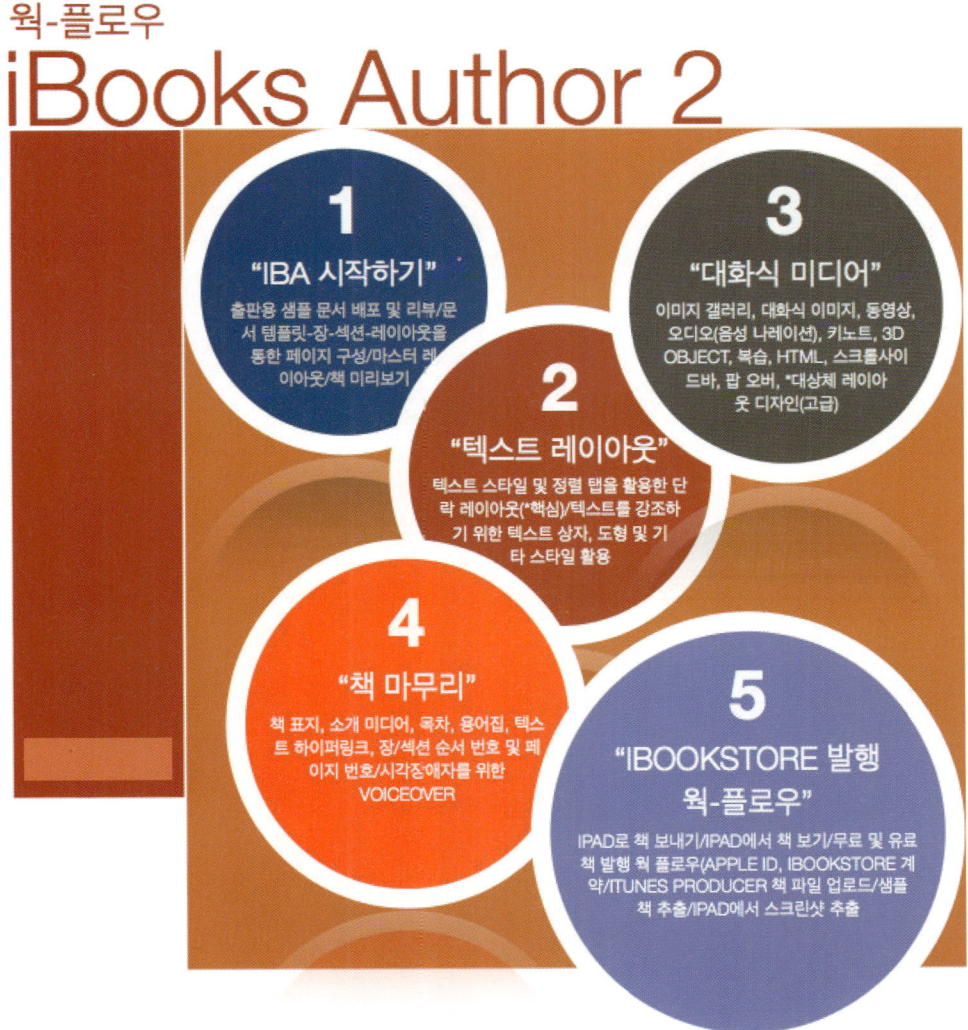

Part 02

 iBooks Author에서
멀티-터치 책 만들기

Theme 01

멀티−터치 책 생성하기

멀티−터치 책의 제작은 템플릿 선택부터 시작합니다. 멀티−터치 책의 기본 요소와 페이지 구성, 마스터 레이아웃을 이해하고 책 방향, 그리고 사용자가 책을 편집하는 동안 iPad에서 책 미리보기 등 본격적인 책 작업에 앞서 다음의 기본적인 사항들에 대하여 학습합니다.

Lesson **01** 템플릿

멀치-터치 책 제작의 시작은 템플릿 선택부터 시작합니다. iBooks Author 2를 실행하면 애플 디자인의 템플릿인 기본, 현대, 모던 양식, 클래식, 사설, 공예, 포토북, 안티크, 요리책 등의 [가로 및 세로 방향] 디자인과 일반 텍스트, 포토북, 모던 베이직, 관보, 전기, 목탄 등의 [세로 방향 전용] 선택 화면이 나타납니다.

이 템플릿 디자인들은 미리 정의된 느낌의 장, 섹션 및 페이지 레이아웃으로 구성됩니다. 텍스트 위주의 책을 제작하려면 [세로 방향 전용] 템플릿 사용을 권장합니다.

> **Tip**
>
> 템플릿은 미리 정의된 장, 섹션 및 페이지 레이아웃으로 구성되며 텍스트, 그래픽, 동영상과 같은 미디어를 틀에 추가하기 위한 '위치 지정자'가 정의되어 있습니다. 다양한 대화식 미디어 위주의 콘텐츠라면 가로 방향을, 텍스트 위주의 콘텐츠라면 세로 방향의 책 레이아웃을 사용합니다.

> **Tip**
>
> 우선 [가로 및 세로 방향] 및 [세로 방향 전용]의 각 템플릿의 레이아웃을 살펴보고, 자신의 콘텐츠 유형에 적절한 레이아웃을 결정합니다. '가로 방향'의 레이아웃은 사용자가 디자인한 그대로 보여지는 정형 패턴인 반면, '세로 방향'의 레이아웃은 텍스트 위주의 레이아웃을 갖는 비정형 패턴입니다.

Exercise 01 가로 및 세로 방향의 템플릿으로 열기

01 [파일] 메뉴 → [새로운 파일] 또는 [템플릿 선택 화면에서 새로운 파일] 중 하나를 선택합니다. 본 그림은 [템플릿 선택 화면에서 새로운 파일]을 선택한 모습입니다.

02 [템플릿 선택 화면]이 나타나면 [가로 및 세로 방향] 섹션에서 [기본, 현대, 모던 양식, 클래식, 사설, 공예, 포토북, 안티크, 요리책] 템플릿 중 하나를 클릭하고, [선택] 버튼을 누릅니다. 본 예제에서는 [포토북]을 선택하였습니다.

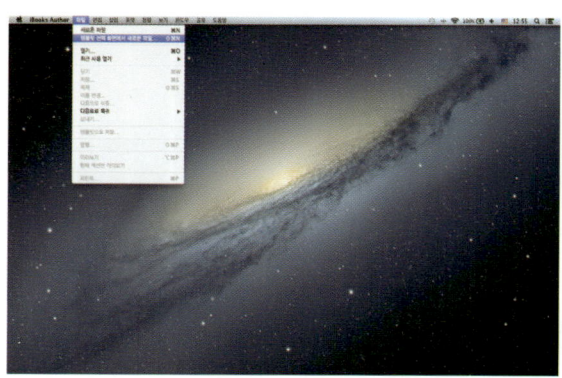

03 새로운 템플릿 문서가 메인 창에서 열립니다. 참고로, 선택한 템플릿의 레이아웃(디자인)은 원하는 대로 사용자화할 수 있지만, 편집 도중에 다른 템플릿으로 전환할 수는 없습니다.
다음 그림은 앞서 선택한 [포토북] 템플릿을 메인 창에서 연 것입니다. 대부분의 템플릿과 마찬가지로 [포토북] 템플릿은 장, 섹션 및 페이지 레이아웃으로 기본 구성되어 있습니다.

04 장 편집 영역에는 배경 이미지와 텍스트 상자가 적절히 배치되어 있습니다. 배경 이미지를 선택하면 [마스크 편집] 패널과 미디어 위치 지정자임을 알려주는 노란색 팝업 도움말이 나타납니다.
이 배경 이미지는 마스크 편집 과정을 거쳐 이미지의 일부 영역을 자른 다음, '미디어 위치 지정자'로 정의하였으므로 새로운 이미지를 이곳으로 드래그하면 스타일을 유지하면서 이미지만 대치됩니다. 이 방식은 페이지의 레이아웃을 유지하면서 새로운 이미지로 대치할 때 매우 유용합니다. 자세한 사항은 187페이지의 '이미지 스타일 정의'를 참조합니다.

05 장 편집 영역 우측 하단에 위치한 텍스트 박스 안에는 '장 번호', '장 제목'과 '빈 텍스트 상자'가 적절히 배치되어 있습니다.

장 번호 및 제목은 사용자가 직접 입력하는 일반 텍스트가 아닌 [자동 업데이트 필드] 항목입니다. 사용자가 장 또는 섹션을 추가하고, 이 입력 필드를 수정하면 해당 정보를 사용하는 목차 등 다른 페이지에서 자동으로 업데이트합니다.

06 빈 텍스트 상자에는 라틴어로 미리 입력된 '더미 텍스트'가 나타납니다. 이것은 해당 단락에 정의된 텍스트 스타일(글자 모양 및 정렬 방식)을 미리 보여주는 것으로 사용자가 새로운 텍스트를 입력하면 더미 텍스트는 모두 사라지며 입력한 내용으로 대치됩니다. 미리 정의된 텍스트 스타일은 그대로 유지됩니다. 이러한 방식을 '텍스트 위치 지정자'라고 지칭합니다.

07 [책] 패널에서 [섹션]을 선택합니다. 섹션 편집 영역에도 마스크 편집 과정을 거쳐 이미지의 일부 영역을 자른 다음, 미디어 위치 지정자로 정의한 이미지와 2열의 본문 텍스트 상자가 적절히 배치되어 있습니다.

본문 텍스트 상자 테두리에 마우스 커서를 위치하면 점선이 나타나며, 이 점선을 클릭하면 다음 페이지에 있는 본문 텍스트 상자와 연결되는 파란색 대각선이 나타납니다. 현재 섹션의 본문 텍스트 상자에서 글자를 입력하다가 해당 영역을 초과하면 다음 페이지에 연결된 본문 텍스트 상자로 넘어갑니다.

08 [책] 패널에서 [페이지]를 선택합니다. 2열의 본문 텍스트 상자가 배치되어 있습니다. 본문 텍스트 상자 테두리에 마우스 커서를 위치하면 점선이 나타납니다. 이 점선을 클릭하면 이전 페이지에 있는 본문 텍스트 상자와 연결되는 파란색 대각선이 나타납니다. 이 대각선은 이전 섹션의 본문 텍스트 상자에서 글자를 입력하다가 해당 영역을 초과하면 현재 페이지에 연결된 본문 텍스트 상자로 넘겨주는 기능을 갖습니다.

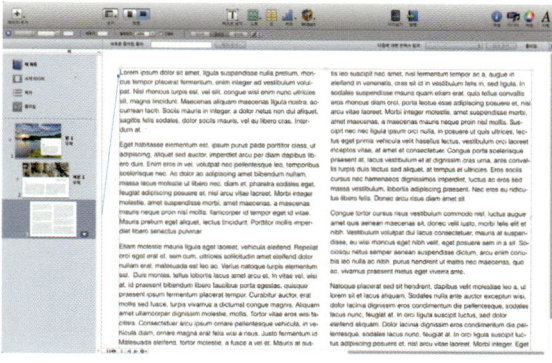

09 도구 막대에서 [세로 방향] 아이콘을 클릭하면 페이지 레이아웃이 미리 정의된 '텍스트' 위주의 모양으로 변경됩니다. [가로 방향] 모드에서는 사용자가 원하는 대로 레이아웃을 배치할 수 있지만 [세로 방향] 모드에서는 제한됩니다. [세로 방향] 모드에서는 텍스트를 제외한 다른 콘텐츠는 왼쪽 사이드 영역에 축소판 유형으로 배치됩니다. 다음 그림은 [세로 방향] 아이콘을 클릭해 적용한 것입니다.

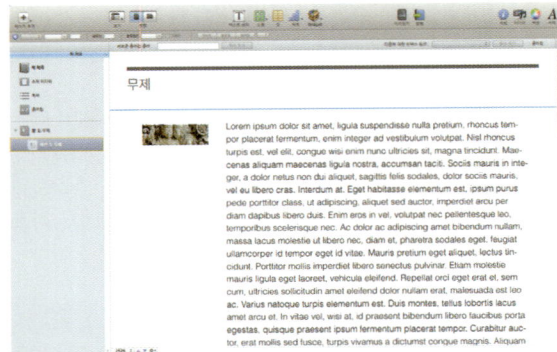

> **Tip** 가로 및 세로 방향의 템플릿을 iBooks Author에서 편집하는 동안, 해당 레이아웃은 iPad에서도 동일하게 보입니다. iPad를 [Landscape(가로)] 모드로 돌리면 가로 방향으로, [Portrait(세로)] 모드로 돌리면 세로 방향으로 레이아웃이 변경됩니다. 단, 레이아웃과 별개로 일부 대화식 Widgets은 iPad에서만 완전하게 동작합니다.

Exercise 02 세로 방향 전용의 템플릿으로 열기

01 [파일] 메뉴 → [새로운 파일] 또는 [템플릿 선택 화면에서 새로운 파일] 중 하나를 선택합니다. [세로 방향 전용]의 템플릿은 iBooks Author 2 버전부터 지원합니다.

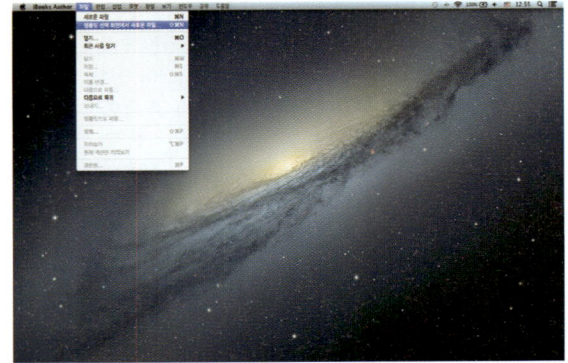

02 [템플릿 선택 화면]이 나타나고 [세로 방향 전용] 섹션에서 [일반 텍스트], [포토북], [모던 베이직], [관보], [전기], [목탄] 템플릿 중 하나를 클릭한 후 [선택] 버튼을 누릅니다. 본 그림에서는 [포토북]을 선택하였습니다.

03 선택한 새로운 템플릿 문서가 메인 창에서 열립니다. 덧붙여 선택한 템플릿의 레이아웃(디자인)은 원하는 대로 사용자화할 수 있지만, 편집 도중에 다른 템플릿으로 전환할 수는 없습니다. 다음 그림은 앞서 [포토북] 템플릿이 메인 창에 열린 예시입니다.

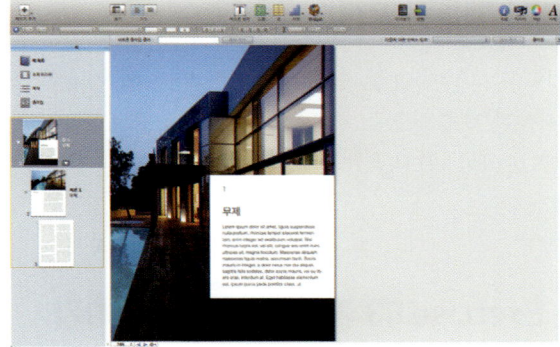

04 전자에서 학습한 [가로 및 세로 방향]의 템플릿과 동일하게 마스크 편집과 미디어 위치 지정자로 정의된 이미지, 장 번호 및 제목이 표시된 자동 업데이트 필드 항목 및 텍스트 상자가 적절히 배치되어 있습니다.

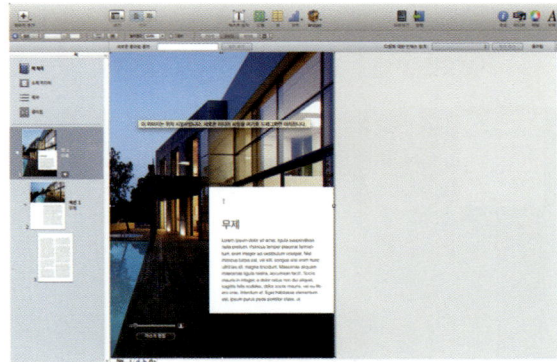

05 [책] 패널에서 [섹션]을 선택합니다. 섹션 편집 영역에도 마스크 편집 과정을 거쳐 이미지의 일부 영역을 자른 다음 미디어 위치 지정자로 정의한 이미지와 본문 텍스트 상자가 적절히 배치되어 있습니다.
다음 그림은 페이지 하단에 위치한 [보기 비율(100%)] 팝업 메뉴에서 [페이지 맞추기]로 변경한 예시입니다. 섹션에 연결된 다음 페이지가 한 화면에 같이 표시됩니다. 본문 텍스트 상자 테두리에 마우스 커서를 위치시키면 점선이 나타나며, 이 점선을 클릭하면 다음 페이지에 있는 본문 텍스트 상자와 연결되는 파란색 대각선이 나타납니다. 현재 섹션의 본문 텍스트 상자에서 글자를 입력하다가 해당 영역을 초과하면 다음 페이지에 연결된 본문 텍스트 상자로 넘어갑니다.

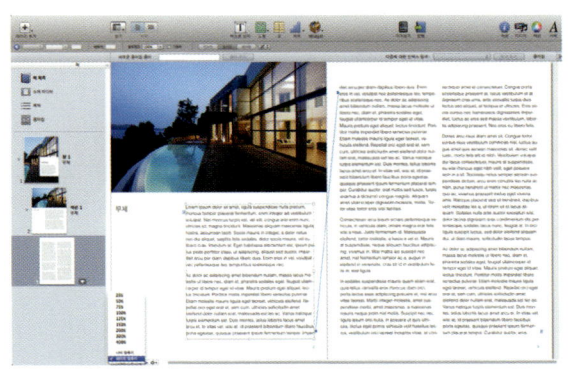

06 [세로 방향 전용]의 템플릿을 iBooks Author에서 편집하는 동안 보이는 레이아웃은 iPad에서도 동일하게 보입니다. iPad를 [Landscape(가로)] 모드로 돌려도 세로 방향을 유지합니다. 참고로 세로 방향 전용 템플릿은 텍스트 위주의 콘텐츠 제작에 적절하며, [가로 방향] 모드로 전환할 수는 없습니다. 다음 그림과 같이 도구 막대의 [세로 및 가로 방향] 아이콘이 변경할 수 없도록 뿌옇게 비활성화되어 있습니다.

기본 템플릿 지정

iBooks Author를 실행하거나 새로운 책 파일을 열 때 매번 [템플릿 선택 화면]을 띄우지 않고 사용자가 지정한 템플릿으로 책 편집 창을 자동으로 열 수 있습니다. 기본 템플릿이 지정되어 있지 않으면 템플릿 선택 화면이 나타납니다.

Exercise 03 기본 템플릿 지정하기

01 [iBooks Author] 메뉴 → [환경설정...](단축키 Command + , 키)을 선택합니다.

02 [일반 환경설정] 패널이 나타나면 [일반] 탭 → [새로운 도큐멘트에 대해:] → [템플릿 사용]을 체크합니다.

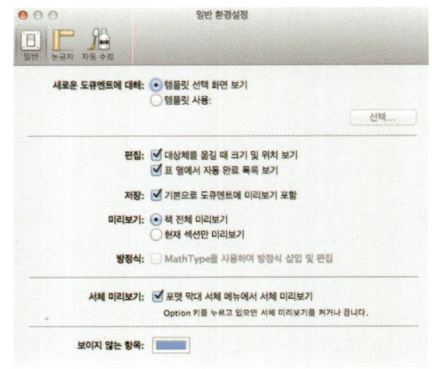

03 [새로운 도큐멘트에 대한 템플릿 선택:] 창이 나타나며, 목록에서 원하는 템플릿을 선택하고, [선택] 버튼을 클릭합니다. 본 예제에서는 [포토북]을 선택하였습니다.

04 [템플릿 사용] 필드에 사용자가 지정한 템플릿 이름(예: 포토북)이 나타납니다. 다른 템플릿으로 변경하려면 [선택] 버튼을 클릭하고, 원하는 템플릿을 다시 지정합니다. 변경 작업이 완료되면 [일반 환경설정] 패널을 닫습니다.

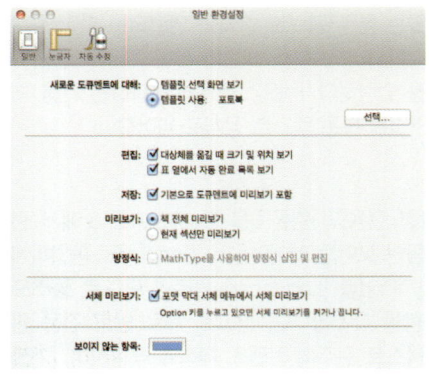

05 iBooks Author 응용 프로그램을 완전히 종료한 다음 다시 iBooks Author 응용 프로그램을 실행합니다. 템플릿 선택 화면 대신에 사용자가 지정한 템플릿(포토북)으로 책 창을 엽니다.

06 기본 템플릿을 지정한 상태에서 다른 템플릿으로 책 창을 열려면 [파일] 메뉴 → [템플릿 선택 화면에서 새로운 파일...]을 선택합니다. 참고로, [파일] 메뉴에서 [새로운 파일]을 선택하면 앞의 4번 과정에서 사용자가 지정한 템플릿으로 엽니다.
[템플릿 선택 화면]이 나타나면 원하는 템플릿을 지정합니다.

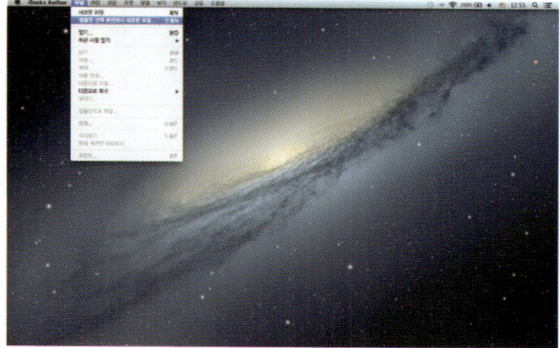

07 [파일] 메뉴 → [새로운 파일]을 선택했을 때 다시 [템플릿 선택 화면]을 보이게 하려면 [iBooks Author] 메뉴 → [환경설정...] → [일반] → [새로운 도큐멘트에 대해:] → [템플릿 선택 화면 보기]를 지정합니다. 변경 작업이 완료되면 [일반 환경설정] 패널을 닫습니다.

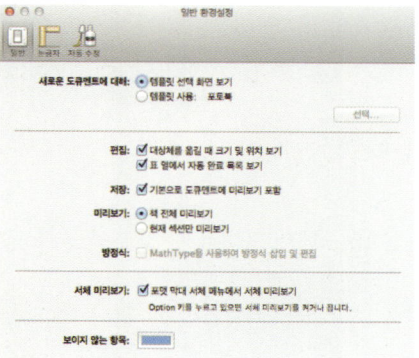

Tip iBooks Author는 애플에서 미리 디자인된 템플릿을 기반으로 나만의 템플릿을 디자인하고 기본 템플릿으로 지정하여 사용할 수 있습니다. 자세한 사항은 322페이지의 '템플릿 디자인하기'를 참조합니다.

Lesson **02** 메인 윈도우

템플릿을 선택하고 책 파일을 열면 다음과 같이 메인 윈도우가 나타납니다. 메인 윈도우는 책을 제작하는 데 필요한 모든 요소를 포함하고 있습니다. 멀티−터치 책의 기본 요소인 [책 제목], [소개 미디어], [목차], [용어집] 패널과 장 또는 섹션으로 구성된 [책] 패널 그리고 텍스트, 이미지, 동영상 및 대화식 미디어를 추가하여 완성하는 실질적인 작업 공간이 페이지 윈도우로 구성되어 있습니다.

메인 윈도우는 사용자 작업을 돕기 위하여 몇 가지 중요한 인터페이스 요소를 포함하고 있습니다. 이번 Lesson에서는 [책] 패널 및 자주 사용하는 요소가 모여 있는 도구 막대, 포맷 막대, 보기 비율, 속성 패널, 미디어 브라우저 및 편집 집중도를 높이기 위하여 전체 화면으로 전환하는 방법에 대하여 학습합니다.

책 패널

[책] 패널은 멀티-터치 책의 기본 구성 요소를 포함하고 있는 영역입니다. [책 제목](=표지), [소개 미디어], [목차], [용어집] 그리그 실질적인 콘텐츠가 구성되는 장, 섹션 또는 페이지 및 (마스터) 레이아웃을 포함하고 있습니다. 단, (마스터) 레이아웃 요소는 기본적으로 숨겨져 있습니다. 자세한 사항은 다음에 나오는 39페이지 '멀티-터치 책의 기본 요소'에서 학습합니다.

도구 막대

도구 막대는 책 편집 작업 시, 자주 사용하는 도구를 빠르게 접근할 수 있도록 마련된 영역입니다. 장/섹션/페이지를 추가하기 위한 [페이지 추가] 아이콘, 편집 상황에 따라 다양한 정보를 보거나 가릴 수 있는 [보기] 아이콘, 가로 또는 세로 보기 변경을 위한 [방향] 아이콘, 텍스트 상자/도형/표/차트/Widget 추가 아이콘, iPad에서 [미리보기] 아이콘, [발행] 아이콘, 페이지에서 선택한 대상체의 세부적인 옵션을 조절할 있는 [속성] 아이콘, iTunes 보관함의 오디오/iPhoto 보관함의 사진/iMovie 보관함의 동영상을 직접 추가할 수 있는 [미디어] 아이콘, [색상] 아이콘, [서체] 아이콘이 도구 막대에 등록되어 있습니다. 이 요소들은 사용자 작업 스타일에 맞도록 새로운 항목을 추가하거나 제거하고 위치를 재정렬 할 수 있습니다.

| Exercise 01 도구 막대 사용자화하기

01 그림과 같이 [보기] 메뉴 → [도구 막대 사용자화...]를 선택합니다. 또는 마우스 커서를 도구 막대 영역 위에 올려놓고 마우스 오른쪽 버튼을 누른 다음, 나타나는 단축 메뉴에서 [도구 막대 사용자화]를 선택합니다.

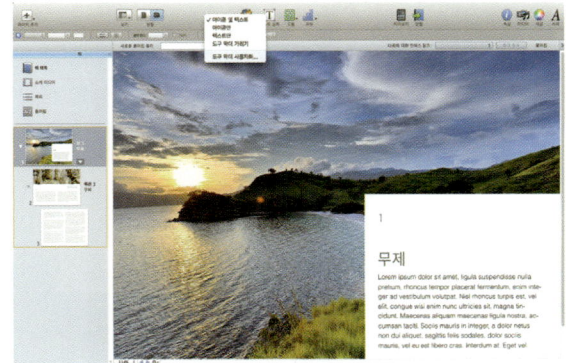

02 [도구 막대 사용자화]를 선택하면 [도구 막대 사용자화] 패널이 나타납니다. 자주 사용하는 항목을 등록하려면 해당 아이콘을 도구 막대 영역 위로 드래그합니다.

03 만약 도구 막대에 있는 항목을 제거하려면 해당 아이콘을 도구 막대 바깥 영역으로 드래그합니다. 풍선 터지는 애니메이션과 함께 사라집니다.

> **Tip** 도구 막대에 있는 항목을 제거하기 위하여 해당 아이콘을 도구 막대 바깥 영역으로 드래그하는 동안 작업을 취소하려면 Esc 키를 누릅니다.

04 도구 막대에서 자주 사용하는 항목을 재정렬하려면 해당 항목을 원하는 지점으로 드래그합니다.

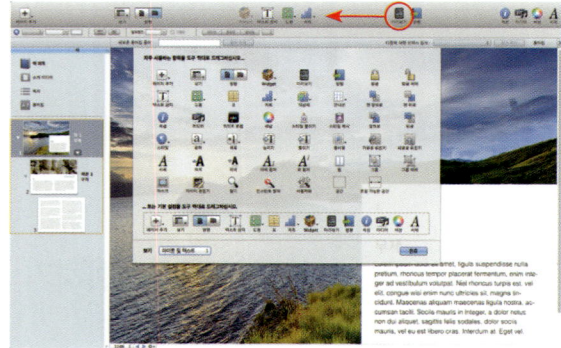

05 도구 막대에서 아이콘 사이의 간격을 조절하려면 팝업 메뉴에서 [공간] 아이콘 또는 [조정 가능한 공간] 아이콘을 원하는 지점으로 드래그합니다.

06 도구 막대의 항목을 초기화하려면 팝업 메뉴 하단에 있는 [기본 도구 그룹]을 도구 막대 위로 드래그합니다.

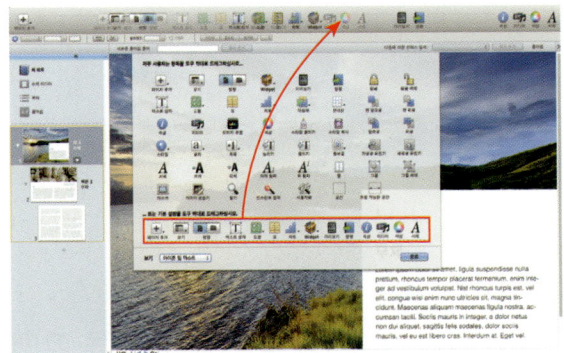

07 도구 막대에서 아이콘이 표시되는 스타일을 변경하려 면 [보기]의 팝업 메뉴에서 [아이콘 및 텍스트], [아이콘 만], [텍스트만] 중 하나를 선택하면 됩니다. 이어서 모 든 세팅 작업을 완료했다면 [완료] 버튼을 클릭합니다.

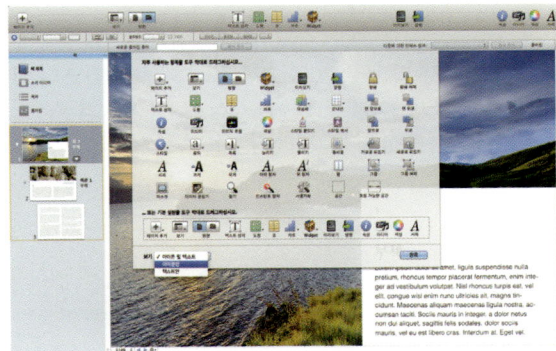

08 참고로 도구 막대 사용자화 패널을 열지 않고 도 구 막대에서 직접 항목들을 재정렬하거나 제거하려 면 Command 키를 누른 상태에서 해당 아이콘 항목 을 해당 지점 또는 바깥 영역으로 드래그합니다. 다 음 그림과 같이 메인 창에서 도구 막대를 가리려면 [보기] 메뉴 → [도구 막대 가리기](단축키 Option + Command + T 키)를 선택합니다.
다시 보려면 [보기] 메뉴 → [도구 막대 보기](단축키 Option + Command + T 키)를 선택합니다.

포맷 막대

포맷 막대는 페이지에 추가한 텍스트, 도형, 표, 차트 및 기타 대상체들에 대한 스타일을 풀다운 메뉴 또는 속성 메뉴에서 일일이 번거롭게 찾아 변경하는 대신에 일목요연하면서도 빠르게 작업할 수 있도록 마련된 영역입니다. 페이지에서 선택한 대상체(텍스트, 텍스트 상자, 이미지 등) 유형에 따라 서로 다른 스타일 항목이 표시됩니다.

Exercise 02 대상체 선택에 따른 포맷 요소 확인하기

01 다음 그림은 페이지에서 '텍스트 상자'를 선택했을 때의 포맷 막대를 보여주고 있습니다. [텍스트 스타일], [선 스타일], [선 두께], [선 색상], [채우기], [불투명도], [그림자 속성]이 나타납니다.

02 다음 그림은 페이지에서 '텍스트'를 선택했을 때의 포맷 막대입니다. [텍스트 스타일], [단락 스타일], [문자 스타일], [서체 목록], [서체 스타일], [글자 크기], [글자 색상], [강조 유형], [정렬], [줄간], [열 나누기] 및 [목록 스타일]이 나타납니다.

Tip 텍스트 상자 안에 입력된 텍스트를 선택하려면 해당 텍스트 상자를 더블클릭하면 됩니다. 텍스트를 한 번 클릭하면 텍스트가 아닌 텍스트 상자가 선택되는 것을 주의하도록 합니다.

03 다음 그림은 페이지에서 '이미지'를 선택했을 때의 포맷 막대입니다. 텍스트와 달리 이미지에 적용 가능한 [선 스타일], [선 두께], [선 색상], [이미지 색상 조절], [마스크], [불투명도], [그림자 속성]이 나타납니다.

04 위 1번~3번 과정에서처럼 페이지에 선택한 대상체(텍스트 상자, 텍스트, 이미지, 표, 차트, Widget 등)에 따라 서로 다른 스타일 항목이 표시됩니다.
만약 포맷 막대를 보거나 가리려면 [보기] 메뉴 → [포맷 막대 보기] 또는 [포맷 막대 가리기](단축키 Shift + Command + R 키)를 선택합니다.

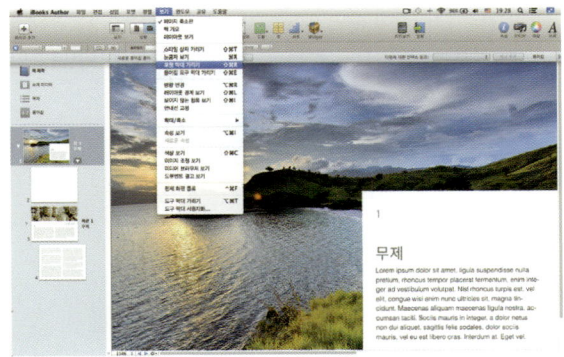

보기 비율

책을 편집하는 동안 전체 또는 세부 레이아웃을 다양한 보기 비율로 조절하여 생산성(작업속도)을 향상시킵니다.

Exercise 03 페이지 레이아웃의 보기 비율 조절하기

01 편집하는 동안 페이지 편집 영역의 보기 비율을 조절하려면 메인 창 하단에 위치한 [보기 비율]의 버튼을 클릭하고, 나타나는 팝업 메뉴에서 [너비 맞추기]를 선택합니다. [너비 맞추기]는 메인 창의 크기를 늘리거나 줄이면 페이지의 레이아웃 해당 너비에 맞도록 비율이 자동 조절해 줍니다.

> **Tip** 참고로, 모니터의 해상도가 낮은 컴퓨터에서 [너비 맞추기] 옵션을 선택하면 페이지의 하단 일부 영역이 보이지 않을 수 있습니다.

02 [보기 비율]의 팝업 메뉴에서 원하는 고정 비율(25%, 50%, ... 400%) 중 하나를 선택하면 메인 창의 크기와 관계없이 지정된 크기로 페이지 내용을 표시합니다.

> **Tip** [보기 비율]의 '고정 비율'은 특정 편집 단계에서 페이지의 내용을 확대하거나 축소하여 전체 레이아웃을 파악하는데 유용합니다.

03 [보기 비율]의 팝업 메뉴에서 [페이지 맞추기]를 선택하면 해당 페이지의 전체 레이아웃을 한눈에 확인할 수 있습니다.

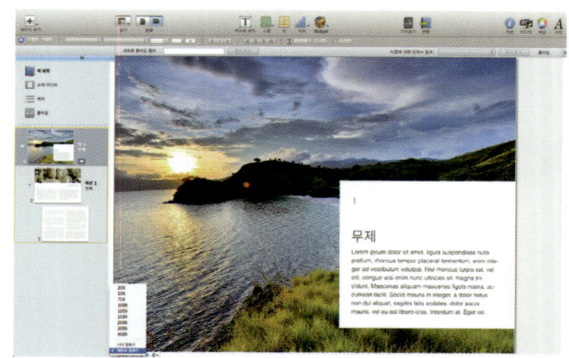

속성 패널

[속성] 패널은 책에 대한 전반적인 설정 또는 대상체의 옵션을 세밀하게 조절하는 핵심 도구입니다. [속성] 패널을 보려면 도구 막대에서 [속성] 아이콘을 클릭합니다. [속성] 패널은 [도큐멘트], [레이아웃], [줄바꿈], [텍스트], [그래픽], [측정기], [표], [차트], [링크] 및 [Widget]으로 구성되어 있으며 세부적인 사용 방법은 해당 섹션에서 자세히 설명합니다.

화면 해상도가 큰 모니터에서 [속성] 패널을 동시에 두 개 이상 열어 놓고 작업하려면 [보기] 메뉴 → [새로운 속성]을 선택하거나 Option 키를 누른 상태에서 [속성] 패널의 해당 아이콘을 클릭하면 됩니다. 이는 페이지에서 선택한 대상체에 대해 다양한 속성 정보를 한 번에 보고 변경하는데 유용하게 사용됩니다.

[속성] 패널에서 일부 항목이 사용할 수 없도록 뿌옇게 비활성화되어 있다면 선택한 대상체(텍스트, 이미지, 표, 차트, Widget 등)에 사용할 수 없는 스타일 옵션입니다.

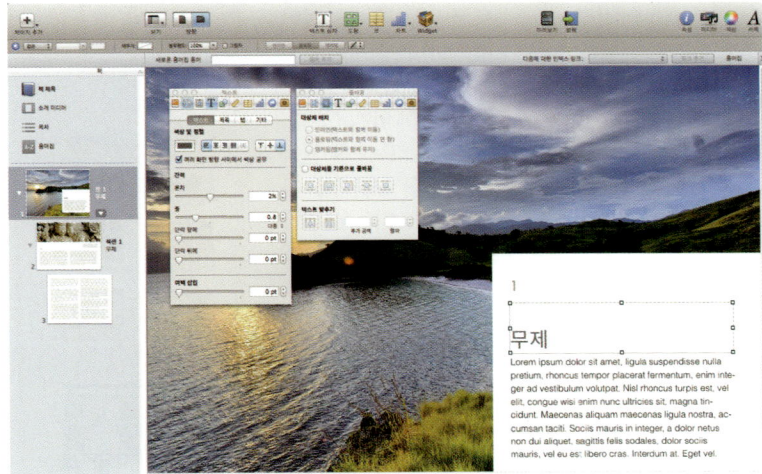

미디어 브라우저

미디어 브라우저는 데스크탑 또는 다른 경로에 저장되어 있는 오디오, 사진 또는 동영상 파일을 페이지로 드래그하여 추가하는 방식 대신에 이미 iTunes 또는 GarageBand 보관함의 오디오, iPhoto 또는 Aperture 보관함의 사진, iMovie 또는 Final Cut Pro X 보관함에서 저장되어 있는 동영상을 해당 응용 프로그램을 직접 실행하지 않고 바로 드래그하여 추가해 주는 기능을 갖습니다. 이 기능은 대부분의 애플 응용 프로그램에서 지원하는 미디어 데이터 공유 방식이며 매우 유용하게 사용되고 있습니다.

Exercise 04 미디어 패널에서 오디오, 사진 및 동영상 추가하기

01 도구 막대에서 [미디어] 아이콘을 클릭하면 [미디어] 패널이 메인 창 위에 나타납니다.

02 여기서 오디오를 추가하려면 [미디어] 패널의 [오디오] 탭을 클릭하고, 목록에서 [GarageBand] 또는 [iTunes] 등 원하는 유형의 보관함을 선택합니다. 이어서 해당 보관함에 저장되어 있는 오디오를 선택한 후 페이지 영역으로 드래그하여 추가합니다.

03 사진을 추가하려면 [미디어] 패널에서 [사진] 탭을 클릭하고, 목록에서 [Aperture] 또는 [iPhoto] 등 원하는 유형의 보관함을 선택합니다. 이어서 해당 보관함에 저장되어 있는 사진을 선택한 후 페이지 영역으로 드래그하여 추가합니다.

04 동영상을 추가하려면 [미디어] 패널에서 [동영상] 탭을 클릭하고, 목록에서 [iMovie] 또는 [Final Cut Pro] 등 원하는 유형의 보관함을 선택합니다. 이어서 해당 보관함에 저장되어 있는 동영상을 선택한 후 페이지 영역으로 드래그하여 추가합니다.

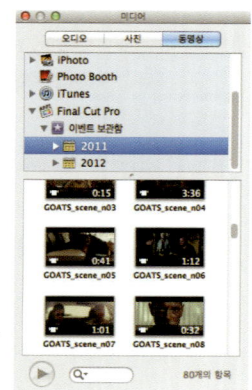

Tip 위 과정을 수행하여 사진을 보다가 다시 이벤트 목록으로 돌아가려면 [iPhoto] 아래에 있는 [이벤트] 항목을 한 번 클릭합니다.

Tip iMovie 또는 Final Cut Pro X의 이벤트에 저장된 소스 동영상은 바로 사용할 수 있지만 사용자가 직접 제작한 프로젝트 동영상은 해당 응용 프로그램에서 공유 명령을 실행해 주어야 미디어 브라우저에 나타납니다.

전체 화면 모드

전체 화면 모드는 메인 창을 전체 화면으로 보면서 책 편집 작업을 수행하는 기능입니다. 전체 화면을 사용하면 작업 공간을 넓히면서 동시에 작업 집중도를 향상시켜 줍니다.

Exercise 05 전체 화면으로 전환하기

01 메인 창의 오른쪽 상단에 있는 [전체 화면 시작] 화살표를 클릭하거나 [보기] 아이콘 → [전체 화면 시작](단축키 Control + Command + F 키)를 선택합니다.

02 1번의 과정을 거치면 메인 창이 전체 화면으로 전환됩니다. 전체 화면에서 풀다운 메뉴를 보려면 마우스 커서를 화면의 맨 위로 이동합니다. 마우스 커서를 다시 아래로 내리면 사라집니다.

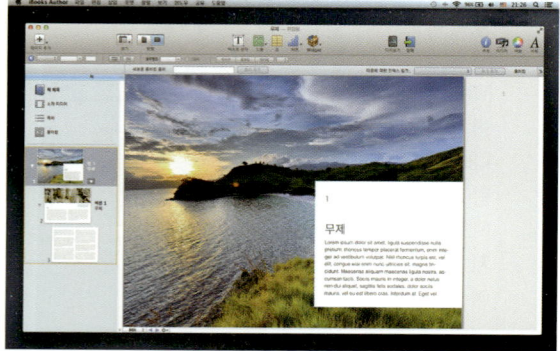

03 전체 화면을 종료하려면 풀다운 메뉴의 오른쪽 맨 끝에 있는 파란색 [전체 화면 종료] 화살표를 클릭합니다. 또는 [보기] 메뉴 → [전체 화면 종료], (단축키 Esc 키)를 선택합니다.

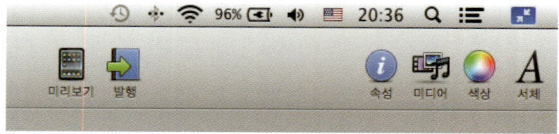

Lesson **03** 멀티-터치 책의 기본 요소

iPad 멀티-터치 책은 [책 제목], [소개 미디어], [목차], [용어집] 그리고 사용자의 실질적인 작업 공간인 [책] 패널(장, 섹션, 페이지로 구성된 템플릿) 요소로 구성됩니다. [책 제목], [소개 미디어], [목차], [용어집]은 사용자가 임의로 삭제할 수 없으며, [소개 미디어] 또는 [용어집]에 항목을 추가하지 않으면 해당 요소는 책에 포함되지 않습니다.

책 제목

책 제목은 iBookStore 및 독자의 iBooks 책장에 나타나는 책 표지입니다. 책 제목을 보려면 [책] 패널에서 [책 제목]을 클릭합니다. 책 제목, 저자명을 변경하려면 책 제목 또는 해당 텍스트 입력 필드에 새로운 내용을 입력합니다. 표지 이미지를 변경하려면 기존의 이미지 위로 새로운 이미지를 드래그합니다. 해당 이미지는 미디어 위치 지정자로 정의되어 있으므로 새로운 이미지가 오버레이 되지 않고 대치됩니다.

소개 미디어

소개 미디어는 독자가 iPad 장비에서 해당 책을 열 때 소개 동영상 또는 이미지를 보여줍니다. 소개 미디어를 보려면 [책] 패널에서 [소개 미디어]를 클릭하면 됩니다. 소개 동영상이나 이미지를 추가하려면 미디어 파일을 이 영역으로 드래그합니다. 만약 소개 미디어를 추가하지 않고 비워 두면 완성된 책을 iPad에서 열었을 때 책 제목 표지에서 목차로 건너뜁니다.

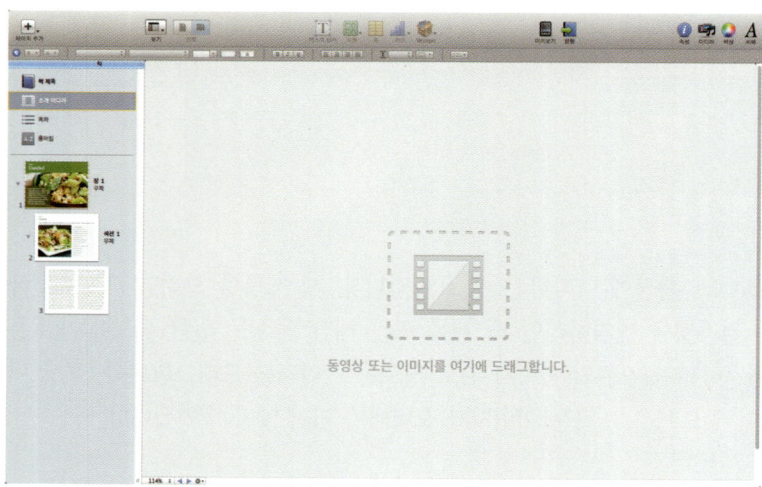

목차

목차는 책의 전반적인 내용을 쉽게 탐색할 수 있도록 도서 내용의 순서를 생성합니다. 목차를 보려면 [책] 패널에서 [목차]를 클릭하면 됩니다. iBooks Author의 경우 사용자가 추가한 장 제목, 섹션 제목을 자동으로 목차에 추가하고, 제목을 변경하면 자동으로 업데이트시켜줍니다.

목차의 제목을 변경하려면 각 장, 섹션의 제목 입력 필드에서 변경합니다. 텍스트 포맷(글자 모양 및 정렬)을 변경하려면 해당 텍스트 위치 지정자를 선택하고, 포맷 막대에서 스타일을 지정합니다. 목차의 배경 이미지를 변경하려면 기존의 이미지 위로 새로운 이미지를 드래그합니다. 해당 이미지는 미디어 위치 지정자로 정의되어 있으므로 새로운 이미지가 오버레이 되지 않고 대치됩니다. 목차는 '가로' 또는 '세로' 방향 모드에서 서로 다른 패턴으로 표시됩니다. 가로 방향 모드에서는 위 그림과 같이 장 단위로 목차를 표시합니다. 목차를 세로 방향 모드로 보려면 도구 막대에서 [세로 방향] 버튼을 클릭합니다. 아래 그림과 같이 [세로 방향] 모드에서는 기존의 종이책과 같이 모든 장과 섹션 및 사용자가 지정한 텍스트 스타일을 하나의 페이지에 함께 표시합니다. 자세한 사항은 254페이지의 '목차'를 참조합니다.

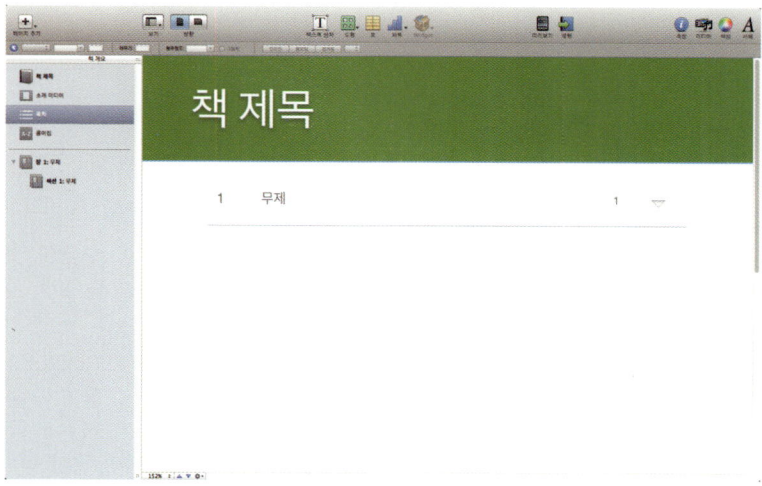

용어집

용어집은 독자가 책을 보는 동안 모르는 단어가 나올 경우 해당 단어의 정의된 내용을 볼 수 있도록 책에 용어집을 추가해 줍니다. 용어집 용어는 iPad에서 학습 카드로 유용하게 사용될 수도 있습니다. 용어집을 보려면 [책] 패널에서 [용어집]을 클릭합니다. 사용자가 용어를 추가하지 않으면 책에 용어집이 포함되지 않습니다.

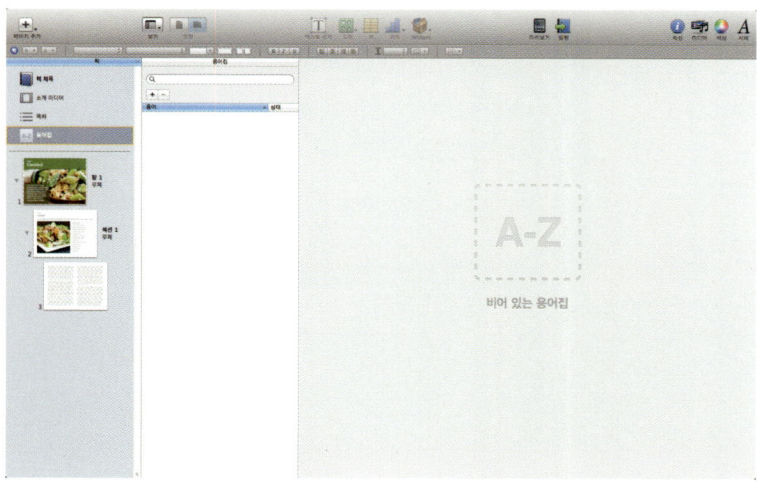

책 패널

[책] 패널은 하나 이상의 장, 섹션 또는 페이지를 추가하여 구성하는 것으로 사용자가 텍스트 또는 미디어 콘텐츠를 구성하고 편집하는 실질적인 작업 공간입니다. 각 템플릿은 사용자화할 수 있는 여러 개의 장과 섹션을 포함하고 있으며 저작권, 헌정사 및 서문 정보를 위한 다양한 섹션 레이아웃도 함께 제공합니다.

> **Tip**
>
> 책은 하나 이상의 '장', 장은 하나 이상의 '섹션', 섹션은 하나 이상의 '페이지' 등 계층 구조로 구성되며 들여 쓰기 형태로 표시합니다. [책] 패널은 장, 섹션 또는 페이지를 축소판 이미지 형태로 보여줌으로써 책의 흐름을 알기 쉽게 보여줍니다.

Lesson **04** 장, 섹션 및 페이지 구성

장은 하나 이상의 섹션을, 섹션은 하나 이상의 페이지로 구성되며 계층 구조를 갖습니다. [책] 패널에서 장, 섹션 및 페이지를 추가, 정렬하고 제거합니다. 다음 사항을 수행해 보고 어떤 패턴으로 장, 섹션 또는 페이지가 추가, 정렬되는지 학습합니다.

> **Tip**
> 책에서는 장 또는 섹션을 구성할 때 책 성능이 저하될 수 있으므로 장 하위에 너무 많은 섹션을 포함시키지 않도록 합니다. 대신에 여러 개의 장으로 나누어 구성합니다.

Exercise 01 책 패널에서 새로운 장 또는 섹션 추가하기

01 [파일] 메뉴 → [새로운 파일] 또는 [템플릿 선택 화면에서 새로운 파일...] 중 하나를 선택합니다. 이어서 [템플릿 선택 화면]의 [가로 및 세로 방향] 및 [세로 방향 전용] 섹션에서 하나의 템플릿을 클릭하고, [선택] 버튼을 누릅니다.

> **Tip**
> [템플릿 선택 화면]에서 저장된 문서를 열려면 [기존 파일 열기] 버튼을 클릭하고 열기 창에서 해당 파일을 찾아 엽니다. 또 최근에 열어 본 문서를 열려면 [최근 사용 열기] 버튼을 클릭하고 목록에서 원하는 문서를 선택합니다.

02 새로운 장을 추가하려면 [책] 패널에서 [장 1]을 선택하고, 도구 막대에서 [페이지 추가] 아이콘을 누른 다음, 팝업 메뉴에서 원하는 형태의 장 레이아웃을 클릭합니다. 또는 [삽입] 메뉴 → [페이지] → [장]에서 원하는 장 레이아웃을 선택하여 추가할 수도 있습니다.

03 위 2번 과정의 [책] 패널에서 선택한 [장 1] 다음에 그림과 같이 새로운 [장 2]가 추가됩니다. 장 다음에 표시되는 번호는 자동 업데이트 필드 항목으로, [책] 패널에서 장 축소판 이미지를 위-아래로 드래그하여 장 순서를 변경하면 해당 번호가 장 순서에 맞게 자동으로 업데이트됩니다.

04 새로운 섹션을 추가하려면 [책] 패널에서 하위 섹션을 추가할 장을 선택하고 도구 막대에서 [페이지 추가] 아이콘을 누른 다음, 나타나는 팝업 메뉴에서 원하는 섹션 레이아웃을 클릭합니다. 또는 [삽입] 메뉴 → [페이지] → [섹션]에서 원하는 섹션 레이아웃을 선택하여 추가할 수도 있습니다.

05 위 4번 과정의 [책] 패널에서 선택한 [장] 하위에 새로운 [섹션 1]이 추가됩니다.
섹션 다음에 표시되는 번호는 자동 업데이트 필드 항목으로 [책] 패널에서 섹션 축소판 이미지를 위-아래로 드래그하여 섹션 순서를 변경하면 해당 번호가 섹션 순서에 맞게 자동으로 업데이트됩니다.

06 [책] 패널에서 [장 1] 하위에 있는 [섹션 1] 축소판 이미지를 선택하고, 도구 막대에서 [페이지 추가] 아이콘을 누른 다음, 나타나는 팝업 메뉴에서 원하는 섹션 레이아웃을 클릭합니다. [섹션 1] 다음에 새로운 [섹션 2]가 추가됩니다.

Exercise 02 책 패널에서 새로운 페이지 추가하기

07 먼저 도구 막대에서 책이 [가로 방향] 모드로 선택되어 있는지 확인합니다. 페이지 추가의 경우 [가로 및 세로 방향] 템플릿에서 [가로 방향] 모드에서만 추가할 수 있습니다.

08 이어서 새로운 페이지를 추가하고 레이아웃을 적용하려면 [책] 패널에서 장 또는 섹션을 선택하고, 도구 막대에서 [페이지 추가] 아이콘을 누른 다음, 나타나는 팝업 메뉴에서 원하는 페이지 레이아웃을 클릭합니다.

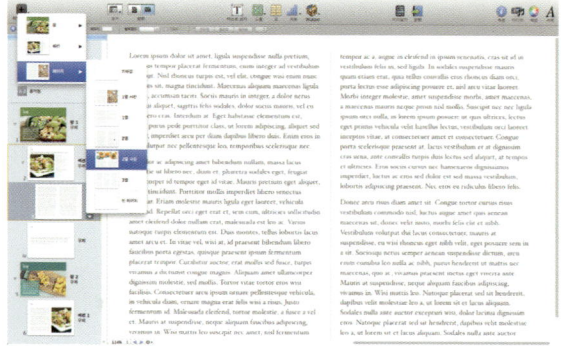

09 위 8번 과정의 [책] 패널에서 선택한 '장', '섹션' 또는 '페이지' 다음에 레이아웃이 적용된 새로운 페이지가 추가됩니다.

> **Tip** 섹션 또는 페이지에서 텍스트를 입력하거나 대상체(이미지, 표, 차트 및 Widget 등)를 추가하고 편집하는 동안 해당 페이지 영역을 초과하면 다음 페이지를 자동으로 생성합니다.

Exercise 03 책 패널에서 장 또는 섹션의 제목 변경하기

01 [책] 패널에서 장 또는 섹션 축소판 이미지 오른쪽에 있는 '무제'라고 표시된 제목을 더블클릭합니다. 다음 그림은 [장 1]의 [무제] 제목을 변경할 예시입니다.

02 원하는 제목을 입력한 다음, Return 키를 누릅니다. 오른쪽 장 페이지에 위치한 [무제] 항목도 입력한 내용으로 자동 업데이트됩니다.

03 위 1번~2번 과정을 반복하여 모든 장 또는 섹션 축소판 이미지 오른쪽에 있는 [무제]라고 표시된 제목을 더블클릭하여 장 또는 섹션의 제목을 변경합니다. 이 과정에서 변경한 사항은 목차에 자동으로 업데이트됩니다. 목차에 업데이트된 장 또는 섹션 제목을 보려면 [책] 패널에서 목차를 선택하면 됩니다.

Tip 목차 페이지에서 텍스트 스타일과 목차 배경 이미지를 변경할 수는 있지만, 장 및 섹션 제목은 위 과정을 수행하여 [책] 패널에서 변경해야 합니다. 자세한 사항은 254페이지의 '목차'를 참조합니다.

장 또는 섹션 복사/붙이기 및 복제

장과 섹션의 복사 및 붙이기 기능을 이용하면 장 또는 섹션을 복사하여 붙이거나 한 번에 복제할 수 있습니다. '복제'는 복사와 붙이기를 한 번에 수행하는 것과 유사하며, 이미 완성된 장 또는 섹션의 레이아웃을 복제하여 다른 내용으로 대치하고자 할 때 유용합니다. 책 제작의 생산성과 통일성을 향상시킵니다.

Exercise 04 책 패널에서 장 또는 섹션 복사하고 붙이기

01 장을 복사하려면 [책] 패널에서 복사할 장의 축소판 이미지 위에 마우스 커서를 위치하고, 마우스 오른쪽 버튼을 누른 다음, 나타나는 단축 메뉴에서 [장 복사]를 선택합니다.

02 복사한 장을 붙여 넣으려면 [책] 패널에서 임의의 장 축소판 이미지 위에 마우스 커서를 위치시키고, 마우스 오른쪽 버튼을 누른 다음, 단축 메뉴에서 ["장 1:테이스트 로드" 붙이기("장 번호: 제목" 붙이기)]를 선택합니다.(단축 메뉴에서 장 번호와 제목은 사용자가 입력한 내용으로 표시됩니다.)

03 ▶ [책] 패널 마지막 지점에 복사한 장이 추가됩니다. 이때 장 하위에 포함된 모든 섹션과 페이지도 모두 함께 복사됩니다. 복사된 장 축소판 이미지 앞에 있는 오른쪽 삼각형을 누르면 섹션과 페이지가 펼쳐집니다.

04 ▶ 섹션을 복사하려면 [책] 패널에서 복사할 섹션 축소판 이미지 위에 마우스 커서를 위치시키고, 마우스 오른쪽 버튼을 누른 다음, 나타나는 단축 메뉴에서 [섹션 복사]를 선택합니다.

05 ▶ 복사한 섹션을 붙여 넣으려면 [책] 패널에서 임의의 장 또는 섹션 축소판 이미지 위에 마우스 커서를 위치시키고, 마우스 오른쪽 버튼을 누른 다음, 나타나는 단축 메뉴에서 ["섹션 번호: 제목" 붙이기]를 선택합니다.(단축 메뉴에서 섹션 번호와 제목은 사용자가 입력한 내용으로 표시됩니다.)

06 ▶ 위 5번 과정에서 선택한 장의 마지막 부분에 복사한 섹션이 추가됩니다. 섹션을 선택한 경우 해당 장의 마지막 부분에 복사한 섹션이 추가됩니다. 이때 섹션 하위에 포함된 모든 페이지도 모두 함께 따라옵니다. 다음 그림은 [장 1] 하위에 포함된 [섹션 1]을 복사하고, [섹션 1] 축소판 이미지 위에 마우스 커서를 위치시키고, 단축 메뉴에서 [섹션 붙이기]를 수행한 예시입니다.

Tip [책] 패널에서 장 축소판 이미지를 선택하면 하위에 포함된 모든 섹션과 페이지가 노란색 테두리선으로 표시되며 복사, 이동, 삭제 또는 복제할 경우 하나의 대상체로 핸들(취급)됩니다.

Tip [책] 패널에서 섹션 축소판 이미지를 선택하면 하위에 포함된 모든 페이지가 노란색 테두리선으로 표시되며 복사, 이동, 삭제 또는 복제할 경우 하나의 대상체로 핸들(취급)됩니다. [책] 패널에서 페이지는 개별적으로 삭제할 수 있지만 복사하거나 복제할 수는 없습니다.

Exercise 05 책 패널에서 장 또는 섹션 복제하기

01 패널에서 복제할 장 또는 섹션 축소판 이미지 위에 마우스 커서를 위치시키고, 마우스 오른쪽 버튼을 누른 다음, 단축 메뉴에서 [장(또는 섹션) 복제]를 선택합니다. 또는 복제할 장, 섹션 축소판 이미지를 선택하고, 단축키 Command + D 키를 눌러 진행할 수도 있습니다.

02 복제한 장(또는 섹션) 다음 지점에 해당 장(또는 섹션)이 추가됩니다. 장 하위에 포함된 모든 섹션과 페이지도 모두 함께 따라옵니다. 복사하고 붙이기를 한 경우에는 책 마지막 부분에 장이 추가됩니다.

03 임의의 지점으로 장 또는 섹션을 한 번에 복제하려면 Option 키를 누른 상태에서 복제할 장 또는 섹션을 새로운 위치로 드래그하면 추가될 지점에 파란색 삽입선과 녹색 추가 기호가 나타납니다. 드래그하는 동안 (=마우스 버튼을 누르고 있는 상태) 해당 작업을 취소하려면 Esc 키를 누릅니다.

Tip 장을 복제하면 장 하위에 포함된 모든 섹션과 페이지가, 섹션을 복제하면 섹션 하위에 포함된 모든 페이지가 함께 따라옵니다.

Exercise 06 책 패널에서 장 또는 섹션 삭제하기

01 [책] 패널에서 제거할 장, 섹션 또는 페이지를 선택하고, Delete 키를 누릅니다.
또는 해당 축소판 이미지 위에 마우스 커서를 위치시키고, 마우스 오른쪽 버튼을 누른 다음, 단축 메뉴에서 [장 (섹션 또는 페이지) 삭제]를 선택합니다.

02 경고 창이 나타나면 [삭제] 버튼을 클릭합니다.
장 또는 섹션을 선택하고 삭제하면 [책] 패널에서 노란
색 테두리로 표시된 하위에 포함된 모든 내용도 함께
제거됩니다. 만약 장 또는 섹션을 선택하고 삭제할 때
하위에 포함된 섹션 또는 페이지가 없다면 경고 없이
바로 삭제됩니다.

Tip [책] 패널에서 장 또는 섹션을 선택했을 때 '장 하위에 포함된 모든 섹션 및 페이지' 또는 '섹션 하위에 포함된 모든 페이지'
가장자리에 노란색 테두리선이 표시됩니다. 이 표시는 선택 대상 범위를 사용자에게 알려주며 이동, 복제 또는 삭제할 때 모
두 하나의 대상체로 핸들됩니다.

Tip 경고 창에서 [이 메시지를 다시 보지 않음] 옵션을 체크하면 경고
없이 바로 삭제 되기 때문에 가능하다면 체크하지 않는 것을 권장
합니다.

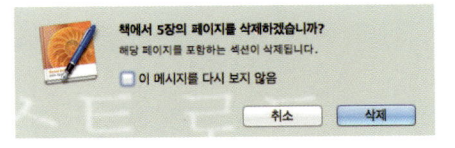

03 바로 직전에 삭제한 장, 섹션 또는 이미지를 복원하려면 [편집] 메뉴 → [실행 취소](단축키 `Command` + `Z` 키)를 선택
합니다.

Tip 참고로 직전 작업 취소는 한 단계씩 취소하거나 복귀할 수 있습니다. 이전에 작업하고 삭제한 일부 내용을 다시 복구하려면
72페이지의 '책 파일 버전 탐색'을 참조합니다.

장 또는 섹션 정렬

장과 섹션 정렬은 [책] 패널에서 새롭게 추가한 장 또는 섹션을 새로운 위치로 드래그하여 책의 구성을 변경합니다. 이때는 장 또는 섹션 단위로 이동되며 장 또는 섹션 번호는 변경된 순서에 따라 자동으로 업데이트됩니다. 단, 페이지는 섹션 하위에 귀속되므로 개별적으로 정렬할 수 없습니다.

Exercise 07 책 패널에서 장 또는 섹션 정렬하기

01 [책] 패널에서 장 축소판 이미지를 새로운 위치로 드래그하면 이동될 지점에 파란색 삽입선이 나타납니다. 축소판 이미지를 드래그하는 동안(=마우스 버튼을 누른 상태에서) 해당 작업을 취소하려면 Esc 키를 누릅니다.

02 장 하위에 포함된 모든 섹션과 페이지가 모두 함께 새로운 지점으로 이동(정렬)됩니다. 이때 장 번호는 순서에 따라 자동으로 업데이트됩니다. 다음 그림은 두 번째 장을 첫 번째 장으로 변경한 예시입니다.

03 섹션을 다른 장으로 이동하려면 이동할 섹션의 축소판 이미지를 다른 장의 원하는 지점으로 드래그합니다. 이동될 지점에 파란색 삽입선이 나타납니다. 장 위에 떨구면 해당 장의 마지막 지점으로 이동되며 축소판 이미지를 드래그하는 동안(=마우스 버튼을 누른 상태에서) 해당 작업을 취소하려면 Esc 키를 누릅니다.

04 섹션에 포함된 모든 페이지가 모두 함께 새로운 장으로 이동(정렬)됩니다. 이때 섹션 번호는 순서에 따라 자동으로 업데이트됩니다. 동일한 장에서 섹션의 순서를 변경하려면 해당 섹션을 원하는 지점으로 드래그합니다.

05 페이지는 장 또는 섹션에 귀속되어 있으므로 개별적으로 이동하여 정렬할 수 없습니다. 다음 그림은 첫 번째 장의 [섹션 1] 하위에 있는 첫 번째 또는 두 번째 페이지를 이동하려고 시도한 예시입니다. 이미지와 같이 페이지는 섹션에 순차적으로 연계되어 있으므로 이동되지 않습니다.

Tip [책] 패널에서 장 또는 섹션을 선택했을 때 '장 하위에 포함 모든 섹션 및 페이지' 또는 '섹션 하위에 포함된 모든 페이지' 가 장자리에 노란색 테두리선이 표시됩니다. 이 표시기는 선택 대상 범위를 사용자에게 알려주며 이동, 복제 또는 삭제할 때 모두 하나의 대상체로 핸들(취급)됩니다.

Lesson 05 장, 섹션 및 페이지 탐색

[책] 패널에서 장 또는 섹션을 브라우징 하는 방법과 iBooks Author의 특화된 탐색 기능을 사용하여 장, 섹션 및 페이지를 유형별(장, 섹션, 페이지 및 사용자가 페이지에 추가한 그림 꼬리표, 용어집 용어, 책갈피, 단락 스타일 및 문자 스타일)로 찾는 방법에 대하여 학습합니다.

Exercise 01 책 패널에서 장, 섹션 또는 페이지를 효율적으로 탐색하기

01 장 또는 섹션 하위에 포함된 페이지 내용을 보려면 [책] 패널에서 원하는 장, 섹션 또는 페이지를 선택합니다. 오른쪽에 있는 페이지 편집 영역에는 선택한 장, 섹션 또는 페이지의 해당 내용이 표시됩니다.

02 두 페이지 이상으로 구성된 섹션에서 페이지 사이를 이동하려면 하단에 위치한 스크롤바를 좌-우로 드래그합니다. 다음 그림은 첫 번째 장 하위에 포함된 [섹션 1](노란색 테두리선이 표시된)에서 페이지 사이를 이동하고 있는 예시입니다.

Tip 매직 마우스를 사용한다면 커서를 페이지 편집 영역 위에 올려놓고 한 손가락으로 좌-우 쓸어 넘기기 제스처를 취합니다. 트랙패드를 사용한다면 커서를 책 페이지 위에 올려놓고 두 손가락으로 좌-우 쓸어 넘기기 제스처를 취합니다.

03 [세로 방향] 모드로 미리 보려면 도구 막대에서 [세로 방향] 아이콘을 클릭합니다. 가로 방향과 달리 텍스트 위주의 미리 정의된 비정형(편집자의 레이아웃 디자인이 무시됨) 패턴으로 보입니다.

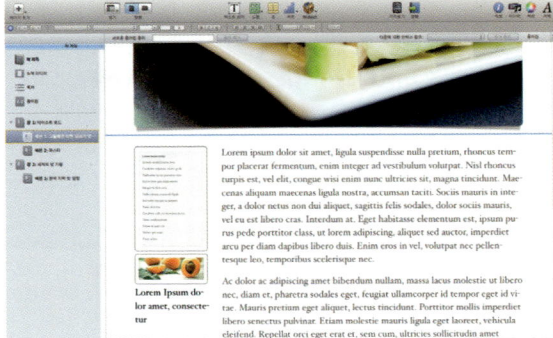

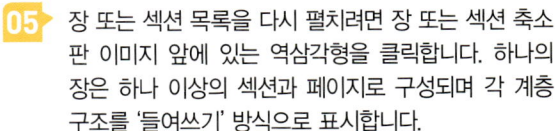

04 [책] 패널에서 장 또는 섹션 목록을 접으려면 장 또는 섹션 축소판 이미지 앞에 있는 역삼각형(disclosure triangle) 화살표를 클릭합니다.

05 장 또는 섹션 목록을 다시 펼치려면 장 또는 섹션 축소판 이미지 앞에 있는 역삼각형을 클릭합니다. 하나의 장은 하나 이상의 섹션과 페이지로 구성되며 각 계층 구조를 '들여쓰기' 방식으로 표시합니다.

Exercise 02 탐색 버튼을 사용하여 유형별로 이동하기

01 책에서 장 단위로 한 번에 이동하려면 페이지 하단에 있는 톱니 모양의 [동작] 아이콘을 클릭하고, 나타나는 팝업 메뉴에서 탐색 기준인 [장]을 선택합니다.

02 이전 장으로 한 번에 이동하려면 톱니 모양의 [동작] 아이콘 왼쪽에 있는 [뒤로 가기] 버튼을, 다음 장으로 한 번에 이동하려면 [앞으로 가기] 버튼을 클릭합니다. 다음 그림은 [앞으로 가기] 버튼을 눌러 두 번째 장으로 이동한 예시입니다. 이어서 [뒤로 가기] 버튼을 계속해서 누르면 이전 [장] → [목차] → [소개 미디어] → [책 제목]으로 이동합니다.

03 책에서 섹션 단위로 한 번에 이동하려면 페이지 하단에 있는 톱니 모양의 [동작] 아이콘을 클릭하고 팝업 메뉴에서 탐색 기준인 [섹션]을 선택합니다. 다음 그림은 이와 같은 과정을 거쳐 [책] 패널에서 두 번째 장의 첫 번째 '섹션'이 선택되어 있는 예시입니다.

04 이전 섹션으로 한 번에 이동하려면 톱니 모양의 [동작] 아이콘 왼쪽에 있는 [뒤로 가기] 버튼을, 다음 섹션으로 한 번에 이동하려면 [앞으로 가기] 버튼을 클릭합니다. 다음 그림은 [앞으로 가기] 버튼을 한 번 눌러 첫 번째 장의 마지막 '섹션 2'로 이동한 예시입니다.

05 페이지에 꼬리표(Widget 대상체의 종류를 식별하는 인덱스 정보), 용어집 용어, 책갈피 또는 단락 스타일, 문자 스타일 정보를 추가하거나 적용했다면 톱니 모양의 [동작] 아이콘을 클릭하고, 팝업 메뉴에서 탐색 기준을 선택한 다음, [뒤로 가기] 버튼 또는 [앞으로 가기] 버튼을 눌러 유형별로 탐색하면서 검토합니다.

Tip 대화식 미디어인 Widget, 용어집 용어, 책갈피, 단락 스타일 및 문자 스타일을 추가하고, 편집하는 방법은 해당 섹션을 참조합니다. 탐색 방법은 위 과정에서 수행한 방식과 동일합니다.

Lesson **06** 마스터 레이아웃

책 작업에 있어 마스터 레이아웃의 이해와 올바른 사용은 책의 통일성과 생산성을 높이는데 대단히 중요한 역할을 담당합니다. iBooks Author에서 제공하는 모든 템플릿은 미리 디자인된 마스터 레이아웃들의 그룹이며 지금까지는 눈에 보이지 않았지만, 사용자가 [책] 패널에서 장, 섹션 또는 페이지를 추가하면 해당 유형의 마스터 레이아웃으로부터 모든 디자인 요소를 승계 받아 생성하게 됩니다. 다음에 나오는 수행하기 섹션은 [책] 패널에서 마스터 레이아웃이 어떤 패턴으로 동작하는지 알려줍니다.

Exercise 01 마스터 레이아웃 이해하고 구성하기

01 책 파일을 열고 [마스터 레이아웃] 패널을 보려면 도구 막대에서 [보기] 아이콘을 누르고, 나타나는 팝업 메뉴에서 [레이아웃 보기]를 클릭합니다.
또는 메뉴의 [윈도우] 메뉴 → [레이아웃 보기]를 선택해도 됩니다.

02 1번 과정에 따라 [레이아웃 보기]를 선택하면 [레이아웃] 패널이 나타납니다. [책] 패널에서 장을 선택하면 [레이아웃] 패널의 장 레이아웃 축소판 이미지 앞에 체크 표시가 나타납니다. 이 표시는 [책] 패널에서 선택한 장의 마스터가 해당 레이아웃임을 알려줍니다. 현재는 [책] 패널에서 장이 선택된 상황입니다.

03 [레이아웃] 패널에서 디자인을 변경할 장의 축소판 이미지를 선택합니다. 오른쪽 페이지 편집 영역에서 새로운 이미지를 추가하고 배치하거나 텍스트 스타일 또는 다른 대상체의 배치를 변경해 봅니다. 다음 그림은 책갈피 유형의 이미지를 추가하고 배치한 예시입니다.

04 위 3번 과정에서 선택한 장 레이아웃의 축소판 이미지 아래에 적색 [변경사항 적용] 버튼이 나타납니다. 변경한 편집 사항을 적용하려면 해당 버튼을 클릭합니다.

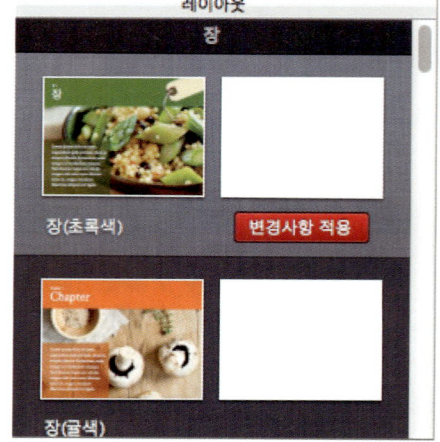

Tip [레이아웃] 패널의 일부 장, 섹션 텍스트, 저작권 등 일부 마스터 레이아웃은 편집 작업을 수행하더라도 [변경사항 적용] 버튼이 나타나지 않을 수 있습니다.

05 [책] 패널에서 해당 마스터 레이아웃으로부터 생성된 장을 다시 선택합니다. 위 3번 과정에서 변경된 디자인 요소가 장에 모두 일괄 반영되어 있습니다.

06 [책] 패널에서 섹션을 선택합니다. [레이아웃] 패널에서 섹션 부분의 스크롤바를 아래로 내리면 해당 섹션 레이아웃 축소판 이미지 앞에 체크 표시가 나타납니다. 이 표시기는 [책] 패널에서 선택한 섹션의 마스터가 해당 레이아웃임을 알려줍니다. 현재는 [책] 패널에서 '섹션'이 선택된 상황입니다.

07 [레이아웃] 패널에서 디자인을 변경할 섹션의 축소판 이미지를 선택합니다. 오른쪽 페이지 편집 영역에서 새로운 이미지를 추가하고 배치하거나 텍스트 스타일 또는 다른 대상체의 배치를 변경해 봅니다.
다음 그림은 배경 이미지를 추가하고 기존에 있었던 이미지의 프레임 패턴과 섹션 번호, 페이지 번호 및 섹션 제목의 텍스트 모양을 변경한 예시입니다.

08 위 7번 과정에서 선택한 섹션 레이아웃의 축소판 이미지 아래에 적색 [변경사항 적용] 버튼이 나타납니다. 변경한 편집 사항을 적용하려면 해당 버튼을 클릭합니다.

Tip [레이아웃] 패널의 섹션 텍스트, 저작권 등 일부 마스터 레이아웃은 편집 작업을 수행하더라도 [변경사항 적용] 버튼이 나타나지 않을 수 있습니다.

09 [책] 패널에서 해당 마스터 레이아웃으로부터 생성된 섹션을 다시 선택합니다. 위 7번 과정에서 변경된 디자인 요소가 섹션에 모두 일괄 반영되어 있습니다.

10 도구 막대에서 [페이지 추가] 아이콘을 누른 다음, [섹션]의 팝업 메뉴에서 동일한 섹션 레이아웃을 클릭합니다.

11 다음 그림과 같이 [책] 패널 마지막 지점에 새로운 섹션이 추가됩니다. [섹션 1]과 [섹션 2]는 모두 동일한 섹션 마스터로부터 생성된 페이지입니다. [레이아웃] 패널에서 해당 섹션 마스터 페이지를 열고 다시 한 번 레이아웃을 편집하면 모든 변경 사항이 [섹션 1]과 [섹션 2]에 또는 해당 섹션 마스터로부터 생성된 모든 섹션 페이지에 모두 일괄 적용됩니다.

12 [레이아웃] 패널에서 장, 섹션 또는 페이지 레이아웃에 대한 복사/붙이기, 복제하는 방법은 [책] 패널에서의 편집 방법과 동일합니다. 단, [레이아웃] 패널에서 [섹션 1]과 [섹션 2]의 기반이 되는 섹션 마스터 레이아웃을 선택하고 제거하려고 시도하면 다음 그림과 같이 경고 창이 나타납니다.
모든 장 또는 섹션 페이지는 마스터에 기반하므로 대치할 다른 마스터를 반드시 지정하고, [선택] 버튼을 눌러야 합니다.

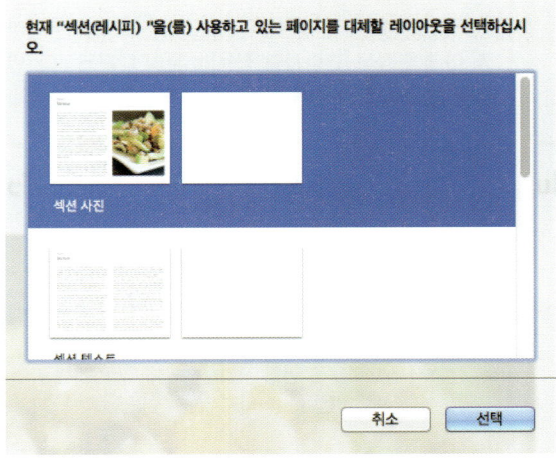

13 [레이아웃] 패널을 다시 가리려면 다음 그림과 같이 핸들 지점을 위로 드래그합니다. 해당 핸들을 다시 아래로 드래그하면 [레이아웃] 패널이 나타납니다.

책의 통일성과 작업 생산성을 향상시키는 마스터 레이아웃

iBooks Author에서 제작하는 멀티-터치 책은 하나 이상의 장과 더 많은 섹션으로 구성되며 페이지마다 콘텐츠 내용은 다르지만 대부분 장 또는 섹션별로 일괄된 페이지 레이아웃을 사용하여 작업합니다. 애플에서 기본으로 제공하는 모든 템플릿은 장, 서문, 섹션, 섹션 텍스트, 저작권, 헌정사, 서문 및 페이지 레이아웃을 포함하고 있으며 다음 사항을 리뷰합니다.

① 지금까지는 눈에 보이지 않았지만, [책] 패널에서 추가한 모든 장, 섹션 및 페이지는 미리 디자인되어 있었던 하나의 마스터 레이아웃으로부터 그 틀(=레이아웃) 요소를 모두 승계하여 생성합니다. 작업자는 이렇게 생성된 장 또는 섹션에 각기 다른 콘텐츠를 추가하고 작업할 수 있습니다.

② 비슷한 느낌으로 구성된 장, 섹션 및 페이지 마스터 레이아웃의 그룹을 '템플릿'이라고 부릅니다. 템플릿 → (마스터) 레이아웃 → [책] 패널의 장, 섹션 등의 유기적인 관계를 이해하면 후반 편집 과정에서 책 분량이 많더라도 손쉽게 템플릿 분위기나 레이아웃을 손쉽게 일괄 변경할 수 있습니다.

③ [마스터 레이아웃] 패널에 있는 장 또는 섹션의 디자인 요소(대상체 배치 및 스타일, 텍스트 포맷, 이미지 배경 등)를 변경하면 해당 마스터 레이아웃으로부터 생성된 [책] 패널의 모든 장 또는 섹션의 레이아웃은 한 번에 모두 일괄 변경됩니다. 따라서 책 전반에 걸친 대부분의 디자인 편집 방법을 동일하게 레이아웃 페이지에서도 동일하게 적용할 수 있습니다.

Exercise 02 나만의 마스터 레이아웃 생성하기

01 [레이아웃] 패널에서 원하는 레이아웃과 가장 유사한 장(또는 섹션) 레이아웃 축소판 이미지에서 복제할 장, 섹션 축소판 이미지를 선택하고, 단축키 Command + D 키를 누르거나 도구 막대에서 [레이아웃 추가] 아이콘을 클릭합니다.

02 선택한 장(또는 섹션) 아래에 동일한 장(또는 섹션) 레이아웃이 추가됩니다. [장 이름 복사본]으로 표시된 이름 영역을 더블클릭하여 원하는 이름으로 변경합니다.

03 오른쪽 페이지 편집 영역에서 원하는 스타일로 레이아웃을 변경합니다. 다음 그림은 빨강색 느낌의 레이아웃으로 재구성한 예시입니다. 편집에 관한 방법적인 부분은 이후에 나오는 78페이지의 '텍스트로 작업하기', 136페이지의 '대상체 편집', 162페이지의 '이미지 및 도형 대상체로 작업하기'를 참조합니다.

04 [책] 패널에서 섹션을 선택하고, 도구 막대에서 [페이지 추가] 아이콘을 누른 다음, [장(또는 섹션)] 팝업 메뉴에서 위 1번~3번 과정에서 생성한 사용자 마스터 레이아웃을 선택합니다.

05 [책] 패널에 사용자 마스터 레이아웃으로부터 모든 디자인 요소를 승계 받은 섹션 페이지가 추가됩니다. 편집 창 영역에서 새로운 대상체를 추가하거나 텍스트를 입력하여 책 작업을 수행합니다.

Exercise 03 책 패널에서 마스터 레이아웃 변경하기

01 [책] 패널에서 레이아웃을 변경할 장, 섹션 또는 페이지 축소판 이미지 위에 마우스 커서를 위치시키고 해당 축소판 이미지 오른쪽 하단 코너에 나타나는 역삼각형을 클릭한 다음, 나타나는 팝업 메뉴에서 원하는 패턴의 마스터 레이아웃을 선택합니다.

Tip 팝업 메뉴에서 장 축소판 이미지 앞에 표시된 체크 표시는 현재 장의 마스터 레이아웃을 알려주는 표시이며, 사용자가 새롭게 추가한 마스터 레이아웃이 있다면 더 많은 항목들이 나타납니다.

02 선택한 장이 새롭게 적용한 마스터 레이아웃으로 변경됩니다. 마스터 레이아웃을 변경하더라도 기존에 작업한 콘텐츠 내용은 그대로 유지됩니다.

03 섹션 또는 페이지도 위 1번~2번 과정과 동일한 방법을 수행하여 마스터 레이아웃을 변경합니다. [책] 패널에 생성된 장, 섹션, 페이지는 특정 마스터 레이아웃으로부터 생성되며 원한다면 언제든 다른 마스터 레이아웃으로 변경할 수 있습니다.

Lesson 07 책 방향

iBooks Author에서 가로 및 세로 방향의 템플릿을 사용하여 완성된 책을 iPad 장비에서 볼 때 Landscape(가로) 또는 Portrait(세로) 방향에 따라 자동으로 회전합니다. 가로 방향은 세로 방향에서 책 레이아웃이 다르게 표시되므로 책 콘텐츠 레이아웃을 고려했을 때 가로 방향에서만 보이도록 고정하려면 다음부터 소개하는 방법을 수행합니다.

Exercise 01 책 방향 설정하기

01 책 파일을 열고 도구 막대에서 [속성] 아이콘을 누릅니다. [속성] 패널이 나타나며 [도큐멘트] 아이콘 → [도큐멘트] 탭을 순차적으로 누릅니다.

02 iPad 장비에서 책을 [가로 방향] 모드로만 보이도록 하려면 [세로 방향 비활성화] 항목을 체크합니다. 이 항목을 체크하면 책을 iPad로 전송한 후 iPad를 회전하더라도 '가로 보기' 모드로만 보입니다. 이 기능은 편집자가 의도한 정형화된 레이아웃이 요구되는 콘텐츠에 적용합니다.

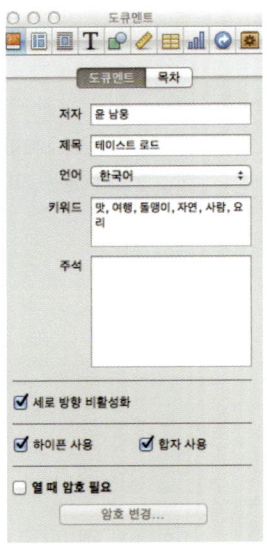

03 만약 가로 또는 세로 방향을 모두 보이도록 하려면 [세로 방향 비활성화] 체크를 해제합니다.
iPad 장비를 세로(초상화 모드)로 돌리면 책이 [세로 방향] 모드로 전환되며, 가로(풍경화 모드)로 돌리면 책이 [가로 방향] 모드로 전환됩니다. 세로 방향에서는 편집자가 의도한 레이아웃과 다르게 미리 정의된 텍스트 위주의 비정형화된 레이아웃으로 표시됩니다.

04 편집하는 동안 책 방향을 변경하여 수시로 레이아웃을 확인하려면 도구 막대에서 [세로 보기] 버튼 또는 [가로 보기] 버튼을 누릅니다. 만약 [세로 방향 비활성화] 옵션이 체크되어 있으면 이 버튼이 뿌옇게 비활성화되어 사용할 수 없습니다.

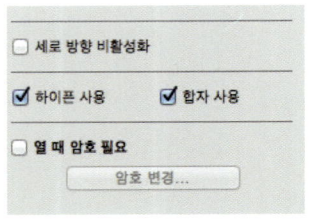

Lesson **08** 편집하는 동안 iPad에서 책 미리보기

책을 편집하는 동안 책 전체 또는 일부 섹션만 iPad 장비로 바로 전송하여 미리 볼 수 있습니다. 책 미리보기 기능은 대화식 미디어 작업 시 최종 동작 패턴을 확인하는데 자주 사용됩니다. 책을 미리보기 위해서는 iPad 장비에 iBooks 앱을 설치해야 합니다.

Exercise 01 편집하는 동안 iPad에서 책 미리보기

01 iPad 장비를 Mac 컴퓨터에 연결한 다음, iPad에서 iBooks 앱을 실행합니다. 이때 Mac 컴퓨터에서 iTunes 가 자동으로 실행되면 종료합니다.

02 책 전체(모든 장 및 섹션)를 미리 보려면 도구 막대에 서 [미리보기] 아이콘을 클릭합니다. 또는 메뉴의 [파일] 메뉴 → [미리보기]를 선택합니다. 이어서 [진행...] 패널이 나타나고 책 전체를 iPad로 전송합니다. 책 분량이 많은 경우 진행 시간이 다소 소요될 수 있습니다.

03 책 전송이 완료되면 iPad 장비의 iBooks 책장에서 해당 책이 열리며 미리보기 내용을 업데이트합니다. 책의 내용이 많은 경우 미리보기 도큐멘트 업데이트 진행 시간이 다소 걸릴 수 있습니다.

04 일부 섹션만 미리 보려면 [책] 패널에서 미리 볼 장 또는 섹션을 선택하고, 메뉴의 [파일] 메뉴 → [현재 섹션만 미리보기]를 선택합니다. [책] 패널에서 선택한 해당 '장'만 iPad로 전송됩니다. 이 방식은 책을 편집하는 동안 특정 섹션만 빠르게 미리 보고자할 때 유용합니다.

05 도구 막대에서 [미리보기] 아이콘을 클릭했을 때 '책 전체'로 미리 볼 것인지 '현재 섹션'만 미리 볼 것인지 설정하려면 [iBooks Author] 메뉴 → [환경설정...]을 선택하고, [일반] 탭 → [미리보기] 섹션 → [책 전체 미리보기] 또는 [현재 섹션만 미리보기] 항목 중 하나를 체크합니다.

다음 그림은 [현재 섹션만 미리보기]를 지정한 예시입니다. 도구 막대에서 [미리보기] 아이콘을 클릭하면 [책] 패널에서 선택한 해당 '장'만 iPad로 전송합니다.

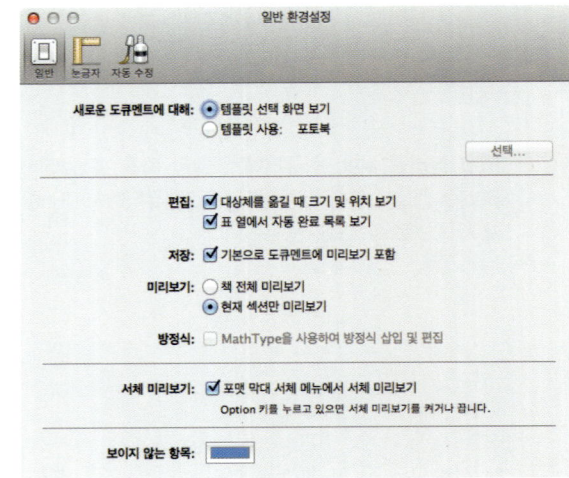

Tip 책을 편집하는 동안 페이지 레이아웃 및 대화식 미디어의 동작 패턴을 수시로 확인해야 한다면 미리보기 시간을 단축시켜주는 [현재 섹션만 미리보기]로 설정할 것을 권장합니다.

---

06 위 5번 과정을 수행하여 도구 막대에서 [미리보기] 아이콘을 눌렀을 때 [현재 섹션만 미리보기]로 정한 상태에서, 다시 책 전체를 보내려면 [파일] 메뉴 → [책 전체 미리보기]를 선택합니다.

Lesson 09 책 파일 열고 닫기

iBooks Author에서 다양한 방법으로 책 파일을 열고 닫을 수 있습니다. 또 하나 이상의 책 파일을 동시에 열고 편집(다른 책 문서로부터 일부 내용을 가져오거나 참조)하거나 현재 열려 있는 창을 한 번에 모두 닫을 수도 있습니다.

Exercise 01 책 파일 열고 닫기

01 책 파일을 열려면 메뉴의 [파일] 메뉴 → [열기](단축키 `Command` + `O` 키)를 선택합니다. [열기] 패널이 나타나면 책 파일이 저장되어 있는 경로를 찾아 선택하고, [열기] 버튼을 누릅니다.

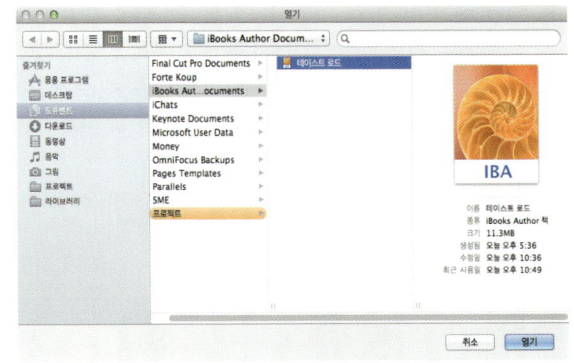

Tip [열기] 패널에서 [열기] 버튼을 누르기 전에 책 파일을 선택하고, 단축키 `Command` + `R` 키를 누르면 해당 파일이 저장되어 있는 경로가 [Finder] 창에서 열립니다.

02 iBooks Author가 실행되어 있지 않은 상태에서 책 파일을 열려면 Finder에서 해당 책 파일을 찾아 더블클릭하거나 Dock에 위치한 [iBooks Author] 아이콘 위로 드래그합니다. 참고로, 여러 개의 파일을 동시에 선택하고 이 과정을 수행하면 여러 개의 파일이 한 번에 모두 열립니다.

03 최근에 연 문서 목록으로부터 책 파일을 열기 위해서는 메뉴의 [파일] 메뉴 → [최근 사용 열기]를 선택하고, 목록에서 원하는 항목을 선택합니다.

04 책 창이 여러 개 열려 있을 때 원하는 책 파일로 바로 전환하려면 [윈도우] 메뉴를 선택하고, 목록에서 원하는 항목을 선택합니다.

05 책 창을 닫으려면 메인 창의 왼쪽 상단 코너에 있는 [닫기] 버튼을 클릭합니다. 또는 [파일] 메뉴 → [닫기]를 선택합니다.

06 현재 열려 있는 모든 책 창을 한 번에 닫으려면 Option 키를 누른 상태에서 메인 창 왼쪽 상단 코너에 있는 [닫기] 버튼을 클릭합니다. 또는 Option 키를 누른 상태에서 [파일] 메뉴 → [모두 닫기]를 선택합니다.

07 위 5번~6번 과정을 수행하여 책 창을 닫더라도 iBooks Author 응용 프로그램은 완전히 종료되지 않습니다. 해당 응용 프로그램을 완전히 종료하려면 [iBooks Author] 메뉴 → [iBooks Author 종료](단축키 Command + Q 키)를 선택합니다.

08 iBooks Author를 완전히 종료하고 다시 실행했을 때 기존에 열려 있었던 책 창을 그 상태로 유지하려면, Option 키를 누른 상태에서 [iBooks Author] 메뉴 → [종료 및 윈도우 유지] (단축키 Option + Command + Q 키)를 선택합니다.

> **Tip** 책 창이 열려 있는 상태에서 iBooks Author 응용 프로그램을 종료하고 다시 실행하면 일반적으로 템플릿 선택 화면이 나타납니다. 따라서 이전에 작업하던 책 파일을 이어서 편집하려면 해당 책 파일을 다시 열어야 합니다. 이런 불편함을 줄이려면 이 방법을 사용합니다.

Lesson **10** 책 파일 저장

책을 파일로 저장합니다. 일단 책을 생성하고 저장하기 전이라면 책 파일 이름은 '무제'로 표시되며, 책 파일로 한 번 저장되면 Mac OS X 10. 7 또는 OS X 10. 8에 기반한 iBooks Author는 사용자의 모든 작업을 자동으로 저장합니다. 또는 사용자가 원하는 시점에서 저장 명령을 수행할 수도 있습니다.

Exercise 01 책 파일 저장하기

01 새로운 템플릿으로 열고 편집하는 도중에 책을 저장하려면 [파일] 메뉴 → [저장...](단축키 Command + S 키)을 선택합니다.

02 [저장] 패널이 나타납니다. [별도 저장] 입력 필드에 원하는 파일 이름을 입력합니다. 참고로 한영 전환 단축키는 Command + space 키입니다.

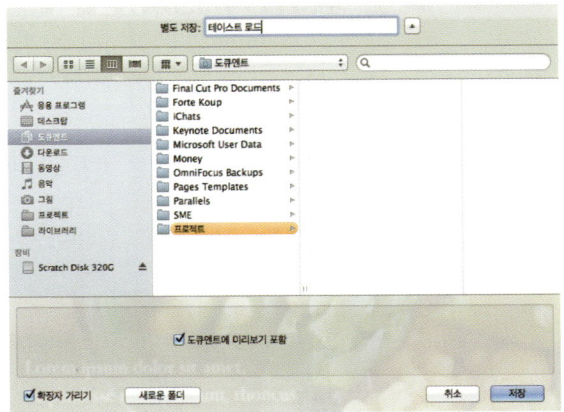

Tip 위 2번 그림과 다르게 축소형으로 나타난다면, [별도 저장] 입력 필드 오른쪽 끝에 위치한 역삼각형(▼) 버튼을 클릭합니다. 위 그림과 같이 [별도 저장] 패널이 확장되어 표시됩니다.

03 파일을 저장할 경로를 지정하려면 그림처럼 [저장] 패널 왼쪽에 있는 사이드 메뉴에서 [도큐멘트]를 선택하고, 오른쪽 컬럼에서 적절한 폴더를 선택합니다. iBooks Author 책 파일을 저장한 전용 폴더를 생성하려면 하단에 위치한 [새로운 폴더] 버튼을 누르고, 폴더명을 입력한 다음, [생성] 버튼을 누릅니다.

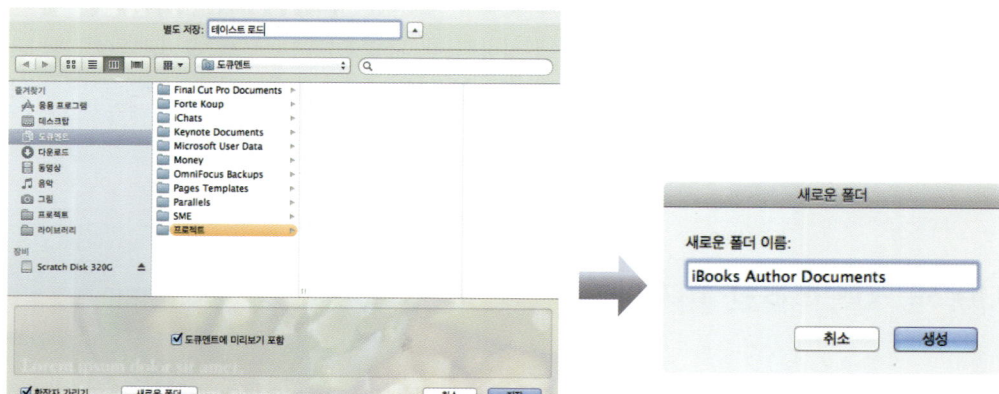

04 [저장] 버튼을 누릅니다. 참고로, 저장된 책 파일을 나중에 iBooks Author를 실행하지 않고 Finder에서 훑어보기 방식으로 미리 보려면 [저장] 패널에서 [도큐멘트에 미리보기 포함] 항목이 체크되어 있는지 확인합니다.

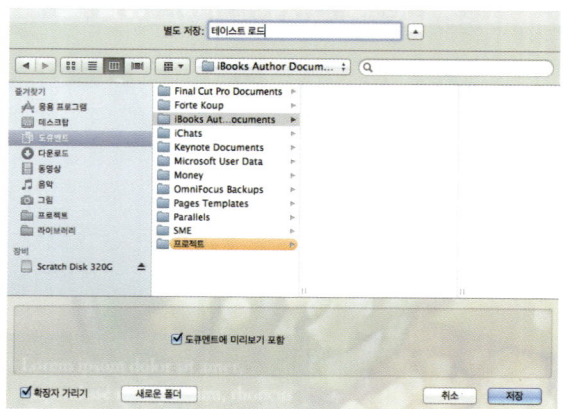

05 해당 책 파일을 다른 이름으로 별도 저장하려면 Option 키를 누른 상태에서 [파일] 메뉴 → [별도 저장...]을 선택합니다. [별도 저장...] 패널이 나타나면 파일 이름을 입력하고, 저장할 경로를 지정하여 저장합니다.

Lesson **11** 책 파일 복제

책 파일을 복제합니다. 이 기능은 이미 완성된 책을 다른 버전의 책으로 다시 편집할 때 유용합니다. Finder에서 파일을 복제하는 방식과 유사합니다. Finder에서 Option 키를 누른 상태에서 해당 책 파일을 드래그하여 복제할 수도 있습니다. 파일 이름은 '책 파일 2'로 명명됩니다.

Exercise 01 책 복제하고 저장하기

01 책 파일을 열고, [파일] 메뉴 → [복제]를 선택합니다. 또는 메인 창 상단 중앙에 위치한 제목 막대의 책 파일 이름을 클릭하고, 팝업 메뉴에서 [복제]를 선택합니다.

02 복제된 새로운 책 창이 나타납니다. 해당 책을 저장하려면 [파일] 메뉴 → [저장...](단축키 Command + S 키)을 선택합니다. [별도 저장] 패널이 나타나면 파일 이름을 입력하고, 저장할 경로를 지정합니다.

Lesson 12 책 파일 자동 저장

iBooks Author는 사용자의 모든 작업을 자동으로 저장합니다. 따라서 기존에 저장된 책 파일을 열고, 편집 작업을 수행한 후, 저장하지 않고 iBooks Author를 완전히 종료하더라도 해당 책 파일을 다시 열면 편집한 내용은 그대로 유지됩니다. 만약, 책 파일을 열고 편집한 사항을 모두 취소하려면 이어서 나오는 '책 파일을 열고 편집한 모든 사항 취소하기' 섹션을 수행합니다.

Exercise 01 책 파일을 열고 편집한 모든 사항 취소하기

01 책 파일을 열고 편집 작업을 수행하다가 해당 작업을 모두 취소하려면 [파일] 메뉴 → [다음으로 복귀] → [최근 사용일]을 선택합니다.

02 1번 과정을 거치면 경고 창이 나타나고 이 경고 창에서 [복귀] 버튼을 클릭하면 모든 편집 사항이 취소되며 책 파일을 연 시점으로 복구됩니다.

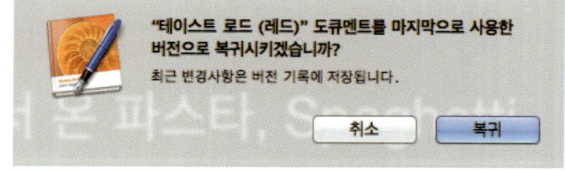

책 파일 잠그기

책 파일 잠그기는 책 파일을 임의로 편집할 수 없도록 읽기 전용 모드로 전환해 주는 기능입니다. 이 모드로 전환된 문서는 열어볼 수 있으나 편집할 수는 없습니다. 사용자가 편집을 시도하면 경고 패널이 나타납니다.

Exercise 02 문서 잠그기

01 메인 윈도우 상단 중앙에 위치한 책 파일 이름 영역(다음 그림에서 '테이스트 로드 – 편집됨')을 클릭하고, 나타나는 팝업 메뉴에서 [잠금]을 선택합니다.

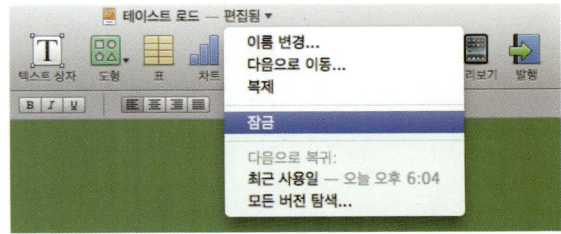

02 1번 과정을 거치면 책 파일 이름 옆에 [편집됨] 표시가 [잠김]으로 변경됩니다. 이 문서는 자동으로 저장되지 않고 잠김 상태를 유지합니다.

03 문서가 잠겨 있는 상태에서 편집을 시도하면, 파일의 잠금을 해제할 것인지, 복제할 것인지 묻는 경고 패널이 나타납니다. [잠금 해제] 버튼을 눌러 편집 작업을 이어서 수행하거나, [복제] 버튼을 눌러 다른 책 파일로 별도 저장한 다음에 편집 작업을 수행합니다. 여기에서는 잠김 상태를 유지합니다.

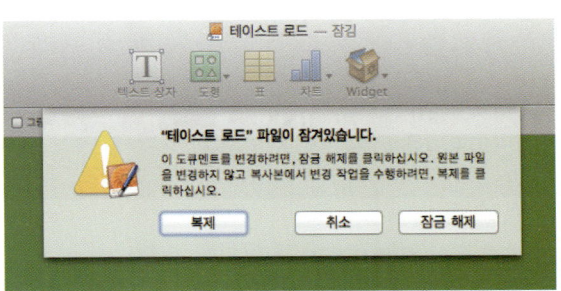

04 잠그기를 해제하려면 메인 윈도우 제목 막대의 책 파일 이름 오른쪽에 있는 [잠김] 영역을 클릭하고, 나타나는 팝업 메뉴에서 [잠금 해제]를 선택합니다.

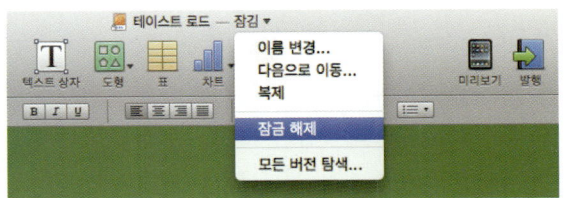

Lesson 13 책 파일 버전 탐색

iBooks Author에서는 책을 열고 편집 작업을 수행할 때 '매 시점의 변경 사항'을 자동으로 기록합니다. 그리고 각 기록 시점의 히스토리를 '버전'이라고 지칭합니다. 타임머신(Time Machine)과 유사한 패턴의 인터페이스를 사용하며, 한 화면에서 현재 버전과 이전 버전의 문서 내용을 비교하면서 일부 내용을 현재 문서로 가져오거나 문서 전체를 복원합니다. 다음에 나오는 사항을 리뷰합니다.

① 템플릿 선택화면에서 신규 책 파일을 열고 저장한 다음 닫습니다. 다시 해당 책 파일을 열고 장, 섹션 추가 또는 콘텐츠 내용을 추가하는 편집 작업을 수행합니다.
'책 파일 자동 저장' 섹션에서 학습한 것처럼 iBooks Author는 '자동 저장' 기능을 지원하므로 별도의 저장 명령을 수행하지 않고 책 파일을 다시 종료합니다.

② 위 1번 과정을 수행하면, 해당 책 파일은 내부적으로 '신규 책 파일을 열고 저장한 시점'과 '편집 작업을 수행한 마지막 시점' 등 모두 두 개의 히스토리를 갖습니다.

③ 책 파일을 다시 열고 이어서 페이지의 콘텐츠 내용을 추가하거나 삭제한 다음, 책 파일을 다시 종료합니다.

④ 위 3번 과정을 수행하면, 해당 책 파일은 모두 세 개의 히스토리를 갖습니다. 첫 번째 히스토리는 '버전 1', 두 번째 히스토리는 '버전 2'이며 세 번째 히스토리는 현재 문서입니다.

⑤ 책 파일을 다시 열고 계속 페이지의 콘텐츠 내용을 추가하거나 삭제한 다음, 단축키 `Command` + `S` 키를 눌러 변경 사항을 저장합니다. 이어서 계속 편집 작업을 수행한 다음, 책 파일을 종료합니다.

⑥ 위 5번 과정을 수행하면, 해당 책 파일은 현 시점까지 변경 작업 후 '사용자가 직접 저장한 시점'과 종료 전까지 '편집 작업을 수행한 마지막 시점'을 포함 모두 다섯 개의 히스토리를 갖습니다.

⑦ 정리하면, 첫 번째 히스토리는 '버전 1', 두 번째 히스토리는 '버전 2', 세 번째 히스토리는 '버전 3', 네 번째 히스토리는 '버전 4'이며 다섯 번째 히스토리는 현재 문서입니다.

⑧ 책 파일을 다시 열고, [파일] 메뉴 → [다음으로 복귀] → [모든 버전 탐색]을 실행하면 위 그림과 같이 왼쪽에는 '현재 문서' 버전을 오른쪽에는 이전 버전(버전 4, 버전 3, 버전 2, 버전 1)들을 계단식으로 보여줍니다.

⑨ 현재 문서에서 편집 작업을 수행하다가 이전에 삭제한 일부 내용 또는 책 전체 내용을 복구하려면 버전 탐색 기능을 켜고 특정 버전 문서로부터 복사하여 가져옵니다.

> **Tip**
> 위에서 살펴본 것처럼 '버전'은 편집 작업을 수행할 때, 즉 문서의 변경 사항이 발생되었을 때 iBooks Author를 종료하거나 사용자가 직접 저장 명령을 내릴 때마다 히스토리를 항상 기록합니다. 또한 사용자가 장시간 편집 사항을 수행할 때 사용자가 직접 저장 명령을 내리지 않더라도 '버전'은 매 시간마다 자동으로 저장하며 문서 열기, 복제, 잠금, 이름 변경 또는 복귀할 때도 히스토리가 저장됩니다. 책 편집 작업 중 사용자가 원하는 시점에서 버전으로 저장하려면 [파일] 메뉴 → [저장] (단축키 `Command` + `S` 키)을 선택합니다.

Exercise 01 이전 버전으로부터 일부 내용만 복사하여 가져오기

01 [파일] 메뉴 → [다음으로 복귀] → [모든 버전 탐색...]을 선택합니다.
또는 메인 창 상단 중앙에 위치한 제목 막대의 책 파일 이름 오른쪽에 있는 [편집됨] 영역을 클릭하고 나타나는 팝업 메뉴에서 [모든 버전 탐색]을 선택합니다.

02 [모든 버전 탐색...]을 클릭하면 타임머신(Time Machine)과 유사한 버전 브라우저로 전환됩니다. 다음 그림과 같이 왼쪽에는 편집 중인 '현재 문서'를, 오른쪽에는 '이전 버전'들이 계단식으로 사용자에게 보여집니다.

03 [현재 문서] 또는 [이전 버전]의 내용을 크게 보려면 해당 버전의 메인 윈도우를 한 번 클릭합니다. 다음 그림은 [현재 문서]를 확대한 예시입니다. 오른쪽에 일부 가려져 있는 [이전 버전]을 클릭하면 [현재 문서]가 축소되고 [이전 버전]이 확대됩니다. 확대된 [현재 문서]를 동일한 크기로 다시 전환하려면 윈도우 바깥 영역(우주 공간)을 클릭합니다.

04 [현재 문서]를 확대하면 일반적인 책 편집 작업을 수행할 수 있습니다. 또한 마우스 커서를 모니터 화면 맨 위로 올리면 풀다운 메뉴가 나타납니다.

05 [이전 버전]의 책 파일을 최근 시간 순서에 따라 탐색하려면 화면 오른쪽 하단에 위치한 타임라인에서 원하는 날짜의 버전 막대를 클릭하면 해당 버전의 윈도우로 이동합니다.

06 이어서 해당 버전의 내용을 자세히 확인하려면 버전 윈도우를 한 번 클릭합니다. 버전 윈도우가 확대되면서 [책] 패널에서 원하는 장, 섹션 또는 페이지를 선택하고 가져올 내용을 탐색합니다. 버전 브라우저를 종료하려면 [완료] 버튼을 누릅니다.

07 [이전 버전]으로부터 일부 요소(텍스트, 텍스트 상자, 이미지, 미디어 및 대화식 대상체 등)만 [현재 문서]로 복사하여 가져오려면 원하는 요소를(텍스트의 경우 블록 방식으로) 선택하고, 단축키 Command + C 키를 눌러 복사합니다. 다음 그림은 텍스트 일부를 블록 방식으로 선택한 예시입니다.

08 ▶ 왼쪽에 일부 가려져 있는 [현재 문서]를 클릭합니다. [현재 문서]가 다시 확대되며 [책] 패널에서 원하는 장, 섹션 또는 페이지를 선택하고 페이지 영역에서 삽입할 지점에 커서를 위치한 다음, 단축키 Command + V 키를 눌러 붙여 넣습니다.

09 ▶ [완료] 버튼을 클릭합니다.

Exercise 02 이전 버전으로부터 책 전체 복원하기

01 ▶ [파일] 메뉴 → [다음으로 복귀] → [모든 버전 탐색...]을 선택합니다.
또는 메인 창 상단 중앙에 위치한 제목 막대의 책 파일 이름 오른쪽에 있는 [편집됨] 영역을 클릭하고 팝업 메뉴에서 [모든 버전 탐색]을 선택해도 됩니다.

02 ▶ [모든 버전 탐색]을 선택하면 버전 브라우저로 전환됩니다. 화면 오른쪽 하단에 위치한 타임라인에서 원하는 날짜의 버전 막대를 탐색한 후 클릭합니다.

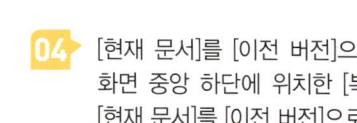

03 ▶ 이어서 해당 버전의 창을 클릭하여 확대한 다음, [책] 패널에서 원하는 장, 섹션 또는 페이지를 순차적으로 선택하고 책 전체 내용을 확인합니다.

04 ▶ [현재 문서]를 [이전 버전]으로부터 전체 복원하려면 화면 중앙 하단에 위치한 [복원] 버튼을 클릭합니다. [현재 문서]를 [이전 버전]으로 덮어씌웁니다. 덮어씌우기 전에 [현재 문서]는 새로운 버전으로 기록됩니다.

Lesson 14 책 파일 보안

보안 기능은 책 파일을 다른 사용자가 임의로 열어 볼 수 없도록 암호로 보호합니다. 책 파일에 암호를 설정하면 콘텐츠 정보에 대한 누출을 최소화할 수 있으며, 일반적인 암호 패턴부터 강력한 FIP-181 보안 체계를 지원합니다.

Exercise 01 책 파일 암호화하기

01 책 파일을 열고, 도구 막대에서 [속성] 아이콘을 누릅니다. [속성] 패널이 나타나며, [도큐멘트] 아이콘을 클릭하고 [도큐멘트] 탭을 다시 한 번 누릅니다.

02 [도큐멘트] 패널 하단에 있는 [열 때 암호 필요] 항목을 체크하면 메인 창 상단 중앙에 [암호 설정] 창이 나타납니다.

03 [암호] 및 [확인] 입력 필드에 원하는 암호를 각각 입력합니다. 암호를 세 번 이상 잘못 입력했을 때 암호를 연상할 수 있도록 힌트 정보를 표시하려면 [암호 힌트] 입력 필드에 관련 정보를 입력합니다. 모든 입력과 설정을 마쳤다면 [암호 설정] 버튼을 누릅니다.

> **Tip** 보다 강력한 암호를 사용하려면 열쇠 모양의 [암호키(🔑)] 버튼을 클릭하고 [암호 지원] 패널에서 화면 지침에 따라 보안 수준을 결정합니다.

04 위 과정을 수행한 후 암호화된 책 파일을 다시 열면 다음 그림과 같이 암호를 묻는 창이 나타납니다. 올바른 암호를 입력하고, [승인] 버튼을 누릅니다.

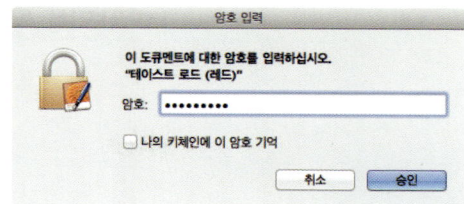

Tip 문서 암호를 키체인에 저장하는 옵션은 권장하지 않습니다. 제 3자가 이 컴퓨터에서 해당 문서를 여는 경우 암호가 이 컴퓨터의 키체인에 저장되어 있으므로 무력화 될 수 있습니다.

---

05 틀린 암호를 세 번 이상 입력하면 다음 그림과 같이 앞의 3번 과정에서 입력한 사용자 힌트 정보가 나타납니다. 해당 힌트로부터 올바른 암호를 유추하여 입력하고 [승인] 버튼을 누릅니다.

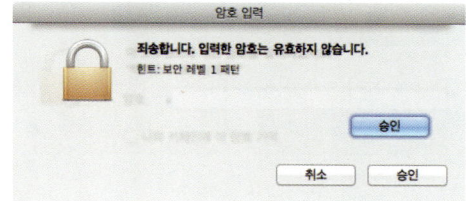

06 책 파일에 대한 암호를 다시 해제하려면 [도큐멘트] 패널 하단에 있는 [열 때 암호 필요] 항목을 체크 해제합니다. 현재 암호를 묻는 창이 나타나며, 올바른 암호를 입력하고 [승인] 버튼을 누르면 암호가 해제됩니다.

Theme 02

텍스트로 작업하기

이번 Theme에서는 페이지에 미리 디자인되어 있는 본문 텍스트와 빈 텍스트 상자 그리고 텍스트 레이아웃 구성에 필요한 텍스트 포맷, 단락 스타일, 탭 정렬 및 수학 표현식, 한자 입력 및 기타 교정 도구에 대하여 학습합니다.

Lesson 01 본문 텍스트 상자

모든 템플릿은 장, 섹션 및 페이지로 구성되어 있으며 각 섹션 및 페이지는 미리 정의된 글자 모양 및 정렬 방식으로 텍스트를 입력할 수 있는 '본문 텍스트 상자'를 포함하고 있습니다. 본문 텍스트 상자의 연결 흐름을 이해하면 페이지에서 텍스트 레이아웃을 구성하는데 도움을 줍니다.

Exercise 01 페이지에서 본문 텍스트 흐름 레이아웃 이해하기

01 다음 그림은 임의의 템플릿을 선택하여 연 초기 상태입니다. [책] 패널에서 페이지를 선택하고, 본문에 있는 텍스트를 한 번 클릭하면 그림처럼 파란색으로 하이라이트되어 표시됩니다.

02 하이라이트된 정보는 '더미 텍스트'로, 텍스트에 정의한 스타일(문자 크기, 문자 색, 정렬 방식 등)을 보여주는 가상 정보입니다. 하이라이트된 상태에서 텍스트 입력을 시작하면 더미 텍스트는 모두 사라지며 사용자가 입력한 텍스트로 새롭게 나타나지만 텍스트 스타일은 유지됩니다.

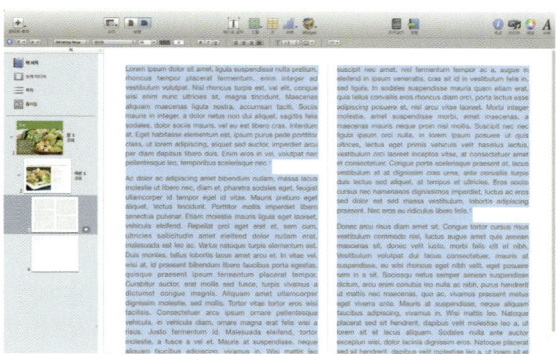

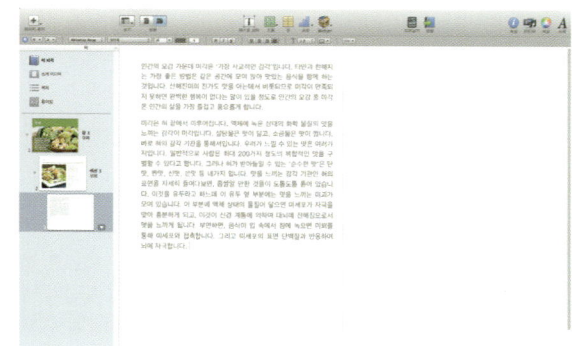

03 텍스트를 계속해서 입력하다가 해당 페이지를 초과하게 되면 자동으로 다음 페이지를 생성합니다. 본문 텍스트 임의의 지점에 마우스 커서를 위치하면 텍스트 단락 테두리에 점선 유형의 가이드라인이 나타나며 이 점선을 클릭하면 '파란색 링크선'이 나타납니다.

04 메인 윈도우 하단에 있는 좌-우 스크롤바를 오른쪽으로 드래그하여 다음 페이지로 이동합니다. 텍스트 상자 중앙 하단 테두리에 위치한 크기 핸들을 위로 드래그하여 본문 텍스트 상자의 크기를 조절합니다.

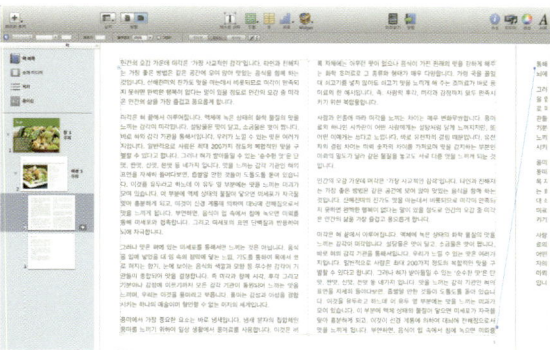

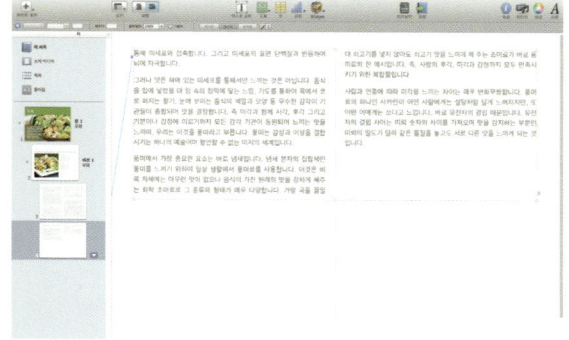

05 본문 텍스트 상자 오른쪽 하단 테두리에 있는 '파란색 링크 화살표'를 클릭합니다. 클릭하면 마우스 커서가 '+' 화살표로 바뀝니다.

06 이어서 페이지의 빈 영역을 드래그하여 현재 본문 텍스트 상자와 텍스트 흐름을 연결할 새로운 텍스트 상자를 추가합니다. 다음 그림은 페이지 하단에 새로운 본문 텍스트 상자를 추가한 예시입니다.

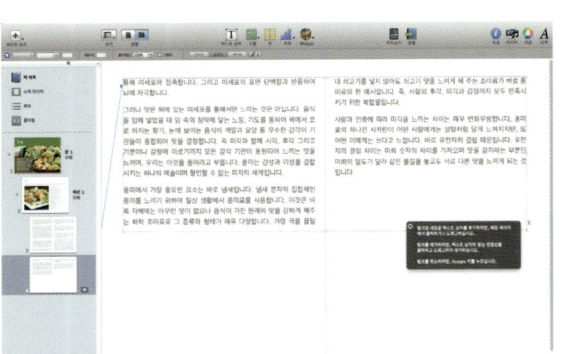

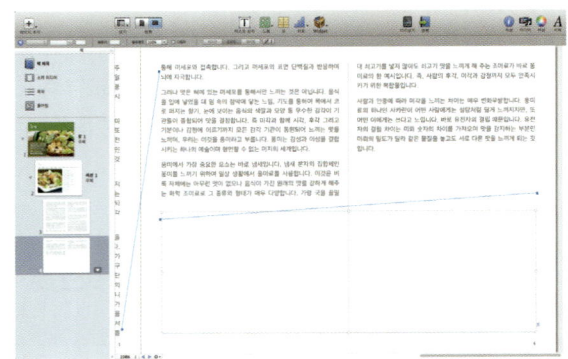

07 현재 본문 텍스트 상자에서 텍스트를 입력하다가 해당 영역을 초과하면 새로운 본문 텍스트 상자로 텍스트 흐름이 이어서 입력됩니다.

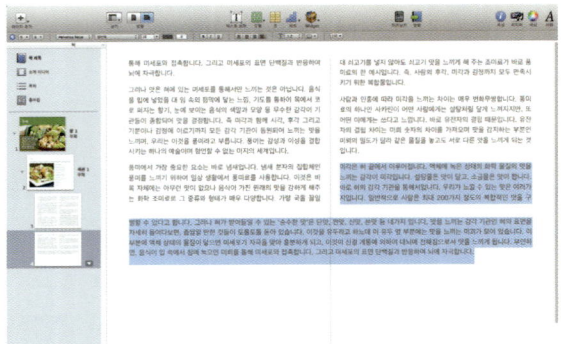

Tip 현재 본문 텍스트 상자는 2열, 새로운 본문 텍스트 상자는 1열의 레이아웃을 갖도록 지정하였습니다. 페이지에서 서로 다른 열을 갖는 텍스트 상자를 배치하면 다양한 패턴의 텍스트 레이아웃을 구성할 수 있습니다. 텍스트 상자의 열 수를 변경하려면 해당 텍스트 상자를 선택하고, 포맷 막대에서 [열 나누기] 버튼을 클릭한 다음, 원하는 수를 선택합니다. 자세한 사항은 86페이지의 '열 나누기' 섹션을 참조합니다.

08 텍스트 상자의 연결 상태를 제거하려면 파란색 '연결 핸들'의 끝 지점을 임의의 방향으로 드래그합니다. 풍선 터지는 애니메이션과 함께 텍스트 상자간의 연결 흐름이 끊어집니다.

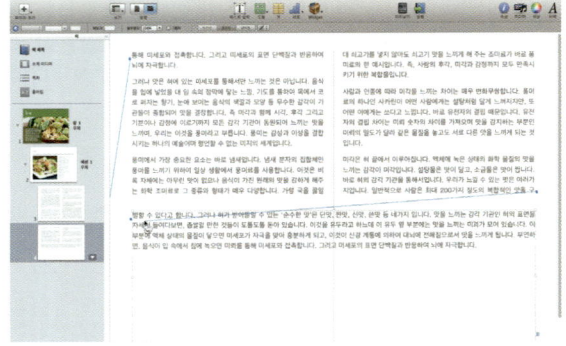

09 텍스트 상자의 연결 흐름이 끊어지면 이전 텍스트 상자 하단 중앙에 클리핑 '+' 기호가 나타나며 초과된 텍스트 내용을 보이지 않게 됩니다. 초과된 텍스트 내용을 보이게 하려면 텍스트 상자 크기를 조절하거나 위 5번~6번 과정을 다시 수행하여 현재 텍스트 상자에 연결된 새로운 텍스트 상자를 추가합니다.

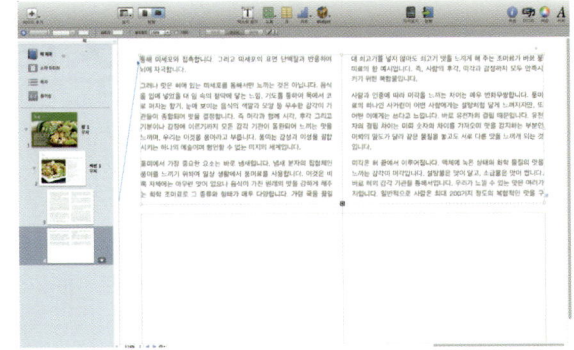

Tip 연결 흐름이 끊어지면 위 6번 과정에서 새로 추가한 텍스트 상자는 빈 텍스트 상자로 남습니다. 제거하려면 해당 텍스트 상자를 선택하고 Delete 키를 누릅니다.

Tip 본문 텍스트 상자에는 텍스트 연결 흐름을 앞–뒤로 연결하는 두 개의 '연결 핸들'이 있습니다. 왼쪽 상단 테두리에 있는 연결 핸들은 이전 텍스트 상자와, 오른쪽 하단 테두리에 있는 연결 핸들은 다음 텍스트 상자와 텍스트의 흐름을 연결합니다.

Lesson 02 빈 텍스트 상자

장, 섹션 또는 페이지에서 원하는 지점에 텍스트를 입력하려면 빈 텍스트 상자를 먼저 추가하고 해당 입력 필드 안에 내용을 입력합니다. 빈 텍스트 상자는 페이지의 전반적인 영역에서 서브 타이틀, 저작권 정보, 페이지 번호 등 부가적인 요소의 텍스트 내용을 추가할 때 사용합니다.

> **Tip** 빈 텍스트 상자는 전자에서 학습한 '페이지에서 본문 텍스트 흐름 레이아웃 이해하기' 섹션에서 학습한 본문 텍스트 상자와 같이 서로 연결할 수 없습니다.

Exercise 01 빈 텍스트 상자 추가하기

01 도구 막대에서 [텍스트 상자] 아이콘을 클릭하면 페이지 중앙에 텍스트 상자가 나타납니다.

> **Tip** 위 방법과 달리 먼저 Option 키를 누른 상태에서 도구 막대의 [텍스트 상자] 아이콘을 클릭한 다음, 페이지에서 빈 텍스트 상자를 추가할 지점을 드래그하면 해당 영역에 빈 텍스트 상자가 추가됩니다. 이 방법은 도구 막대에 있는 도형, 표, 차트 대상체에 대해서도 동일하게 적용됩니다.

02 빈 텍스트 상자를 더블클릭하고 원하는 내용을 입력합니다. 텍스트 포맷을 변경하려면 다음 그림과 같이 텍스트를 드래그하여 블록 방식으로 선택한 다음, 포맷 막대에서 원하는 스타일 포맷(글자 크기, 글자 색, 정렬 등)을 지정합니다.

03 텍스트 상자의 위치를 변경하려면 텍스트 상자를 원하는 지점으로 드래그합니다. 레이아웃을 배치할 때 텍스트 상자를 드래그하여 대략적인 지점에 먼저 옮겨 놓고 키보드의 방향키를 사용하여 1 포인트 단위로 세밀하게 이동합니다. Shift 키를 누른 상태에서 방향키를 누르면 10 포인트 단위로 이동합니다.

04 텍스트 상자의 크기를 조절하려면 텍스트 상자 테두리에 있는 (여덟 개의) 크기 조절 핸들을 각각 드래그합니다. 각 핸들에 따라 드래그한 방향으로 커지거나 작아집니다. Option 키를 누른 상태에서 모서리(Edge)에 있는 (네 개의) 크기 조절 핸들을 드래그하면 텍스트 상자 Center를 기준으로 커지거나 작아집니다.

05 텍스트 상자를 회전하려면 Command 키를 누른 상태에서 모서리(Edge)에 있는 크기 핸들 위에 마우스 커서를 위치합니다. 마우스 커서가 회전 모양의 화살표로 변경되며 시계 또는 반시계 방향으로 드래그합니다.

Tip 빈 텍스트 상자 대신에 '도형'을 추가한 다음, 도형 안에 텍스트를 입력하고 앞의 과정에서 수행한 동일한 편집 방법을 적용할 수도 있습니다. 강조된 느낌의 타이틀은 빈 텍스트 상자보다는 도형을 사용하는 것이 더 효과적입니다.

Lesson 03 페이지스(Pages), 워드(Word) 등 다른 문서에서 텍스트 가져오기

애플의 페이지스(Pages) 또는 마이크로소프트사의 워드(Word) 문서를 책의 장 또는 섹션으로 가져올 수도 있습니다. 장 또는 섹션의 임의의 지점에 원하는 내용만 추가하려면 Pages 또는 Word 문서에서 먼저 해당 내용을 먼저 복사한 후 iBooks Author 책 페이지에 붙여 넣습니다.

Exercise 01 Pages 또는 Word 문서에서 가져오기

01 [삽입] 메뉴 → [Pages 또는 Word 도큐멘트로부터의 장...]을 선택합니다. [열기] 패널이 나타나면 파일이 저장되어 있는 경로를 찾아 가져올 문서를 선택하고 [삽입] 버튼을 클릭합니다.

02 [레이아웃 선택] 패널이 나타나며, 목록에서 장, 섹션 또는 섹션 사진, 섹션 텍스트, 저작권, 헌정사 또는 서문 중 하나의 레이아웃 유형을 선택합니다.

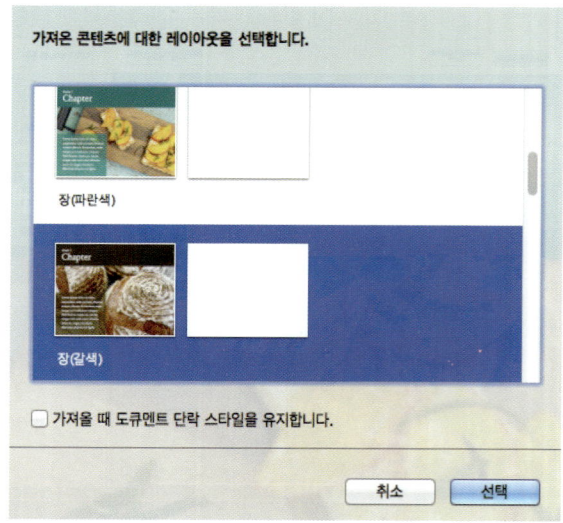

Tip **문서의 단락 스타일을 유지하고 싶다면?**

문서를 가져올 때 해당 문서의 단락 스타일을 그대로 유지하려면 [가져올 때 도큐멘트 단락 스타일 유지합니다.] 항목을 체크합니다.

다만 문서를 가져올 Pages 문서가 암호로 보호되어 있다면 가져올 수 없습니다. 따라서 Pages에서 해당 문서를 열고 암호를 해제한 다음, 위 1번 과정을 다시 수행합니다.

03 위 2번 과정에서 선택한 레이아웃으로 페이지가 추가됩니다. 2번 과정에서 섹션 레이아웃 유형을 선택하면, [책] 패널에서 선택된 장 하위에 섹션 유형으로 추가됩니다. 다음 그림은 장 레이아웃 유형으로 가져온 예시입니다.

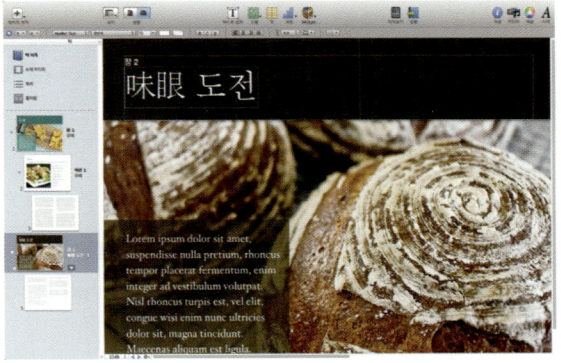

04 만약, Pages 또는 Word 문서로부터 가져올 때 iBooks Author에서 지원되지 않는 사항(서체 및 기타 레이아웃)이 있다면 다음 그림과 같이 [도큐멘트 경고] 패널이 나타납니다. 경고 패널에서 각 항목을 리뷰하고 편집 과정에서 참조합니다.

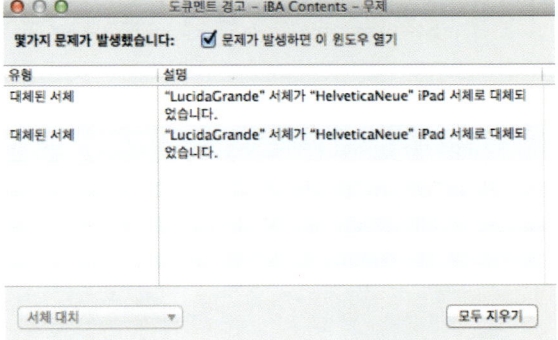

Lesson 04 열 나누기

열 나누기를 이용하면 페이지에서 텍스트 단락의 열 수를 변경하거나 열 또는 페이지 나누기 조판 기호를 삽입하여 다양한 유형의 텍스트 레이아웃을 디자인할 수 있습니다. 또 책 패널 또는 마스터 레이아웃에 모두 적용 가능합니다. 자세한 사항은 '마스터 레이아웃' 섹션을 참조합니다.

Exercise 01 텍스트 단락의 열 수 변경하기

01 [책] 패널에서 페이지 축소판 이미지를 선택한 다음, 페이지 편집 영역에 있는 본문 텍스트를 한 번 클릭합니다. 단락 전체가 파란색으로 하이라이트됩니다. 다음 그림은 새로운 템플릿 문서를 열고 페이지에 있는 본문 텍스트를 선택한 예시입니다.

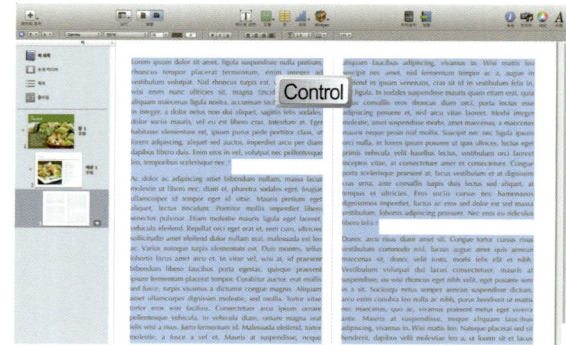

Tip 새로운 책 파일을 열고 페이지에 미리 구성되어 있는 텍스트 상자 안에 새로운 내용을 입력하지 않았다면 해당 지점을 한 번 클릭했을 때 단락 전체가 파란색으로 하이라이트되어 표시됩니다. 이 정보는 '더미 텍스트'로 텍스트에 정의된 글자 모양 및 정렬 스타일을 보여주는 가상 정보입니다. 하이라이트된 상태에서 텍스트 입력을 시작하면 더미 텍스트는 모두 사라집니다. 단, 텍스트 스타일은 그대로 유지됩니다.

02 포맷 막대에서 [열] 버튼을 클릭해 나타나는 팝업 메뉴에서 원하는 열 개수(1열, 2열, 3열 및 4열)를 선택합니다.

03 위 2번 과정에서 선택한 열 개수로 변경됩니다. 텍스트 상자가 이전 섹션 또는 다음 페이지로 연결되어 있다면 모두 동일한 열로 변경됩니다.

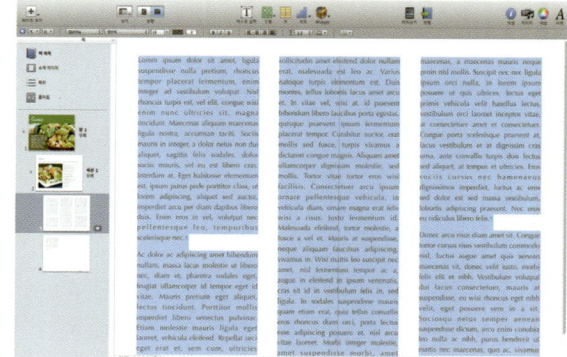

04 페이지에서 4개 이상의 열로 변경하려면 도구 막대에서 [속성] 아이콘을 클릭합니다. 이어서 나타나는 [속성] 패널의 [레이아웃] 아이콘을 클릭하고 [레이아웃] 탭을 다시 한 번 클릭합니다.

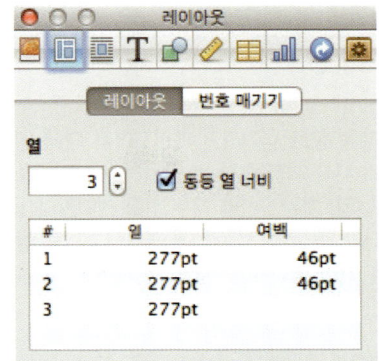

05 열 입력 필드에 원하는 열 개수를 직접 입력하고 Return 키를 누르거나 조절(위-아래 화살표)] 버튼을 클릭하여 원하는 열 수를 결정할 수도 있습니다. 기본적으로 열 너비는 동등하게 배분됩니다.

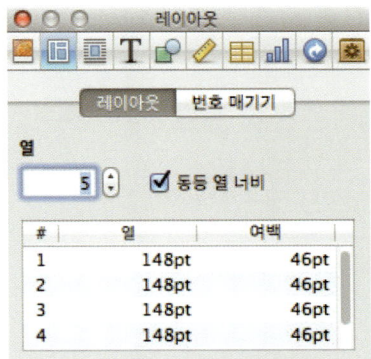

06 열마다 서로 다른 폭을 지정하려면 [동등 열 너비] 항목을 체크 해제하고 열 또는 여백 입력 필드를 더블클릭하여 각각 원하는 수치를 입력합니다.

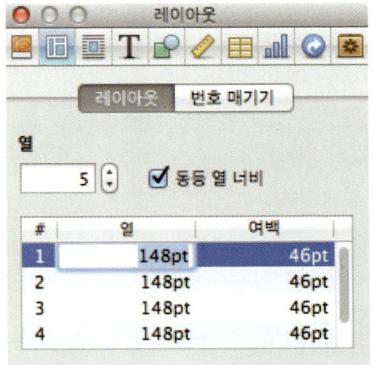

Tip 빈 텍스트 상자 또는 도형 안에 텍스트 단락을 입력하고 동일한 방법으로 앞의 과정을 수행하면 열을 나눌 수 있습니다.

Exercise 02 현재 단락을 다음 열 또는 페이지로 넘기기

01 현재 단락을 다음 열로 넘기려면 페이지에서 다음 열을 넘길 단락의 시작 지점을 한 번 클릭하여 삽입점을 위치한 다음 [삽입] 메뉴 → [열 나누기]를 선택합니다. 다음 그림은 더미 텍스트 대신에 사용자가 네 단락 정도의 텍스트를 직접 입력하고 1열 세 번째 단락 처음 지점에 삽입점을 위치한 예시입니다.

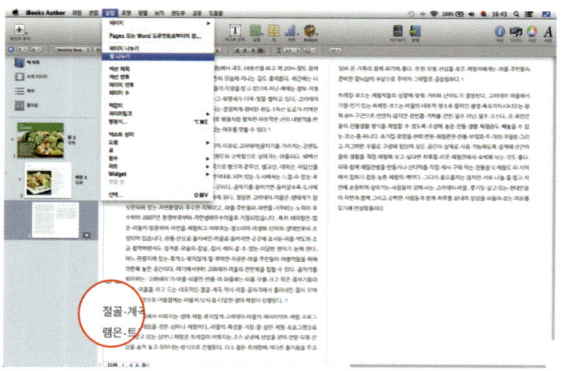

02 삽입점 이후에 있는 텍스트 단락이 다음 열로 모두 이동합니다. 열 나누기 기호를 보려면 [보기] 메뉴 → [보이지 않는 항목 보기]를 선택합니다.

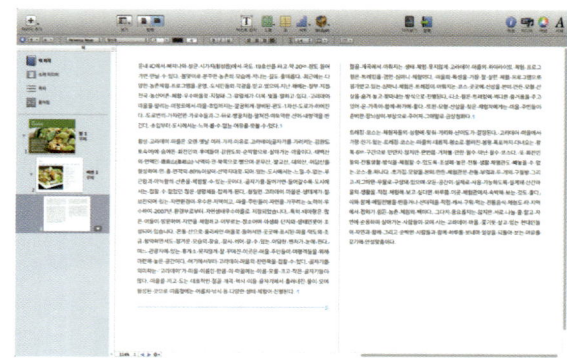

03 현재 단락을 다음 페이지로 넘기려면 페이지에서 다음 열을 넘길 단락의 시작 지점을 한 번 클릭하여 삽입점을 위치한 다음. [삽입] 메뉴 → [페이지 나누기]를 선택합니다. 다음 그림은 1열 세 번째 단락 처음 지점에 삽입점을 위치한 예시입니다.

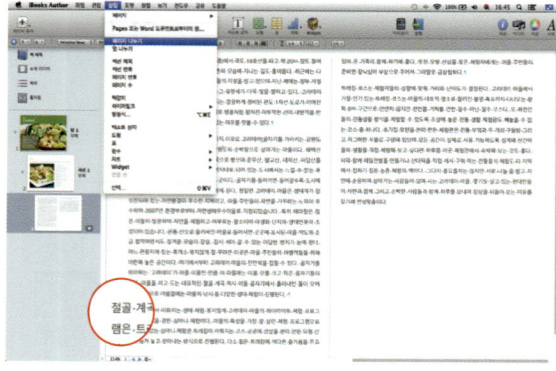

04 삽입점 이후에 있는 텍스트 단락이 다음 페이지로 모두 이동합니다. 페이지 나누기 기호를 보려면 [보기] 메뉴 → [보이지 않는 항목 보기]를 선택합니다. 다음 그림은 이해를 돕기 위해 보기 배율을 '75%'로 축소하여 전체 레이아웃을 표시한 예시입니다.

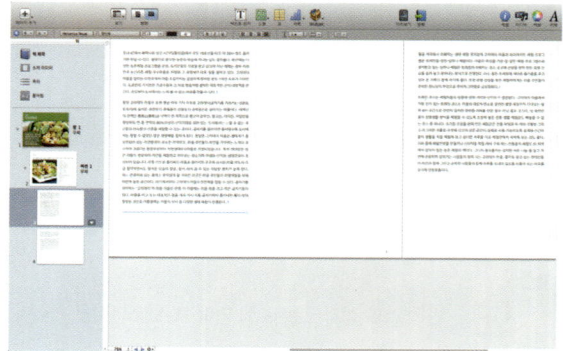

Lesson **05** 텍스트 포맷

텍스트 포맷은 텍스트의 모양을 포맷 막대, 포맷 메뉴, [서체] 패널 또는 [텍스트] 패널에서 원하는 스타일로 변경해 주는 기능을 갖고 있습니다. 이 섹션에 나오는 텍스트 포맷 변경 방법들은 '단락 스타일'을 정의할 때 필요한 모든 요소들을 포함하고 있으므로 먼저 리뷰할 것을 권장합니다.

Exercise 01 포맷 막대에서 텍스트 포맷 변경하기

01 ▶ 다음 그림과 같이 단락의 일부 범위를 드래그하여 블록 방식으로 선택합니다. 특정 단락을 한 번에 선택하려면 해당 단락을 삼중클릭합니다. 모든 단락을 한 번에 선택하려면 단축키 Command + A 키를 누릅니다.

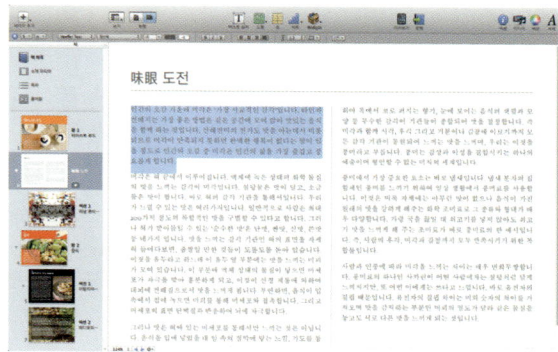

> **Tip** 텍스트의 모양을 변경하려면 1번 그림과 같이 단어 또는 단락을 블록 방식으로 선택한 다음, 진행하는 것에 주의합니다. 반면, 단락의 정렬 방식은 블록 방식 또는 해당 단락 임의의 지점에 삽입점을 위치한 다음, 변경할 수 있습니다.

02 ▶ 포맷 막대에서 텍스트 포맷을 변경하려면 포맷 막대에서 [서체], [글자체 강조 유형], [크기], [글자 색상], [글자 배경 색상], [볼드체], [이탤릭체], [밑줄], [수평 정렬(왼쪽, 중앙, 오른쪽, 배분)], [줄 간격], [열 나누기] 버튼을 클릭하여 원하는 텍스트 포맷으로 조절합니다.

Exercise 02 포맷 메뉴에서 텍스트 포맷 변경하기

03 ▶ [포맷] 메뉴에서 텍스트 포맷을 변경하려면 텍스트를 블록 방식으로 선택하고 [포맷] 메뉴에서 서체 하위 메뉴의 [볼드체], [이탤릭체], [밑줄체], [취소선], [윤곽체], [크게/작게], [자간], [합자], [기준선], [대문자] 등 원하는 텍스트 포맷으로 조절합니다.

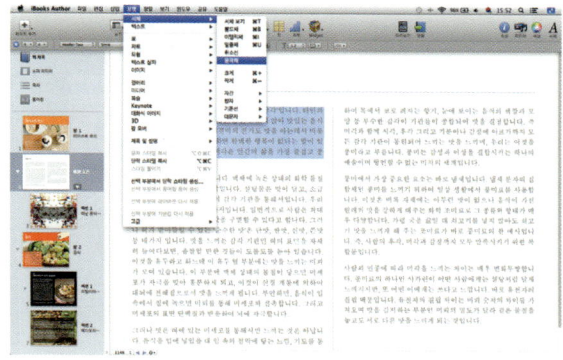

> **Tip** 텍스트 서체 크기를 조절하는 단축키는?
> 텍스트 서체 크기를 1 포인트씩 크게 또는 작게 조절하려면 단축키 Command + + 키 또는 Command + - 키를 누릅니다.

04 텍스트 정렬 방식을 변경하려면 [포맷] 메뉴에서 [텍스트] 하위 메뉴의 [왼쪽 정렬], [중앙 정렬], [오른쪽 정렬], [좌우 정렬] 및 [목록 들여쓰기 증가/감소] 등 원하는 텍스트 포맷으로 조절합니다.

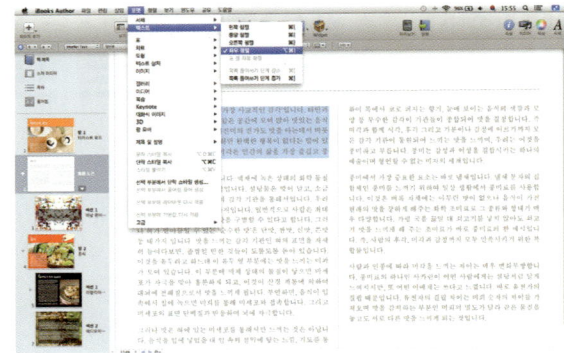

Tip 텍스트 단락 정렬은 텍스트를 블록 방식으로 선택하지 않고 단락의 임의의 지점에 삽입점을 위치한 다음 수행해도 동작합니다.

Exercise 03 서체 패널에서 텍스트 포맷 변경하기

05 [서체] 패널에서 텍스트 포맷을 변경하려면 텍스트를 블록 방식으로 선택하고 도구 막대에서 서체 아이콘을 누르거나 [포맷] 메뉴 → [서체] → [서체 보기]를 선택합니다.

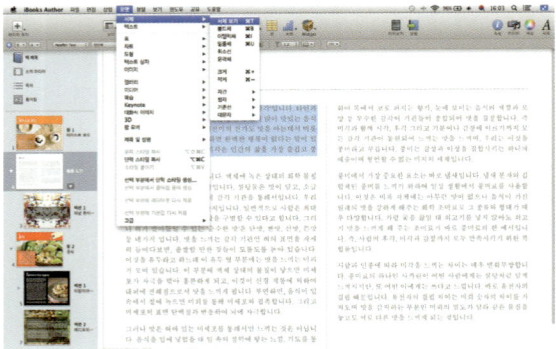

06 [서체] 패널이 나타나며 서체, 크기, 밑줄, 밑줄 색상, 한 줄 또는 두 줄 취소선, 취소선 색상, 서체 색상, 단락 색상, 그림자 사용 및 그림자 효과의 불투명도, 흐림도, 오프셋, 각도 등 원하는 텍스트 포맷으로 조절합니다.

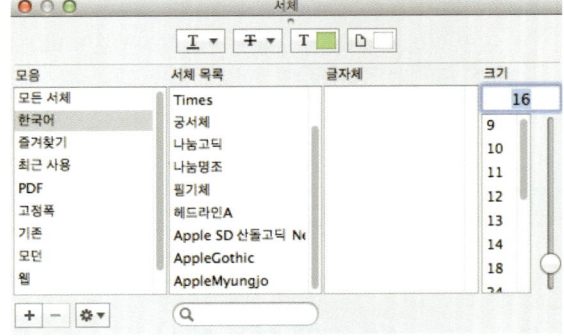

07 단, Mac 컴퓨터에 설치한 모든 서체가 iPad에서 호환되지는 않습니다. 위 6번 과정에서 iPad와 호환되지 않는 서체를 선택하면 다음과 같은 경고 창이 나타납니다. 이때는 [취소] 버튼을 누르고 [서체] 패널에서 iPad와 호환되는 서체를 다시 지정합니다. 자세한 사항은 100페이지의 '서체 사용에 대한 제한 사항'을 참조합니다.

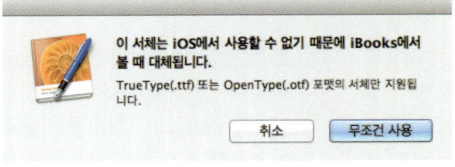

Exercise 04 속성 패널에서 텍스트 포맷 변경하기

01 텍스트를 블록 방식으로 선택하고 도구 막대에서 [속성] 아이콘을 누릅니다. 이어서 [속성] 패널이 나타나면, [텍스트] 아이콘을 클릭하고 [텍스트] 탭을 다시 한번 누릅니다.

02 텍스트 색상을 변경하려면 [색상 및 정렬] 섹션에서 텍스트 색상표를 클릭하고 [색상] 패널에서 원하는 색상을 선택합니다. 책을 iPad에서 볼 때 세로 화면과 가로 화면 방향에서 서로 다른 텍스트 색상을 지정하려면 [여러 화면 방향 사이에서 색상 공유] 항목을 체크 해제하고 도구 막대에서 [세로 보기] 또는 [가로 보기] 버튼을 눌러 방향을 전환한 다음, 서로 다른 색상을 지정합니다.

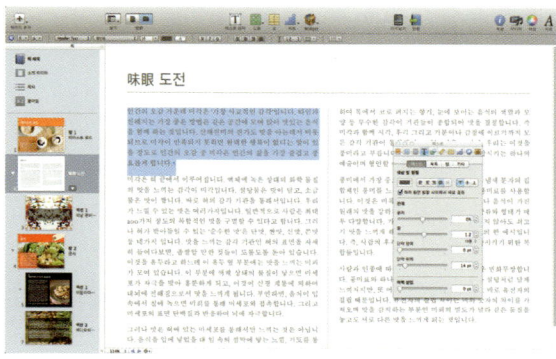

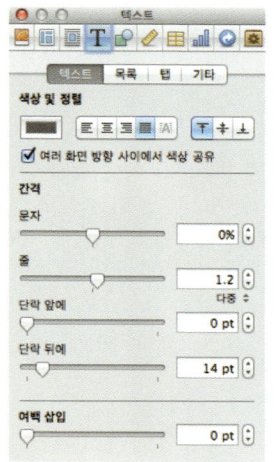

03 텍스트 수평 정렬을 변경하려면 텍스트 색상표 오른쪽에 있는 [왼쪽], [중앙], [오른쪽], [배분] 버튼 가운데서 클릭합니다. 단락의 오른쪽 부분을 들쭉 날쭉하지 않게 정렬하려면 [배분]을 지정합니다. 수직 정렬을 변경하려면 [상단], [중앙], [하단 수직] 버튼을 클릭합니다. 수직 정렬은 본문 텍스트보다는 텍스트 상자 또는 도형 안에 입력한 텍스트 정렬에 유용합니다.

04 문자 또는 줄 사이의 간격을 조절하려면 간격 섹션에서 문자 또는 줄 간격 슬라이더를 좌-우로 드래그하거나 해당 필드에 값을 입력합니다. 오른쪽으로 드래그하면 해당 간격이 넓어집니다.

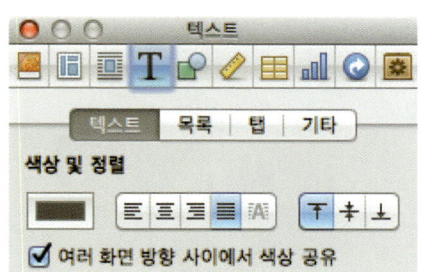

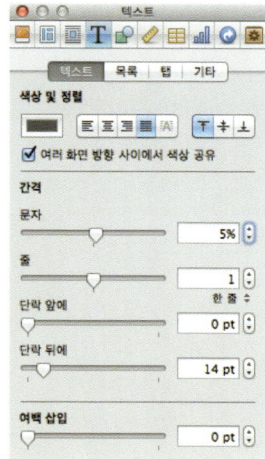

05 인접한 단락 앞과의 여백, 단락 뒤와의 여백을 변경하려면 [단락 앞에] 또는 [단락 뒤에] 슬라이더를 좌-우로 드래그하거나 해당 필드에 값을 입력합니다. 다음 그림은 다음 단락과의 간격을 조금 넓게 조절한 예시입니다. 단락 앞 또는 뒤에 삽입점을 위치하고 Return 키를 여러 번 눌러 조절하지 않도록 합니다.

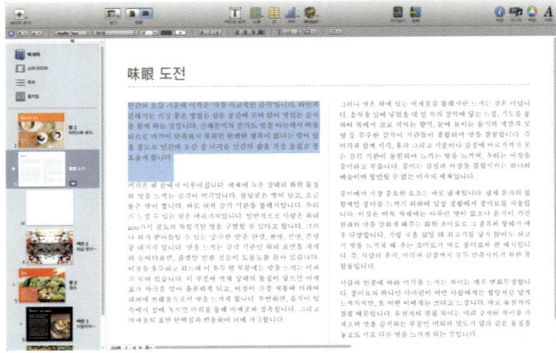

Tip 이전 단락의 [단락 뒤에] 여백 값이 80pt이고 다음 단락의 [단락 앞에] 여백 값이 40pt인 경우, 두 단락 간의 간격은 120pt가 아닌 큰 값만을 적용한 80pt 만큼의 여백을 갖습니다.

06 텍스트 단락을 들여쓰려면 [텍스트] 속성 패널에서 [목록] 탭을 선택한 다음 [들여쓰기 단계] 섹션 끝에 있는 오른쪽 화살표를 클릭합니다.

07 선택한 텍스트 단락에 들여쓰기가 적용됩니다. 왼쪽 화살표를 클릭하면 다시 내어쓰기가 적용됩니다.

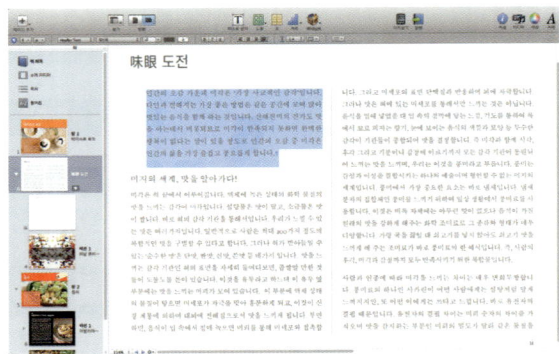

08 텍스트 상자, 도형 또는 표에 텍스트를 입력했을 때 해당 셀의 안쪽 여백을 조절하려면 여백 삽입 슬라이더를 좌-우로 드래그하거나 해당 필드에 값을 입력합니다. 다음 그림은 텍스트 상자의 안쪽 여백을 조절한 예시입니다. 여백을 너무 크게 하면 클리핑 표시(+)가 나타나며 일부 텍스트 내용 초과되어 보이지 않을 수 있습니다.

Exercise 05 속성 패널에서 다양한 단락 스타일 지정하기

01 텍스트를 블록 방식으로 선택하고 도구 막대에서 [속성] 아이콘을 누릅니다. 나타난 [속성] 패널에서 텍스트 아이콘을 클릭하고 [기타] 탭을 다시 한 번 누릅니다.

02 텍스트 단락에 테두리선을 추가하려면 [테두리 및 규칙] 섹션의 선 팝업 메뉴에서 원하는 [선 스타일], [선 색상], [선 두께]와 [테두리 유형(단락 위, 단락 아래, 단락 위/아래, 단락 주변)]을 지정합니다.

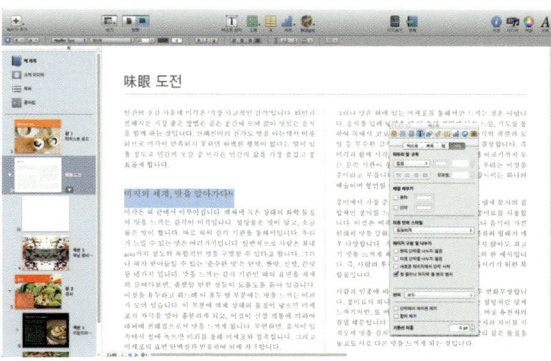

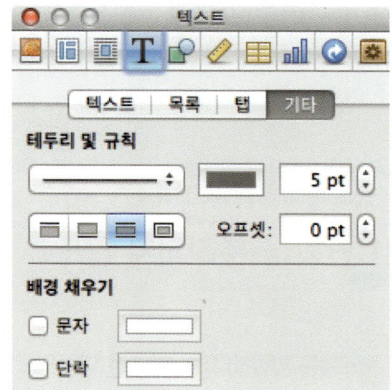

03 다음 그림은 [선] 팝업 메뉴에서 직선을 선택하고 선의 색상, 선 두께를 적절히 변경한 다음 [단락 위/아래] 테두리 유형을 적용한 예시입니다. 단락과 테두리선 사이의 간격을 조절하려면 [오프셋] 값을 변경합니다. 이 옵션은 타이틀과 같은 단락을 강조하는데 유용합니다.

04 선택한 텍스트의 배경 색상을 조절하려면 [배경 채우기] 섹션에서 [문자] 항목을 체크하고 색상표를 클릭한 다음, [색상] 패널에서 원하는 색을 선택합니다. 선택한 텍스트 단락 전체의 배경 색상을 조절하려면 [배경 채우기] 섹션에서 [단락] 항목을 체크하고 색상표를 클릭한 다음, [색상] 패널에서 원하는 색을 선택합니다.

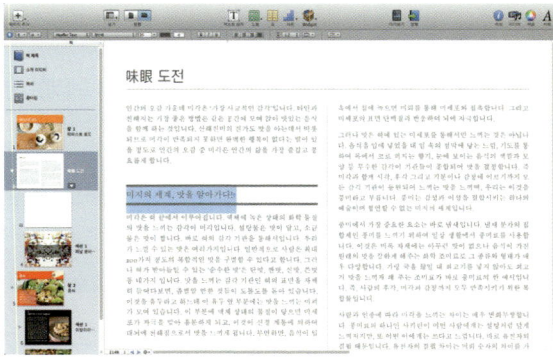

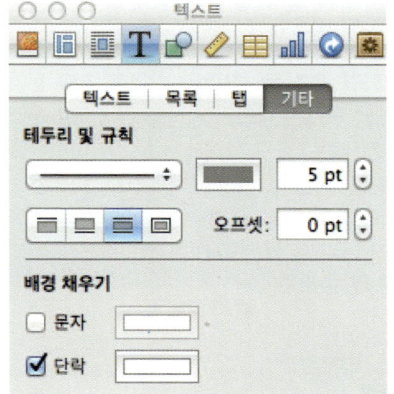

Lesson 06 단락 스타일

일반적으로 텍스트 위주의 책은 단락의 모임으로 구성됩니다. 페이지에서 텍스트를 입력하다 보면 다양한 패턴의 단락 스타일이 발생하게 됩니다. 가령, 텍스트를 입력하다가 현재 열 또는 페이지 영역을 초과하면 해당 단락의 일부분이 다음 열 또는 다음 페이지로 분리되어 나타나므로 경우에 따라서는 책을 읽는데 내용의 흐름을 방해하는 요소로 여겨질 수도 있습니다. 이어서 나오는 수행하기를 리뷰하면 일관성 있는 페이지 레이아웃을 구성하는데 도움을 줍니다.

Exercise 01 단락을 분리되지 않도록 지정하기

01 다음 그림은 텍스트를 입력하다가 해당 '열' 영역을 초과했을 때 해당 단락의 일부분이 다음 열로 넘어가 서로 다른 열에 분리된 예시입니다.

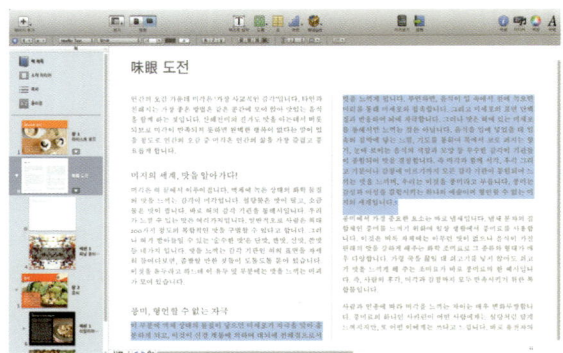

02 단락이 분리되지 않고 동일한 열 또는 페이지에 보이게 하려면 해당 단락의 임의의 지점을 클릭하여 삽입점을 위치시킨 다음, 도구 막대에서 [속성] 아이콘을 누릅니다. [속성] 패널이 나타나면 [텍스트] 아이콘을 클릭하고 [기타] 탭을 다시 한 번 누릅니다. 이어서 [페이지 구성 및 나누기] 섹션에서 [현재 단락을 나누지 않음] 항목을 체크합니다.

03 서로 다른 열에 (또는 페이지)에서 분리되어 보였던 단락이 동일한 열에 나타납니다. 단락이 분리되지 않도록 이전 열에 있었던 단락의 앞 부분을 다음 열로 넘깁니다. 단락 앞에 삽입점을 위치하고 Return 키를 여러 번 눌러 조절하지 않도록 합니다.

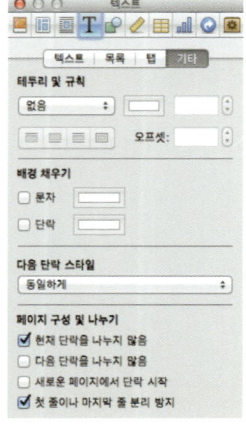

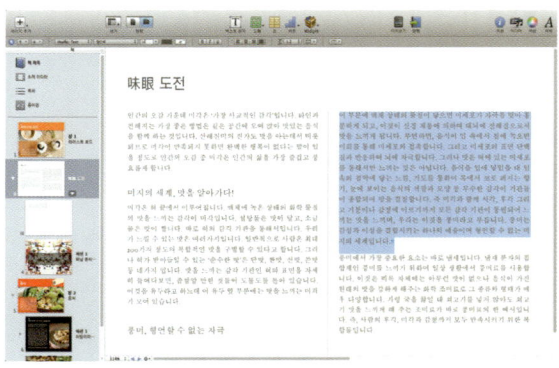

Exercise 02 현재 단락을 다음 단락과 분리되지 않도록 지정하기

01 다음 그림은 특정 단락(파란색으로 하이라이트된)과 다음 단락이 서로 다른 열(또는 페이지)에 분리된 예시입니다.

02 다음 단락과 분리되지 않고 동일한 열 또는 페이지에 보이게 하려면 현재 단락의 임의의 지점을 클릭하여 삽입점을 위치한 다음, 도구 막대에서 [속성] 아이콘을 누릅니다. [속성] 패널이 나타나면 [텍스트] 아이콘을 클릭하고 [기타] 탭을 다시 한 번 누릅니다. [페이지 구성 및 나누기] 섹션에서 [다음 단락을 나누지 않음] 항목을 체크합니다.

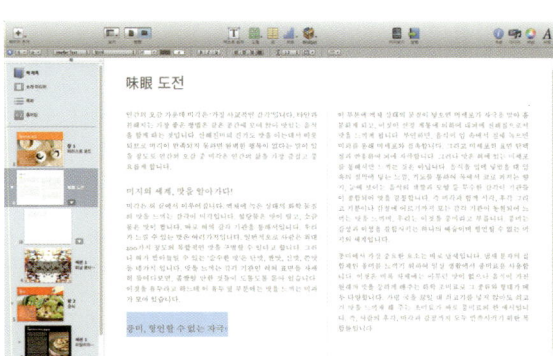

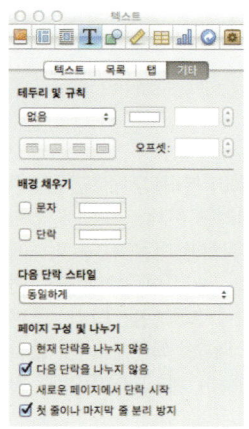

03 서로 다른 열에 (또는 페이지)에서 분리되어 보였던 단락들이 동일한 열에 나타납니다. 다음 단락이 분리되지 않도록 이전 열에 있었던 단락을 다음 열로 넘깁니다. 단락 앞에 삽입점을 위치하고 Return 키를 여러 번 눌러 조절하지 않도록 합니다.

04 위 1번 과정에서 선택한 단락을 다음 페이지로 넘기기 위해 [페이지 구성 및 나누기] 섹션에서 [새로운 페이지에서 단락 시작] 항목을 체크하면 현재 단락이 다음 페이지로 이동합니다.

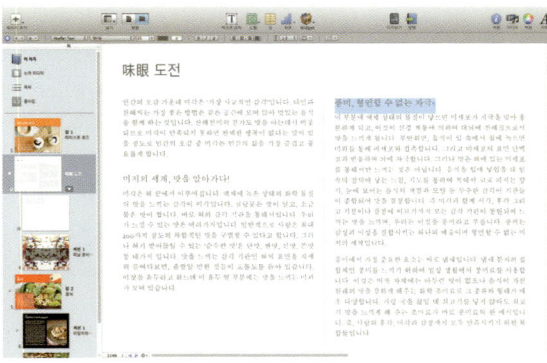

Exercise 03 단락에서 첫 줄 또는 마지막 줄이 분리되는 옵션 이해하기

01 다음 그림은 특정 단락(파란색으로 하이라이트된)의 첫 줄이 서로 다른 열(또는 페이지)에 분리된 예시입니다.

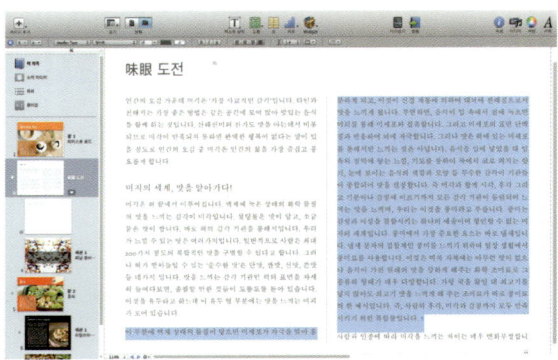

02 단락의 첫 줄(또는 마지막 줄)이 분리되지 않고 동일한 열 또는 페이지에 보이게 하려면 현재 단락의 임의의 지점을 클릭하여 삽입점을 위치한 다음, 도구 막대에서 [속성] 아이콘을 누릅니다. [속성] 패널이 나타나면 [텍스트] 아이콘을 클릭하고 [기타] 탭을 다시 한 번 누릅니다. [페이지 구성 및 나누기] 섹션에서 [첫 줄이나 마지막 줄 분리 방지] 항목이 체크되어 있는지 확인합니다.
이 옵션은 [페이지 구성 및 나누기] 섹션에서 기본적으로 켜져 있는 옵션입니다.

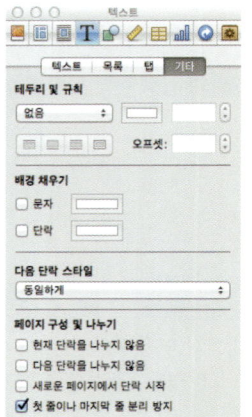

03 단락의 첫 줄이 다음 열(또는 페이지)로 이동합니다. 또는 단락의 마지막 줄이 분리된 경우에는 해당 단락 전체가 다음 열(또는 페이지)로 이동합니다.

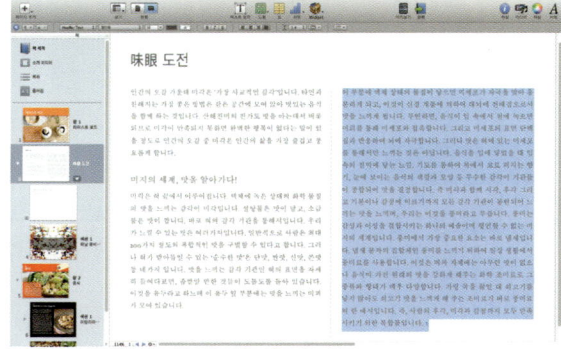

Exercise 04 포맷 막대에서 텍스트 구분점 지정하기

01 텍스트를 블록 방식으로 선택하고, 포맷 막대에서 [구분점] 버튼을 클릭한 다음 나타나는 팝업 메뉴에서 원하는 패턴을 선택합니다.

02 선택한 유형의 구분점으로 텍스트 단락이 일목요연하게 정렬됩니다. 다른 구분점 기호를 사용하거나 레이아웃을 세부적으로 조절하려면 포맷 막대에서 [구분점] 버튼을 누르고 [추가 보기]를 선택합니다. 자세한 사항은 이어서 나오는 [텍스트] 패널에서 '구분점 및 번호 포맷 지정하기' 섹션을 참조합니다.

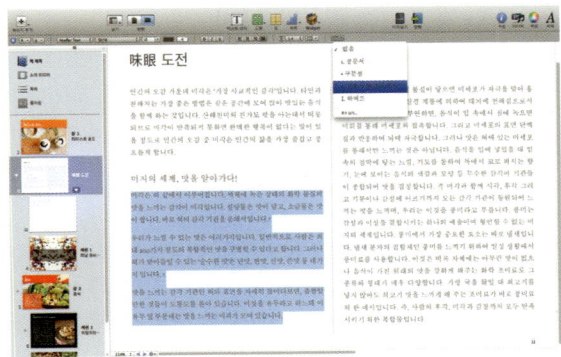
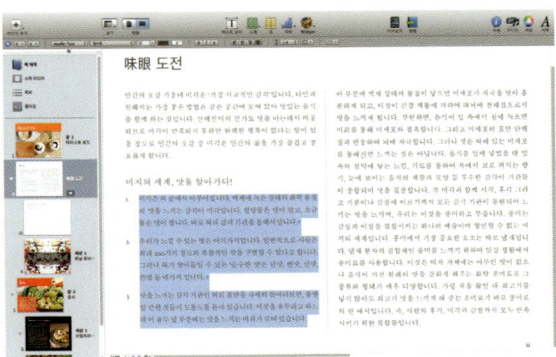

Exercise 05 텍스트 패널에서 구분점 및 번호 포맷 지정하기

01 텍스트를 블록 방식으로 선택하고 도구 막대에서 [속성] 아이콘을 누릅니다. [속성] 패널이 나타나면 [텍스트] 아이콘을 클릭하고 [목록] 탭을 다시 한 번 누릅니다.

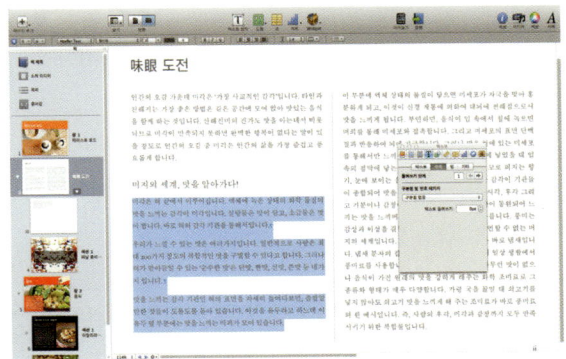

02 텍스트를 구분점 기호로 사용하려면 [구분점 및 번호 매기기]에서 [텍스트 구분점]을 선택하고 아래에 있는 구분점 기호 목록에서 원하는 유형을 선택합니다.

Tip 텍스트 구분점의 색상을 변경하려면 아래에 있는 색상표를 클릭하고 [색상] 패널에서 원하는 색을 선택합니다. 구분점 목록에 원하는 기호가 없다면 [구분점] 입력 필드에 원하는 기호를 직접 입력합니다. [편집] 메뉴 → [특수 문자...]를 사용하면 보다 다양한 기호를 사용할 수도 있습니다.

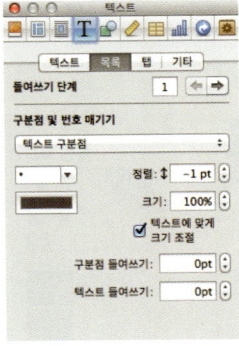

03 선택한 텍스트 단락 앞에 구분점 기호가 추가됩니다. 다음 그림은 구분점 기호만 추가한 상태이므로 텍스트 단락의 레이아웃이 일목요연하지 않습니다.

04 텍스트를 들여쓰려면 [텍스트] 패널의 [구분점 및 번호 매기기] 섹션의 [텍스트 들여쓰기] 입력 필드에 값을 입력하거나 위-아래 조절 버튼을 누릅니다. 다음 그림은 들여쓰기 값을 '20pt'으로 조절한 예시입니다.

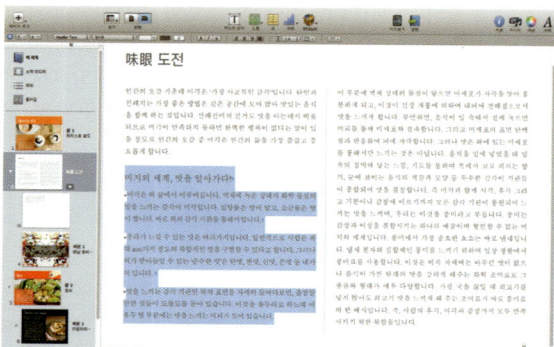
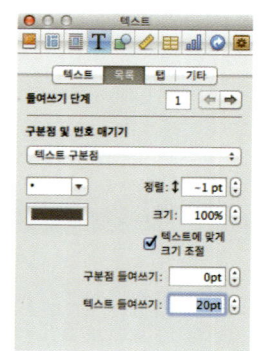

05 다음 그림과 같이 텍스트 들여쓰기가 적용되어 텍스트 단락의 레이아웃이 일목요연하게 변경됩니다. 구분점을 포함하여 텍스트 단락을 들여쓰려면 [텍스트] 패널에서 [구분점 들여쓰기] 값을 조절합니다.

06 위 4번~5번 과정은 구분점 및 텍스트 들여쓰기를 사용자가 직접 조절해 가면서 텍스트 레이아웃을 변경한 것입니다. 이 과정을 수행하기 전에 미리 정의된 패턴대로 텍스트 단락을 들여쓰려면 [들여쓰기 단계] 섹션 끝에 있는 오른쪽 화살표를 클릭합니다. 이와 반대로 왼쪽 화살표를 클릭하면 다시 내어쓰기가 됩니다.

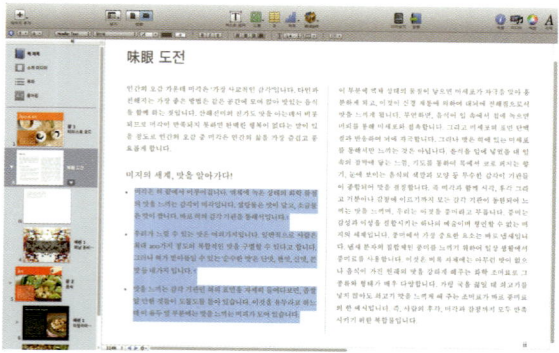
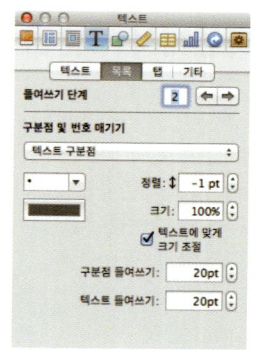

07 텍스트 구분점 대신에 이미지를 구분점으로 사용하려면 [구분점 및 번호 매기기] 팝업 메뉴에서 [이미지 구분점]을 선택하고 목록에서 원하는 이미지를 지정합니다.

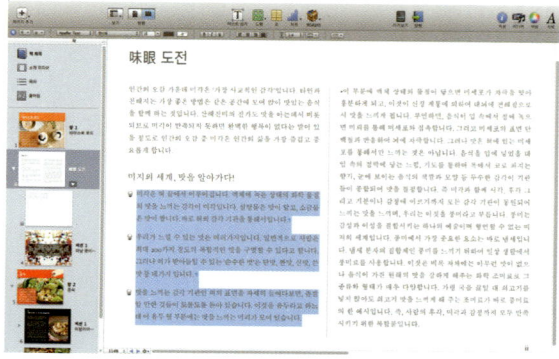

Tip 이미지 구분점 목록에 원하는 기호가 없다면 [구분점 및 번호 매기기] 팝업 메뉴에서 [사용자 설정 이미지]를 선택하고 [열기] 창에서 해당 이미지 파일을 찾아 기호를 지정합니다.

08 이미지를 구분점 기호로 지정했을 때, 이미지 크기에 따라 텍스트 단락과의 수직 정렬이 어긋날 수 있습니다. 이때는 [구분점 및 번호 매기기] 섹션의 [정렬] 및 [크기] 값을 조절하여 레이아웃을 변경합니다.

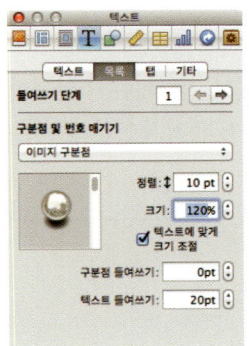

09 번호(1, 2, 3....) 또는 계층 번호(1. 1, 1. 2, 1. 3....)를 구분점 기호로 사용하려면 [구분점 및 번호 매기기] 팝업 메뉴에서 [번호] 또는 [계층 번호]를 선택하고 목록에서 원하는 포맷을 지정합니다.

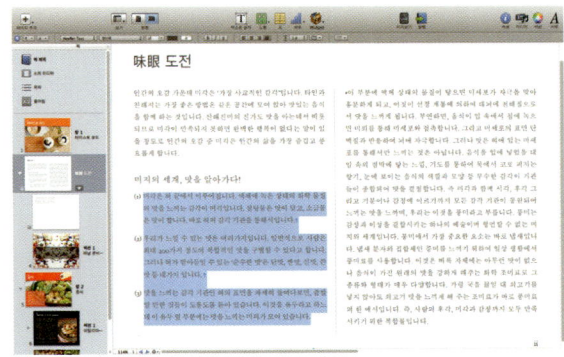

10 이전 단락에서 번호로 구분점을 지정하고 현재 단락에서 구분점 번호를 이어서 매기려면 [이전에서 계속] 항목을, 새로운 번호로 시작하려면 [시작] 항목을 체크하고 입력 필드에 원하는 번호를 입력합니다.

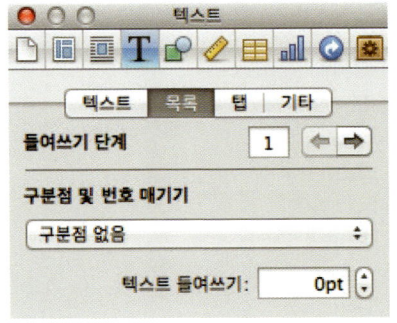

> **Tip** [들여쓰기 단계] 섹션에서 왼쪽 또는 오른쪽 화살표를 눌러 한 단계씩 들여쓰거나 내어쓸 수 있으며 단축키는 Tab 또는 Shift + Tab 키입니다.

11 구분점을 제거하려면 구분점이 적용된 단락을 선택하고 [구분점 및 번호 매기기] 팝업 메뉴에서 [구분점 없음]을 선택합니다.

> **Tip** 구분점 또는 번호 목록은 단락 단위로 동작합니다. 전체 텍스트 상자 또는 특정 단락만 선택했는지에 따라 다양한 패턴으로 적용됩니다.

Lesson 07 | 서체 사용에 대한 제한 사항

iBooks Author에서 제작한 책은 iPad 장비에서만 볼 수 있으며 iPad에서 지원되지 않는 서체를 사용하면 iPad의 기본 서체로 대치합니다. 그러므로 책 작업에 앞서 사용할 서체가 iPad 장비에서 지원되는지 확인하는 과정은 대단히 중요합니다. 다음은 iOS 6을 지원하는 iPad 장비에서 사용 가능한 서체 목록입니다.

알파벳	서체	알파벳	서체
A	• Academy Engraved LET Plain • American Typewriter • American Typewriter Bold • American Typewriter Condensed • American Typewriter Condensed Bold • American Typewriter Condensed Light • American Typewriter Light • Apple Color Emoji • Apple SD Gothic Neo Bold • Apple SD Gothic Neo Heavy (*) • Apple SD Gothic Neo Light (*) • Apple SD Gothic Neo Medium • Apple SD Gothic Neo Regular (*) • Apple SD Gothic Neo SemiBold (*) • Apple SD Gothic Neo Thin (*) • Apple SD Gothic Neo UltraLight (*) • Apple SD GothicNeo ExtraBold (*) • AppleGothic Regular • AppleGothic Regular (*) • AppleMyungjo Regular (*) • Arial • Arial Bold • Arial Bold Italic • Arial Hebrew • Arial Hebrew Bold • Arial Italic • Arial Rounded MT Bold • Avenir Black • Avenir Black Oblique • Avenir Book • Avenir Book Oblique • Avenir Heavy • Avenir Heavy Oblique • Avenir Light • Avenir Light Oblique • Avenir Medium • Avenir Medium Oblique • Avenir Next Bold	B	• Bangla Sangam MN • Bangla Sangam MN Bold • Baoli SC Regular (*) • Baskerville • Baskerville Bold • Baskerville Bold Italic • Baskerville Italic • Baskerville SemiBold • Baskerville SemiBold Italic • BiauKai (*) • Bodoni 72 Bold • Bodoni 72 Book • Bodoni 72 Book Italic • Bodoni 72 Oldstyle Bold • Bodoni 72 Oldstyle Book • Bodoni 72 Oldstyle Book Italic • Bodoni 72 Smallcaps Book • Bodoni Ornaments • Bradley Hand Bold

A	• Avenir Next Bold Italic • Avenir Next Condensed Bold • Avenir Next Condensed Bold Italic • Avenir Next Condensed Demi Bold • Avenir Next Condensed Demi Bold Italic • Avenir Next Condensed Heavy • Avenir Next Condensed Heavy Italic • Avenir Next Condensed Italic • Avenir Next Condensed Medium • Avenir Next Condensed Medium Italic • Avenir Next Condensed Regular • Avenir Next Condensed Ultra Light • Avenir Next Condensed Ultra Light Italic • Avenir Next Demi Bold • Avenir Next Demi Bold Italic • Avenir Next Heavy • Avenir Next Heavy Italic • Avenir Next Italic • Avenir Next Medium • Avenir Next Medium Italic • Avenir Next Regular • Avenir Next Ultra Light • Avenir Next Ultra Light Italic • Avenir Oblique • Avenir Roman		
C	• Chalkboard SE Bold • Chalkboard SE Light • Chalkboard SE Regular • Chalkduster • Cochin • Cochin Bold • Cochin Bold Italic • Cochin Italic • Copperplate • Copperplate Bold • Copperplate Light • Courier • Courier Bold • Courier Bold Oblique • Courier New • Courier New Bold • Courier New Bold Italic • Courier New Italic • Courier Oblique	**D**	• Devanagari Sangam MN • Devanagari Sangam MN Bold • Didot • Didot Bold • Didot Italic
E	• Euphemia UCAS • Euphemia UCAS Bold • Euphemia UCAS Italic	**F**	• Futura Condensed ExtraBold • Futura Condensed Medium • Futura Medium • Futura Medium Italic

G	H
• Geeza Pro • Geeza Pro Bold • Georgia • Georgia Bold • Georgia Bold Italic • Georgia Italic • Gill Sans • Gill Sans Bold • Gill Sans Bold Italic • Gill Sans Italic • Gill Sans Light • Gill Sans Light Italic • Gujarati Sangam MN • Gujarati Sangam MN Bold • Gurmukhi MN • Gurmukhi MN Bold	• HeadLineA Regular (*) • Heiti SC Light • Heiti SC Medium • Heiti TC Light • Heiti TC Medium • Helvetica • Helvetica Bold • Helvetica Bold Oblique • Helvetica Light • Helvetica Light Oblique • Helvetica Neue • Helvetica Neue Bold • Helvetica Neue Bold Italic • Helvetica Neue Condensed Black • Helvetica Neue Condensed Bold • Helvetica Neue Italic • Helvetica Neue Light • Helvetica Neue Light Italic • Helvetica Neue Medium • Helvetica Neue UltraLight • Helvetica Neue UltraLight Italic • Helvetica Oblique • Hiragino Kaku Gothic ProN W3 • Hiragino Kaku Gothic ProN W6 • Hiragino Kaku Gothic StdN W8 (*) • Hiragino Maru Gothic ProN W4 (*) • Hiragino Mincho ProN W3 • Hiragino Mincho ProN W6 • Hiragino Sans GB W3 (*) • Hiragino Sans GB W6 (*) • Hoefler Text • Hoefler Text Black • Hoefler Text Black Italic • Hoefler Text Italic
K	L
• Kailasa Bold • Kailasa Regular • Kaiti SC Black (*) • Kaiti SC Bold (*) • Kaiti SC Regular (*) • Kannada Sangam MN • Kannada Sangam MN Bold	• Lantinghei SC Demibold (*) • Lantinghei SC Extralight (*) • Lantinghei SC Heavy (*) • Lantinghei TC Demibold (*) • Lantinghei TC Extralight (*) • Lantinghei TC Heavy (*) • Libian SC Regular (*) • LiHei Pro (*) • LiSong Pro (*)
M	N
• Malayalam Sangam MN • Malayalam Sangam MN Bold • Marion Bold	• Nanum Brush Script (*) • Nanum Pen Script (*) • NanumGothic (*) • NanumGothic ExtraBold (*) • NanumMyeongjo (*)

M	• Marion Italic • Marion Regular • Marker Felt Thin • Marker Felt Wide	**N**	• NanumMyeongjo Bold (*) • NanumMyeongjo ExtraBold (*) • Noteworthy Bold • Noteworthy Light
O	• Optima Bold • Optima Bold Italic • Optima ExtraBlack • Optima Italic • Optima Regular • Oriya Sangam MN • Oriya Sangam MN Bold	**P**	• Palatino • Palatino Bold • Palatino Bold Italic • Palatino Italic • Papyrus • Papyrus Condensed • Party LET Plain • PCMyungjo Regular (*) • PilGi Regular (*)
S	• Sinhala Sangam MN • Sinhala Sangam MN Bold • Snell Roundhand • Snell Roundhand Black • Snell Roundhand Bold • Songti SC Black (*) • Songti SC Bold (*) • Songti SC Light (*) • Songti SC Regular (*) • STFangsong (*) • Symbol	**T**	• Tamil Sangam MN • Tamil Sangam MN Bold • Telugu Sangam MN • Telugu Sangam MN Bold • Thonburi • Thonburi Bold • Times New Roman • Times New Roman Bold • Times New Roman Bold Italic • Times New Roman Italic • Trebuchet MS • Trebuchet MS Bold • Trebuchet MS Bold Italic • Trebuchet MS Italic
V	• Verdana • Verdana Bold • Verdana Bold Italic • Verdana Italic	**W**	• Wawati SC Regular (*) • Wawati TC Regular (*) • Weibei SC Bold (*) • Weibei TC Bold (*)
X	• Xingkai SC Bold (*) • Xingkai SC Light (*)	**Y**	• Yuanti SC Bold (*) • Yuanti SC Light (*) • Yuanti SC Regular (*) • YuGothic Bold (*) • YuGothic Medium (*)
Z	• Zapf Dingbats • Zapfino		

목록에서 서체 이름 끝에 (*)가 표시된 항목은 iPad용 앱에서 필요에 따라 설치하여 사용할 수 있는 서체이며 iOS 5.1에서부터 iPad의 기본 서체는 '애플 고딕'에서 '애플 산돌 고딕 네오'로 대치되었습니다. iOS 6 지원 서체에 대한 공식 문서는 다음 링크를 참조합니다.

• http://support.apple.com/kb/HT5484

또한, iBooks Author 초기 버전과 달리 버전 2부터는 iPad에서 지원하는 기본 서체 이외에 '.ttf' 확장자를 가지는 TrueType과 '.otf' 확장자를 가지는 OpenType 유형의 서체를 책에 임베딩(=끼워 넣기)하여 사용할 수 있습니다.

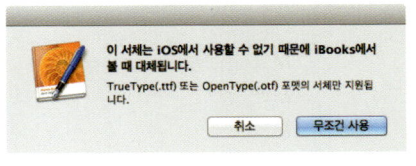

Exercise 01 포맷 막대에서 서체 변경하기

01 다음 그림과 같이 텍스트 단락을 드래그하여 블록 방식으로 선택합니다. 특정 단락을 한 번에 선택하려면 해당 단락을 삼중클릭합니다. 모든 단락을 한 번에 선택하려면 단축키 `Command` + `A` 키를 누릅니다.

02 포맷 막대에서 [서체] 버튼을 누르고 목록에서 원하는 서체를 선택합니다. 이 서체 목록은 'iPad에서 지원하는 항목'만 표시합니다.

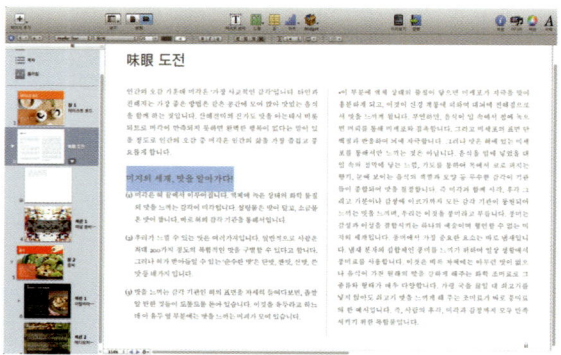
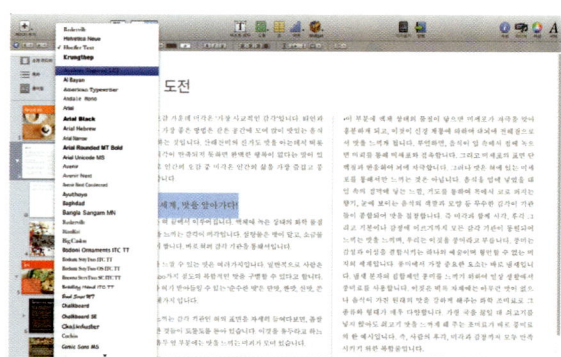

03 단, 서체 목록에서 가로 구분선 위의 '최근 사용' 목록의 서체는 포맷 막대와 [서체] 패널에서 최근에 사용한 항목을 보여주므로 iPad에서 지원되지 않는 서체일 수도 있습니다.

Exercise 02 서체 패널에서 서체 변경하기

01 다음 그림과 같이 텍스트 단락을 드래그하여 블록 방식으로 선택하고 도구 막대에서 [서체] 아이콘을 누르거나 [포맷] 메뉴 → [서체] → [서체 보기]를 선택합니다.

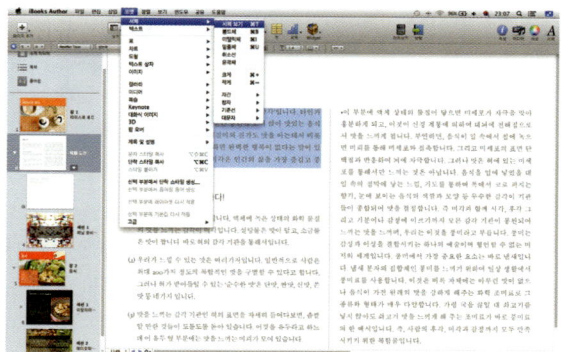

02 [서체] 패널이 나타나며 목록에서 원하는 서체를 선택합니다. 이 패널에는 Mac 컴퓨터에 설치한 모든 서체가 나타나며 일부 서체는 iPad와 호환되지 않을 수 있습니다.

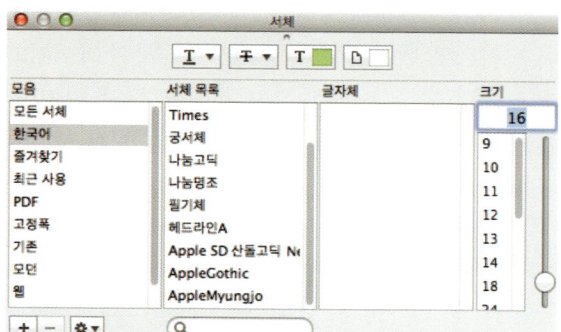

03 [서체] 패널에서 특정 서체를 선택했을 때, 다음과 같은 경고 창이 나타나면 iPad에서 사용할 수 없는 서체라는 것을 알려줍니다.

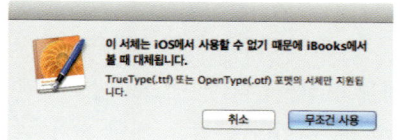

04 경고 창에서 [무조건 사용] 버튼을 누르고 강제로 진행하면, 다음 그림과 같이 iBooks Author 편집 화면에서는 해당 서체로 모양이 변경되지만 이 책을 iPad로 전송하면 기본 서체로 대치됩니다. 그러므로 경고 창에서 [취소] 버튼을 누르고 [서체] 패널에서 iPad와 호환되는 서체를 다시 지정합니다.

Tip | **서체 사용에 대한 법률 권한**

iPad에서 기본으로 지원되는 서체 이외에 '.ttf' 확장자를 가지는 TrueType과 '.otf' 확장자를 가지는 OpenType 유형의 서체를 책 파일에 포함하려면 해당 서체를 사용하여 배포하여 사용할 수 있는지에 대한 권한을 확인해야합니다. 서체 사용권 허용 여부가 명확치 않다면, 서체 제공 업체 또는 변호인단에게 문의합니다.

Lesson **08** 텍스트 스타일 : 통일성 및 생산성 향상

책 작업에 있어 텍스트 스타일 사용은 필수 사항이며 이 방식으로 텍스트 레이아웃을 구성하면 페이지의 통일성과 생산성을 향상시킵니다. 텍스트 스타일은 단락 스타일, 문자 스타일, 목록 스타일 등 세 가지 유형으로 나뉘며 이 중 '단락 스타일'은 책의 전반적인 텍스트 레이아웃을 결정하는 핵심 요소입니다.

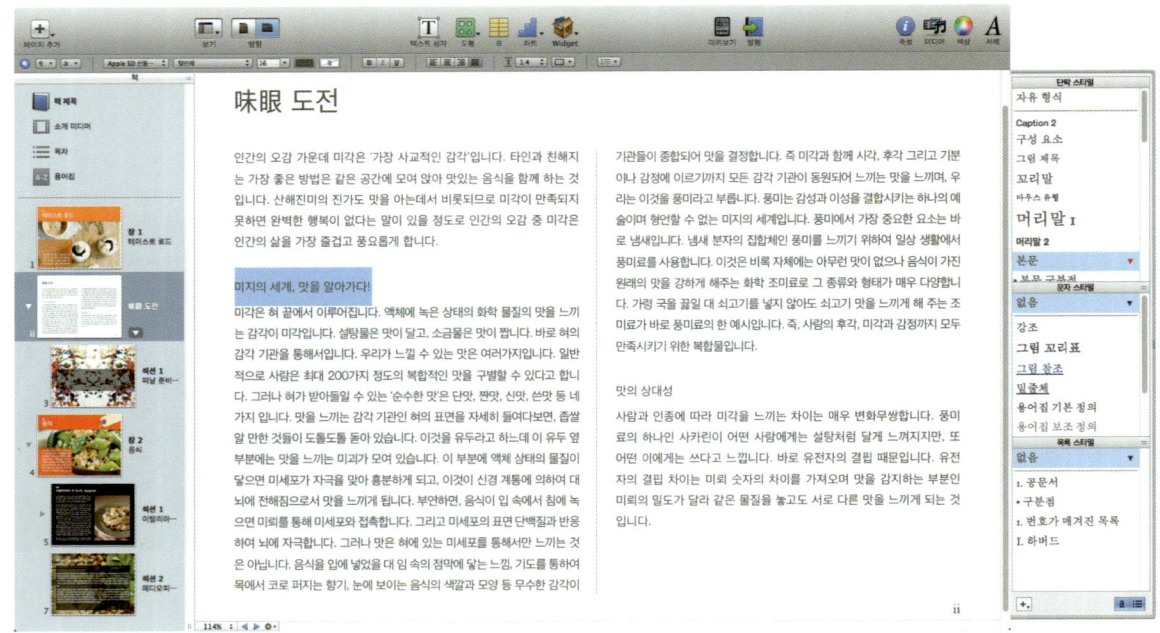

> **Tip** 텍스트 스타일에서 단락의 모양새를 변경하려면 앞서 학습한 '텍스트 포맷'의 모든 수행하기 섹션을 반드시 살펴보기를 권합니다. '텍스트 포맷'의 해당 섹션들은 텍스트 스타일에 적용 가능한 모든 레이아웃 옵션이 알기 쉽게 구성되어 있습니다.

단락 스타일

단락 전체에 적용하는 스타일 유형입니다. 일반적으로 책은 내용 흐름에 따라 [제목 → 본문] 그리고 [부제목 → 본문] 등의 단락 모양을 반복적으로 사용합니다. 단락 스타일은 전자에서 학습한 '텍스트 포맷'의 모든 레이아웃 요소를 하나의 스타일(제목 스타일, 본문 스타일, 부제목 스타일,....)로 정의한 다음 책 작업 시 단락 단위로 해당 스타일을 바로 적용합니다. 또한 후반 편집 과정에서 특정 단락의 모양을 일부 변경하면 책에서 해당 스타일로 지정된 모든 단락의 모양이 한 번에 일괄 변경됩니다.

Exercise 01 단락 스타일로 텍스트 작업하기

01 텍스트 단락을 드래그하여 블록 방식으로 선택하고, 포맷 막대의 왼쪽 맨 끝에 위치한 파란색 원형 모양의 [스타일 상자] 아이콘(◉)을 클릭하거나 [보기] 메뉴 → [스타일 상자 보기]를 선택합니다.

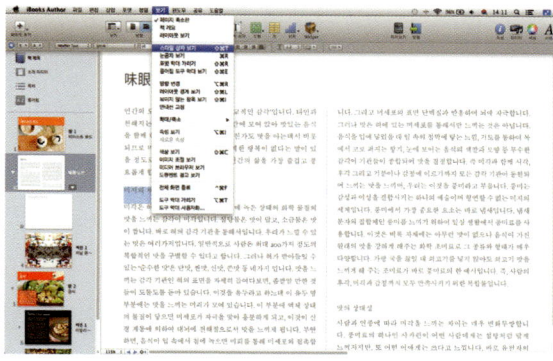

02 메인 윈도우 사이드에 스타일 상자가 나타나며, 현재 선택한 단락에 적용된 스타일 항목이 파란색으로 하이라이트되어 표시됩니다. 다음 그림을 보면 선택한 단락은 '본문' 스타일로 적용되어 있는 것을 알 수 있습니다.

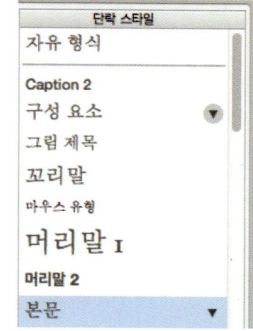

> **Tip** 목록에 보이는 각 '단락 스타일 모양'은 텍스트 포맷(글자 크기, 글자 색 등)이 적용된 모양 그대로 보여줍니다.

03 다른 단락 스타일로 변경하려면 단락 스타일 목록에서 원하는 항목을 선택합니다. 선택한 단락의 스타일(예: '본문')에서 선택한 스타일(예: '머리말 1')로 바뀝니다.

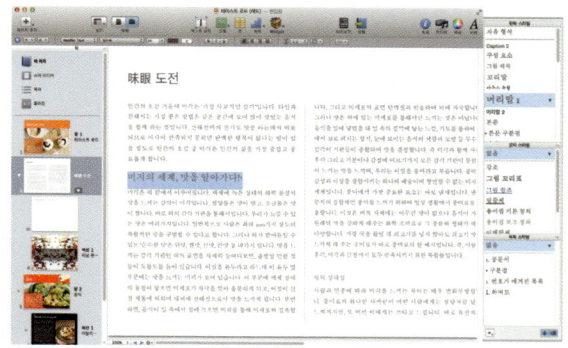

> **Tip** 단락 스타일을 다른 스타일로 변경할 때는 해당 단락을 블록 방식으로 선택하지 않고 해당 단락에 삽입점을 위치한 다음, 진행해도 변경 작업이 동일하게 적용됩니다.

04 단락에 적용된 스타일 모양을 변경하려면 해당 단락을 드래그하여 블록 방식으로 선택한 다음, 포맷 막대 또는 [텍스트] 속성 패널의 '텍스트' 또는 '기타' 탭에서 원하는 모양으로 텍스트 포맷을 변경합니다.

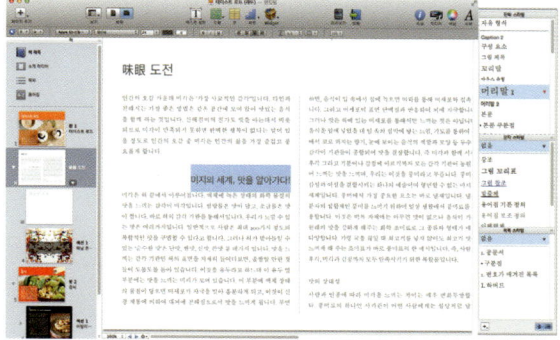

> **Tip** 위 4번 그림은 서체, 글자 크기, 정렬(오른쪽), 앞 단락과의 간격 옵션을 변경한 예시입니다. 전자에서 학습한 '텍스트 포맷' 섹션의 모든 텍스트 모양 변경 옵션들은 사용자 단락 스타일을 정의하는데 사용할 수 있습니다.

05 선택한 단락의 텍스트 모양이 변경되며, 단락 스타일 목록에서 해당 스타일 이름 옆에 위치한 역삼각형이 '검은색'에서 '빨간색'으로 바뀝니다. 이 역삼각형은 기존에 정의된 스타일에서 변경 사항이 발생하면 빨간색으로, 변경 사항이 없다면 검은색으로 표시됩니다.

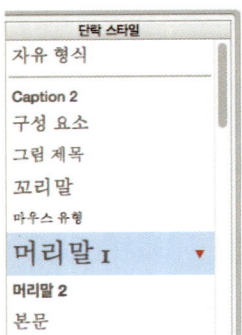

07 메인 윈도우에 [새로운 단락 스타일] 패널이 나타나며 [이름] 입력 필드에 원하는 단락 스타일 이름을 입력한 후 [승인] 버튼을 누르면 목록에 새로운 단락 스타일이 추가됩니다.

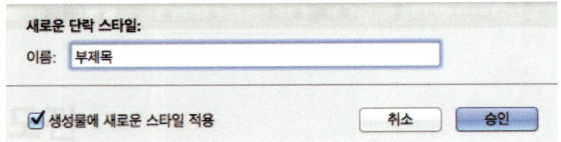

09 단락 스타일 목록에서 기존의 단락 스타일 모양이 새로 변경된 단락 스타일(서체, 글자 크기, 글자 색상 등) 모양으로 변경됩니다. 역삼각형 표시가 다시 검은색으로 바뀝니다.

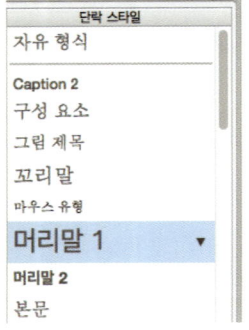

06 위 4번 과정에서 변경한 텍스트 스타일 모양을 새로운 단락 스타일로 생성하려면 빨간색 역삼각형을 클릭하고 팝업 메뉴에서 [선택 부분에서 단락 스타일 생성...]을 선택합니다.

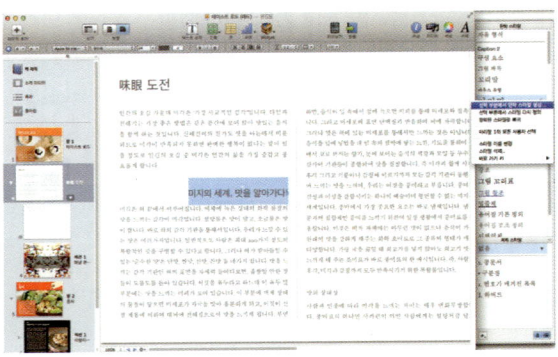

08 위 4번 과정에서 변경한 텍스트 스타일 모양을 기존의 단락 스타일에 덮어 씌우려면 빨간색 역삼각형을 클릭하고 팝업 메뉴에서 [선택 부분에서 스타일 다시 정의]를 선택합니다

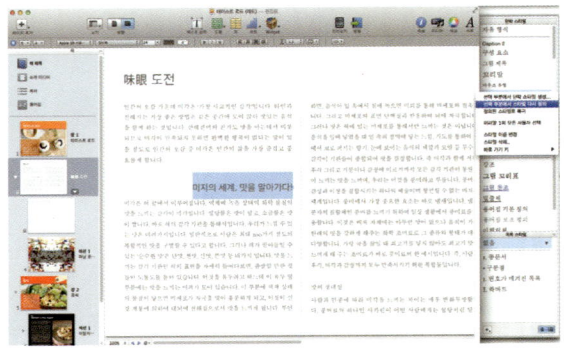

10 위 4번 과정에서 변경한 텍스트 스타일 모양을 무시하고 기존 스타일로 다시 돌아가려면 빨간색 역삼각형을 클릭하고 나타나는 팝업 메뉴에서 [정의된 스타일로 복귀]를 선택합니다. 변경 사항이 무시되었으므로 역삼각형 표시는 다시 검은색으로 바뀝니다.

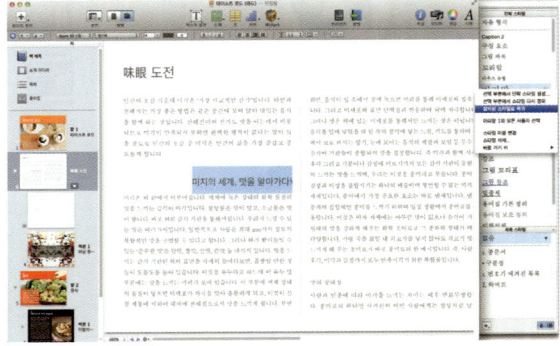

11 페이지에서 해당 스타일이 적용된 단락을 모두 보려면 단락 스타일 목록에서 원하는 스타일 항목 위에 마우스 커서를 위치합니다. 스타일 이름 끝에 나타나는 역삼각형을 클릭하고 나타나는 팝업 메뉴에서 [XX(단락 스타일 이름)의 모든 사용자 선택]을 선택합니다.

12 해당 스타일이 적용된 모든 단락이 파란색으로 하이라이트되어 표시됩니다. 현재 상태에서 다른 텍스트 스타일로 한 번에 모두 변경하려면 단락 스타일 목록에서 다른 스타일 항목을 선택합니다. 또는 포맷 막대 또는 [텍스트] 속성 패널의 '텍스트'나 '기타' 탭에서 '텍스트 포맷'을 변경하면 모든 변경 사항이 일괄적으로 적용됩니다.

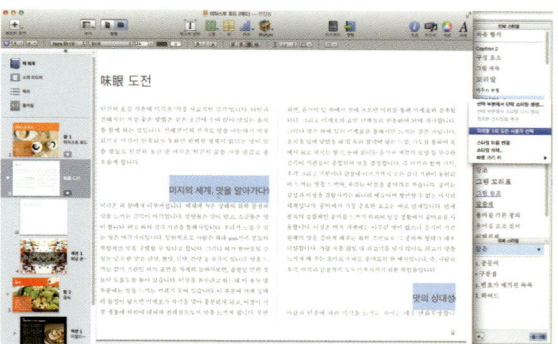

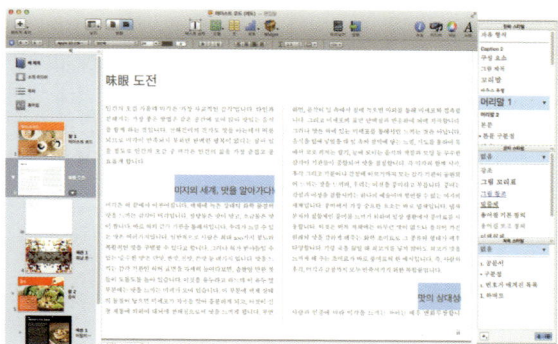

13 단락 스타일 이름을 변경하려면 단락 스타일 목록에서 변경할 스타일 항목 위에 마우스 커서를 위치한 다음, 해당 스타일 이름 맨 끝에 나타나는 역삼각형을 클릭하고 나타나는 팝업 메뉴에서 [스타일 이름 변경]을 선택합니다.

14 단락 스타일 목록에서 이름 영역(예: 머리말 1)이 파란색으로 하이라이트되면 새로운 이름을 입력하고 Return 키를 누릅니다.

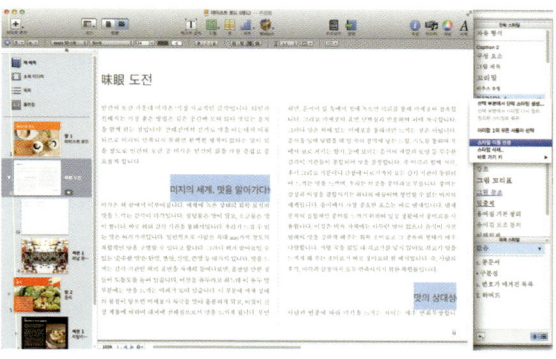

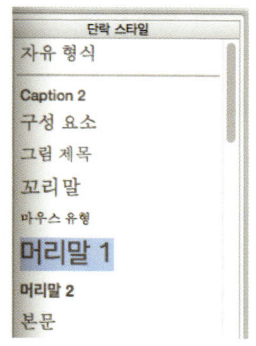

15 단락 스타일을 목록에서 제거하려면 목록에서 제거할 단락 스타일 항목 위에 마우스 커서를 위치시킨 다음, 해당 스타일 이름 맨 끝에 나타나는 역삼각형을 클릭하고 팝업 메뉴에서 [스타일 삭제]를 선택합니다.

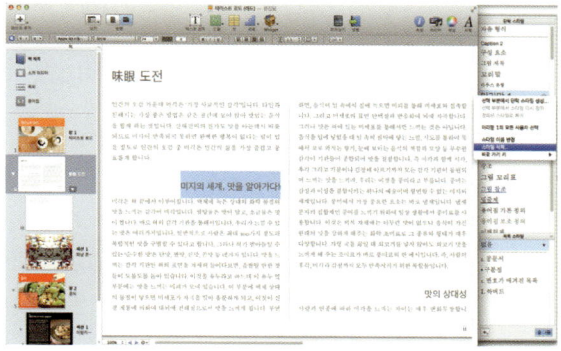

16 메인 창에 스타일 대치 경고 창이 나타나며, 대신할 단락 스타일을 팝업 메뉴에서 선택하고 [대치] 버튼을 누르면 팝업 메뉴에서 선택한 텍스트 스타일로 대치 됩니다. 이 경고 창은 제거할 단락 스타일이 페이지에 사용된 경우에만 나타납니다. 해당 스타일이 페이지에 서 사용되지 않았다면 목록에서 바로 제거됩니다.

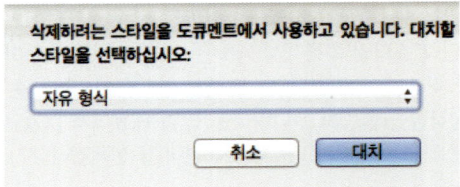

17 단락 스타일 목록에서 자주 사용하는 스타일 항목에 단축키를 지정하려면 해당 스타일 항목 위에 마우스 커서를 위치한 다음, 해당 스타일 이름 맨 끝에 나타 나는 역삼각형을 클릭합니다. 이어서 나타나는 팝업 메뉴에서 [바로 가기 키]를 선택하고 원하는 기능키를 선택합니다.

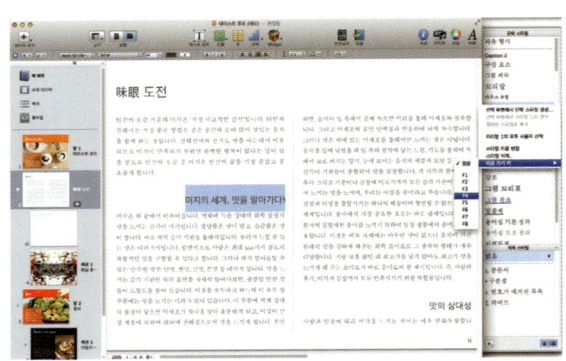

18 단축키를 지정한 해당 스타일 이름 끝에 할당된 기능 키 정보가 표시됩니다. 다른 단락을 선택하고 할당된 단축키를 누르면 해당 스타일이 바로 적용됩니다

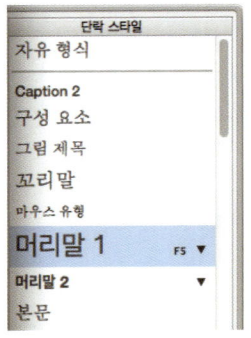

> **Tip** 대부분의 기능키는 시스템에서 특화된 기능으로 예약되어 있습니다. 가령, F1 과 F2 는 디스플레이 밝기를 조절할 때, F3 은 Mission Control을 호출 할 때 사용합니다. 그러므로 스타일 변경 단축키를 사용하려면 Fn 키를 누른 상태에서 해당 기능키 를 누릅니다.

19 Fn 키와 조합하여 누르지 않고 기능키로 동작하게 설정하려면 [애플] 메뉴 → [시스템 환경설정]을 선택 하고 [키보드] 탭을 클릭한 다음 [모든 F1, F2 등의 키 를 표준 기능 키로 사용] 옵션을 체크합니다.

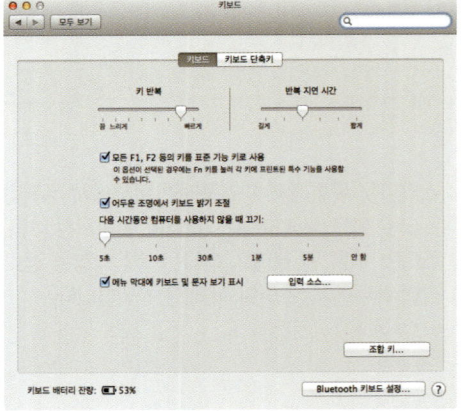

> **Tip** [모든 F1, F2 등의 키를 표준 기능 키로 사용] 옵션 이 켜져 있는 상태에서 반대로 특화된 기능(디스플 레이 밝기, Mission Control 등)을 사용하려면 Fn 키를 누른 상태에서 해당 기능키를 누르면 됩니다.

Exercise 02 현재 단락에서 Return (캐리지 리턴) 키를 눌렀을 때 다음에 올 단락 스타일 정의하기

01 페이지에서 특정 단락 지점에 삽입점을 위치하고 도구 막대에서 [속성] 아이콘을 누르면 나타나는 [속성] 패널에서 [텍스트] 아이콘을 클릭한 후 [기타] 탭을 다시 한 번 누릅니다. 다음 그림은 '본문' 스타일(파란색으로 하이라이트된)이 적용된 단락의 끝 지점에 삽입점이 위치해 있는 예시입니다.

02 [텍스트] 속성 패널의 [기타] 탭에서 [다음 단락 스타일] 팝업 메뉴 가운데, 원하는 단락 스타일 중 하나를 선택합니다. 다음 그림은 [머리말 1]을 지정한 예시입니다.

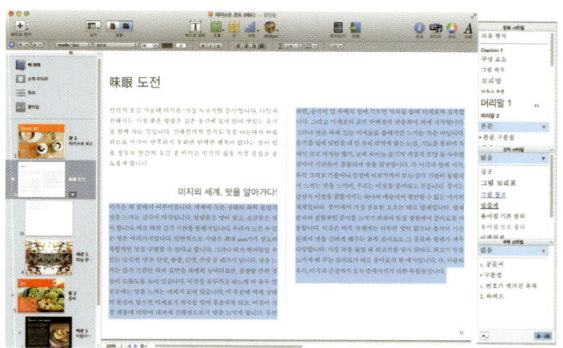

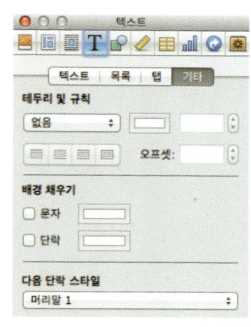

03 단락을 나누기 위하여 Return 키를 누릅니다. 삽입점이 새로운 단락으로 이동하며 이어서 텍스트를 입력하면 앞의 2번 과정에서 정의한 단락 스타일 모양이 바로 적용됩니다.

Tip 일정한 단락 스타일 흐름으로 페이지를 구성할 때 이 옵션을 적절히 활용하면, 다음에 올 단락 스타일을 미리 정의해 놓음으로써 편집 시간을 줄일 수 있습니다.

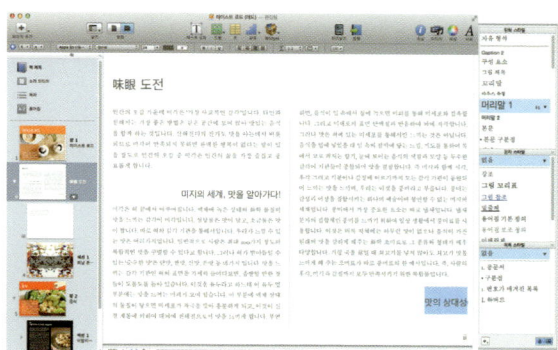

Exercise 03 단락 스타일 복사하고 붙이기

01 복사할 스타일이 적용된 단락을 드래그하여 블록 방식으로 선택하거나 단락의 임의의 지점에 삽입점을 위치한 다음 [포맷] 메뉴 → [단락 스타일 복사]를 선택합니다.

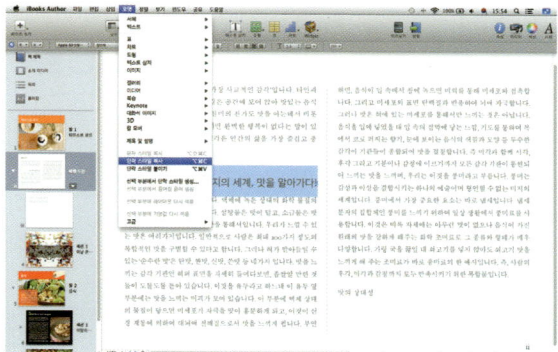

02 복사한 스타일을 적용할 다른 단락에 삽입점을 위치하고 [포맷] 메뉴 → [단락 스타일 붙이기]를 선택하면 복사한 단락의 스타일 정보만 새로운 단락에 적용합니다.

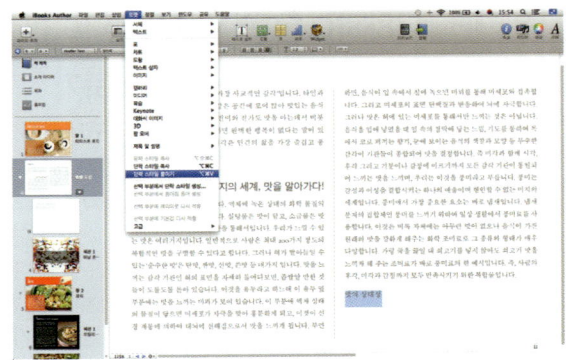

문자 스타일

문자 스타일은 단락 내에서 개별 단어 또는 구문에 적용하는 스타일 유형입니다. 문자 스타일의 일반적인 예시는 이탤릭, 볼드 및 취소선과 같은 강조 패턴입니다. 문자 스타일은 단락 스타일을 변경하지 않고 단락 내의 텍스트에 적용합니다.

Exercise 04 문자 스타일로 텍스트 작업하기

01 페이지에서 단어 또는 구문을 드래그하여 블록 방식으로 선택하고, 포맷 막대의 왼쪽 끝에 위치한 파란색 원형의 [스타일 상자] 아이콘을 클릭하거나 [보기] 메뉴 → [스타일 상자 보기]를 선택합니다.

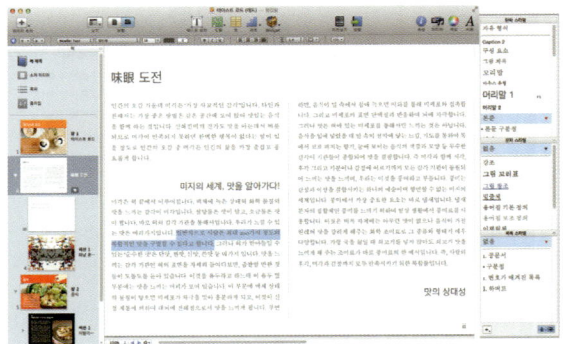

02 메인 윈도우 사이드에 스타일 상자가 나타나며, 현재 선택한 단어 또는 구문에 적용된 스타일 항목이 파란색으로 하이라이트 되어 표시됩니다. 다음 그림을 보면 선택한 단어 또는 구문은 [없음] 스타일로 적용되어 있는 것을 알 수 있습니다.

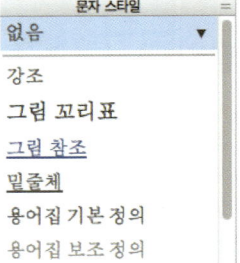

03 다른 문자 스타일로 변경하려면 문자 스타일 목록에서 원하는 항목을 선택합니다. 페이지에서 선택한 텍스트가 새로 지정한 문자 스타일 모양으로 바뀝니다. 다음 그림은 [그림 참조] 스타일로 변경한 예시입니다.

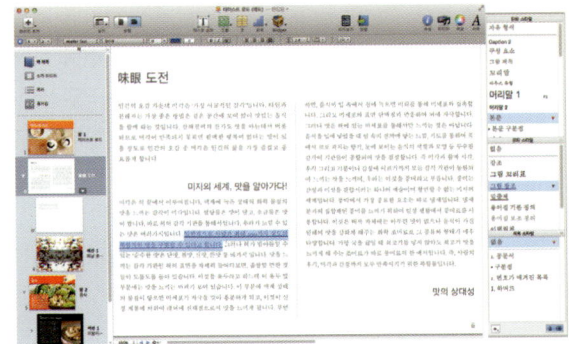

04 문자 스타일의 모양 변경, 문자 스타일 생성, 문자 스타일 다시 정의, 기존 문자 스타일로 복귀, 페이지에서 특정 문자 스타일로 일괄 변경, 문자 스타일 이름 변경, 삭제 또는 단축키를 지정하려면 앞에서 학습한 107페이지 '단락 스타일로 텍스트 작업하기' 섹션의 4번~19번 과정을 살펴보면 됩니다. 모두 작업 사항이 동일하게 적용됩니다.

목록 스타일

목록 스타일은 페이지에서 간단한 목록이나 개요를 생성하려면 목록 스타일을 텍스트에 적용합니다. 목록 스타일은 선택한 목록 스타일 유형에 따라 구분점, 번호 매기기로 텍스트의 포맷을 자동으로 지정합니다.

Exercise 05 목록 스타일로 텍스트 작업하기

01 페이지에서 단어 또는 구문을 드래그하여 블록 방식으로 선택하고, 포맷 막대의 왼쪽 끝에 위치한 파란색 원형의 [스타일 상자] 아이콘을 클릭하거나 [보기] 메뉴 → [스타일 상자 보기]를 선택합니다.

02 메인 창 사이드에 스타일 상자가 나타나며, 현재 선택한 단어 또는 구문에 적용된 스타일 항목이 파란색으로 하이라이트되어 표시됩니다. 다음 그림을 보면 선택한 단어 또는 구문은 [없음] 스타일로 적용되어 있는 것을 알 수 있습니다.

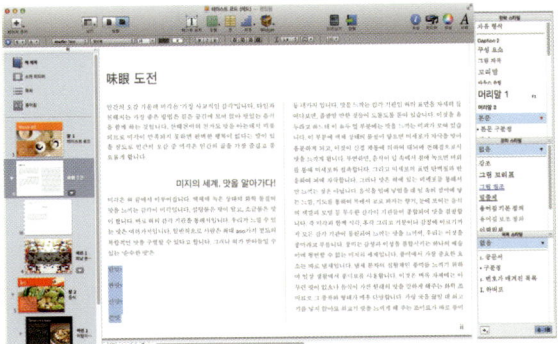

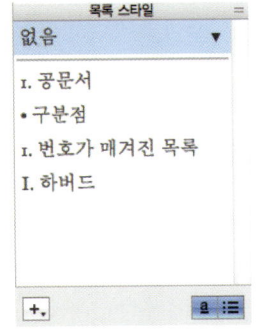

03 다른 목록 스타일로 변경하려면 목록 스타일 목록에서 원하는 항목을 선택합니다. 페이지에서 선택한 텍스트가 새로 지정한 목록 스타일 모양으로 바뀝니다. 다음 그림은 [구분점] 스타일로 변경한 예시입니다.

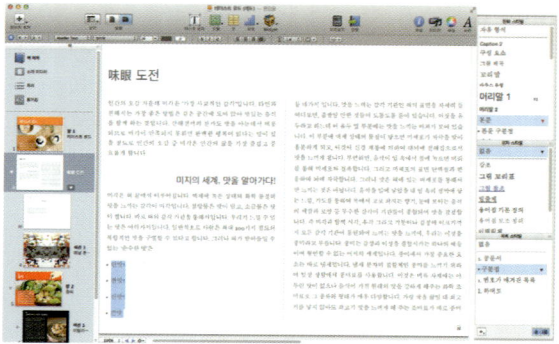

Tip 목록 스타일이 적용된 텍스트를 입력하고 Return 키를 한 번 누르면 다음 단락에 해당 목록 스타일을 그대로 계승합니다. 만약 목록 스타일을 중단하고 싶다면 Return 키를 두 번 누릅니다.

04 목록 스타일의 모양 변경, 목록 스타일 생성, 목록 스타일 다시 정의, 기존 목록 스타일로 복귀, 페이지에서 특정 목록 스타일로 일괄 변경, 목록 스타일 이름 변경, 삭제 또는 단축키를 지정하려면 앞서 학습한 107페이지 '단락 스타일로 텍스트 작업하기' 섹션의 4번~19번 과정을 살펴봅니다. 모두 작업 사항이 동일하게 적용됩니다.

Lesson 09 자동 업데이트 필드

책에는 자동으로 업데이트되는 장 번호, 장 제목, 섹션 번호, 섹션 제목 및 페이지 번호 필드를 페이지의 특정 영역에 포함하고 있습니다. 이 요소들은 책 전체에서 다양한 용도로 사용될 수 있으며 [책] 패널에서 장 또는 섹션의 제목 또는 순서를 변경했을 때 자동으로 업데이트됩니다. 다음 그림은 '장 제목' 삼중 클릭한 예시입니다.

[책] 패널에서 장을 선택하고 자동 업데이트 요소인 섹션 번호와 섹션 제목을 삽입하면 '장 1'과 '장 제목'으로 표시됩니다. [책] 패널에서 섹션을 선택하고 자동 업데이트 요소인 섹션 번호와 섹션 제목을 삽입하면 '섹션 1'과 '섹션 제목'으로 표시됩니다.

Exercise 01 섹션 번호 및 제목에 대한 업데이트 필드 추가하기

01 [책] 패널에서 장, 섹션 또는 페이지를 선택합니다. 다음 그림은 이해를 돕기 위하여 [책] 패널에서 [장]을 선택하고 기존에 추가되었던 있는 장 번호, 장 제목(예 : 장 1, 무제)를 제거한 상태입니다.

02 도구 막대에서 [텍스트 상자] 아이콘을 클릭합니다. 페이지 중앙에 빈 텍스트 상자가 추가되며 해당 대상체를 드래그하여 적절한 지점으로 배치하고 테두리선에 있는 각 핸들을 드래그하여 크기를 적절히 조절합니다.

03 텍스트 상자를 더블클릭하여 삽입점을 위치한 다음, [삽입] 메뉴 → [섹션 번호]를 선택합니다.

04 삽입 지점에 장 번호(예: 장 1)가 삽입됩니다. 텍스트 포맷을 변경하려면 장 번호를 드래그하여 블록 방식으로 선택하고 포맷 막대에서 [서체], [글자 스타일], [글자 크기], [글자 색상] 및 [정렬 방식]을 지정합니다.

Tip [책] 패널에서 해당 장을 드래그하여 장의 순서를 변경하면 앞의 4번 과정에서 추가한 장 번호 필드가 자동으로 업데이트됩니다.

05 섹션 번호 유형을 변경하려면 섹션 번호(예: 장 1)을 삼중클릭합니다. [섹션 번호] 창이 나타나며 번호 유형을 지정하는 두 번째 팝업 메뉴에서 [앞 기호 및 숫자]를 선택하면 '장 1'로, [앞 기호만]을 선택하면 '장'으로, [숫자만]을 선택하면 '1'로 섹션 번호 정보가 표시됩니다.

Tip 앞의 1번 과정에서 장 대신에 섹션을 선택했다면, 섹션 번호는 '섹션 1'로 표시됩니다.

06 Return 키를 눌러 단락을 나누면 삽입 커서가 다음 줄로 이동합니다. 이어서 [삽입] 메뉴 → [섹션 제목]을 선택합니다. 삽입 지점에 장 제목(예: 테이스트 로드)이 삽입됩니다.

07 [책] 패널에서 해당 장의 제목을 변경하면 앞의 5번 과정에서 추가한 장 제목 필드가 자동으로 업데이트 됩니다.

08 장 제목의 텍스트 포맷을 변경하려면 페이지에서 장 제목을 드래그하여 블록 방식으로 선택하고 포맷 막대에서 [서체], [글자 스타일], [글자 크기], [글자 색상] 및 [정렬 방식]을 지정합니다.

09 제목 유형을 변경하려면 장 제목 필드를 삼중클릭합니다. [제목] 창이 나타나며 목록에서 [책] 또는 [현재 장] 중 하나를 선택합니다. 앞의 1번 과정에서 장 대신에 섹션을 추가했다면 [제목] 창의 팝업 메뉴에는 [책 제목], [현재 장] 및 [현재 섹션] 항목이 나타납니다.

10 [제목] 창의 팝업 메뉴에서 [현재 장] 대신에 [책]을 선택하면 '장 제목'이 '책 제목'으로 변경됩니다. [책] 패널에서 책 제목을 변경하면, 해당 필드가 자동으로 업데이트됩니다.

Execise 02 페이지 번호에 대한 업데이트 필드 추가하기

01 [책] 패널에서 장, 섹션 또는 페이지를 선택하고, 도구 막대에서 [텍스트 상자] 아이콘을 클릭합니다. 페이지 중앙에 빈 텍스트 상자가 추가되며 해당 대상체를 드래그하여 적절한 지점으로 배치하고 테두리선에 있는 각 핸들을 드래그하여 크기를 적절히 조절합니다.

02 텍스트 상자를 더블클릭하여 삽입점을 위치한 다음 [삽입] 메뉴 → [페이지 번호]를 선택하면 삽입 지점에 페이지 번호가 삽입됩니다.

03 텍스트 포맷을 변경하려면 페이지 번호를 드래그하여 블록 방식으로 선택하고 포맷 막대에서 [서체], [글자 스타일], [글자 크기], [글자 색상] 및 [정렬 방식]을 지정합니다.

Tip [삽입] 메뉴에서 [페이지 수]를 클릭하면 책의 전체 페이지 수를 자동으로 계산하여 표시합니다. 이 항목들은 페이지 꼬리말 영역에 '페이지 번호 / 페이지 수' 유형으로 조합하여 사용할 수도 있습니다.

Lesson 10 탭 지점으로 정렬하기

탭 지점으로 정렬하기는 텍스트 입력 시 Tab 키를 눌러 사용자가 지정한 지점에 맞추어 텍스트 단락 또는 단어를 정렬해 주는 기능입니다. 탭을 사용해 정렬하면 텍스트 레이아웃을 일목요연하게 구성할 수 있습니다. 탭은 단락의 왼쪽, 오른쪽 및 첫 줄을 들여쓰는 '들여쓰기' 탭과 사용자가 추가한 탭 지점에 텍스트를 정렬하는 '정렬' 탭 등 두 가지 유형을 지원합니다.

Exercise 01 왼쪽, 첫 줄 또는 오른쪽 들여쓰기 탭 조절하기

01 페이지 편집 영역에서 눈금자를 보려면 도구 막대에서 [보기] 아이콘을 클릭하고 [눈금자 보기]를 선택하거나 [보기] 메뉴 → [눈금자 보기]를 선택합니다.

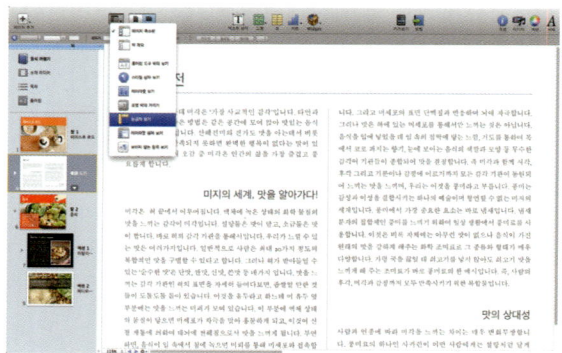

02 임의의 단락 지점에 삽입 커서를 위치하면 가로 눈금자 영역에 왼쪽, 첫 줄(가로 눈금자 왼쪽 끝 부분) 및 오른쪽 들여쓰기(가로 눈금자 오른쪽 끝 부분) 탭이 나타납니다.

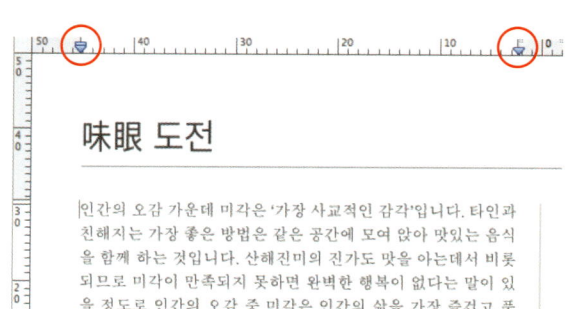

03 왼쪽 들여쓰기를 조절하려면 가로 눈금자 왼쪽 끝에 위치한 역삼각형 모양의 왼쪽 들여쓰기 탭을 오른쪽으로 드래그합니다. 왼쪽 들여쓰기 탭 위에 붙어 있는 첫 줄 들여쓰기 탭은 함께 움직입니다.

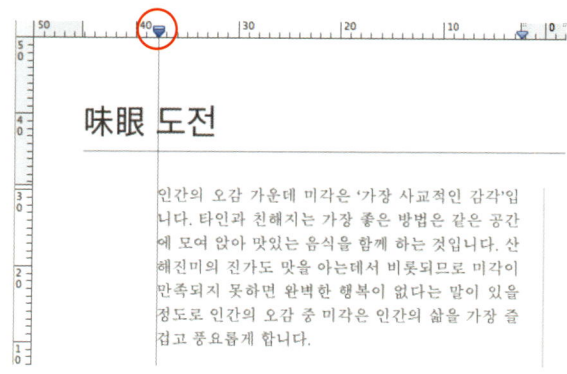

04 첫 줄 들여쓰기를 조절하려면 가로 눈금자에서 왼쪽 들여쓰기 탭 위에 붙어 있는 첫 줄 들여쓰기 탭을 좌-우로 드래그합니다.

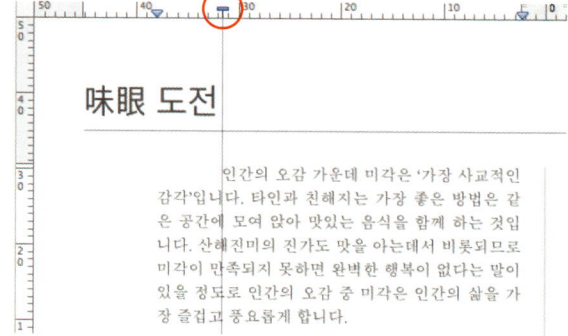

05 오른쪽 들여쓰기를 조절하려면 가로 눈금자 오른쪽 끝에 있는 역삼각형 모양의 '오른쪽 들여쓰기' 탭을 왼쪽으로 드래그합니다.

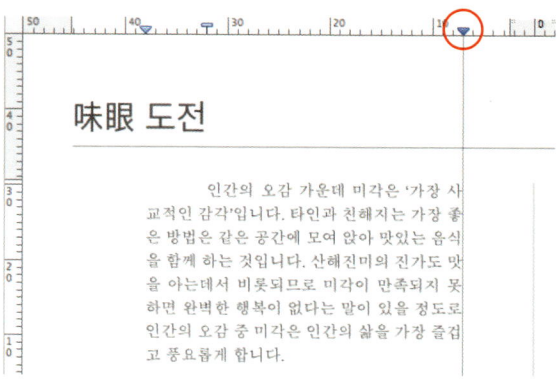

06 들여쓰기 탭 지점을 세밀하게 조절하려면 도구 막대에서 [속성] 아이콘을 누릅니다. 나타나는 [속성] 패널에서 [텍스트] 아이콘을 클릭하고 [탭] 항목을 다시 한 번 누릅니다. 이어서 [단락 들여쓰기] 섹션에서 [첫 줄], [왼쪽], [오른쪽] 들여쓰기 값을 직접 입력하거나 조절 화살표를 눌러 변경합니다.

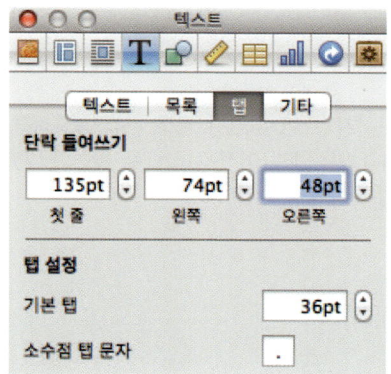

Tip [단락 들여쓰기] 섹션의 각 입력 필드가 뿌옇게 비활성화되었다면 마우스 커서가 해당 단락에 위치해 있는지 확인합니다. 탭 정보([탭] 패널의 모든 옵션들)는 마우스 커서가 해당 단락 안에 위치해 있을 때만 나타나는 것에 주의합니다.

Exercise 02 Tab 키를 눌러 정렬하기

01 ▶ 단락의 처음 지점에 삽입점을 위치하고 Tab 키를 한 번 누르면 정해진 간격만큼 들여쓰기가 됩니다. 다음 그림은 단락의 처음 지점인 '인' 글자 앞에 삽입점을 위치하고 Tab 키를 한 번 누른 예시입니다.

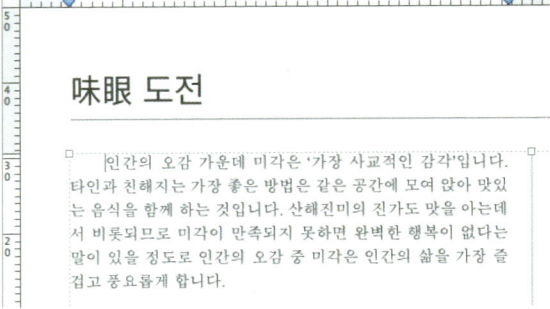

02 ▶ Tab 키를 눌렀을 때 해당 간격 값을 변경하려면 도구 막대에서 [속성] 아이콘을 누릅니다. 이어서 [속성] 패널이 나타나면 [텍스트] 아이콘을 클릭하고 [탭] 항목을 다시 한 번 누릅니다. [탭 설정] 섹션에서 [기본 탭] 입력 필드에 값을 직접 입력하거나 조절 화살표를 눌러 변경합니다.

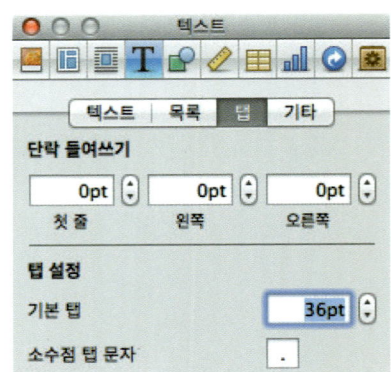

03 ▶ Tab 키를 반복적으로 누르면 해당 간격만큼 들여쓰기가 됩니다. 한 단계 이전 지점으로 돌아가려면 Shift + Tab 키를 누르면 됩니다.

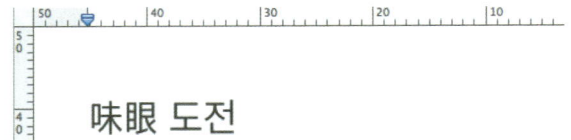

Exercise 03 왼쪽, 오른쪽, 중앙, 소수점 정렬 탭으로 작업하기

01 페이지 편집 영역에서 눈금자를 보려면 [보기] 메뉴 → [눈금자 보기]를 선택하거나 도구 막대에서 [보기] 아이콘을 클릭하고 [눈금자 보기]를 선택합니다.

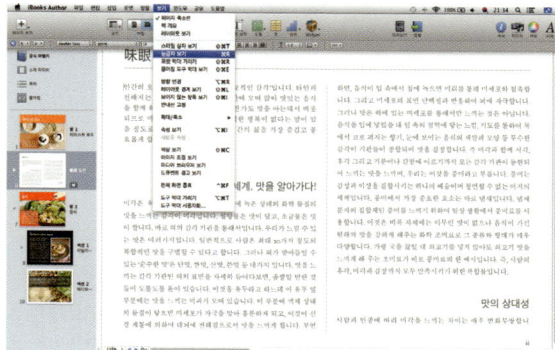

02 왼쪽 정렬 탭을 추가하려면 가로 눈금자 영역에서 추가할 지점을 한 번 클릭합니다. 파란색 왼쪽 정렬 탭이 나타나며, 탭 위치를 다시 변경하려면 해당 탭을 좌-우로 드래그합니다.

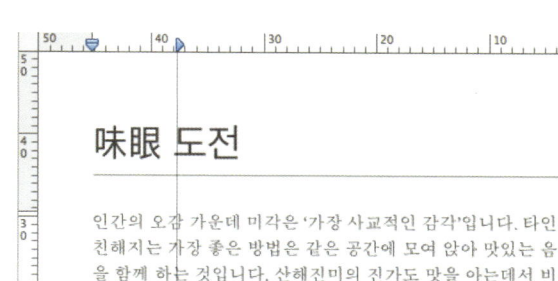

03 이어서 해당 단락의 처음 지점에 삽입점을 위치하고 Tab 키를 한 번 누릅니다. 다음 그림은 단락의 처음 지점인 '인' 글자 앞에 삽입점을 위치한 예시입니다.

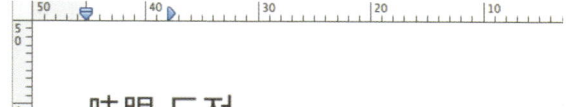

04 위 2번 과정에서 추가한 왼쪽 정렬 탭 지점으로 들여쓰기가 됩니다. 만약 왼쪽 정렬 탭을 추가하지 않고 Tab 키를 누르면 기본 간격인 36 포인트만큼만 들여쓰기가 되지만 왼쪽 정렬 탭을 추가하면 해당 지점으로 들여쓰기가 됩니다.

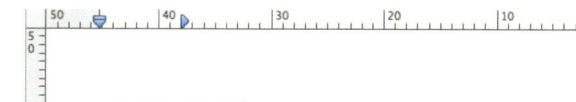

05 위 2번 과정을 다시 수행하여 원하는 만큼 가로 눈금 자 영역에 왼쪽 정렬 탭을 추가합니다. `Tab` 키를 다음의 왼쪽 정렬 탭 지점으로 삽입점이 정렬됩니다. 다으 그림은 `Tab` 키를 두번 누른 경우입니다. 이전 정렬 탭 지점으로 돌아가려면 `Delete` 키를 누릅니다.

06 중앙 탭을 추가하려면 먼저 `Return` 키를 눌러 새로운 단락으로 이동한 다음 가로 눈금자 위에 왼쪽 탭을 추가합니다. 이어서 마우스 커서를 방금 추가한 왼쪽 정렬 탭 위에 올려놓고 마우스 오른쪽 버튼을 누른 다음 나타나는 단축 메뉴에서 [중앙 탭]을 선택합니다.

07 왼쪽 정렬 탭이 중앙 탭 모양으로 바뀝니다. `Tab` 키를 한 번 누르면 삽입점이 중앙 탭 지점으로 이동되며 텍스트를 입력하면 중앙 탭을 기준으로 정렬됩니다.

08 소수점 탭을 추가하려면 먼저 `Return` 키를 눌러 새로운 단락으로 이동한 다음 가로 눈금자 위에 왼쪽 탭을 추가합니다. 이어서 마우스 커서를 방금 추가한 왼쪽 정렬 탭 위에 올려놓고 마우스 오른쪽 버튼을 누른 다음 나타나는 단축 메뉴에서 [소수점 탭]을 선택합니다. 왼쪽 정렬 탭이 소수점 탭 모양으로 바뀝니다.

09 `Tab` 키를 한 번 누릅니다. 삽입점이 소수점 탭 지점으로 이동되며 소수점을 포함한 숫자(예: 20000. 500)를 입력합니다.

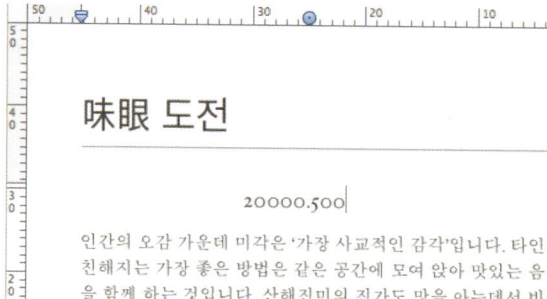

10 이어서 `Return` 키를 누른 다음 다시 한 번 `Tab` 키를 누릅니다. 삽입점이 소수점 탭 지점으로 이동되며 소수점을 포함한 숫자(500. 20000)를 입력합니다. 다음 그림과 같이 소수점을 기준으로 두 숫자를 정렬합니다.

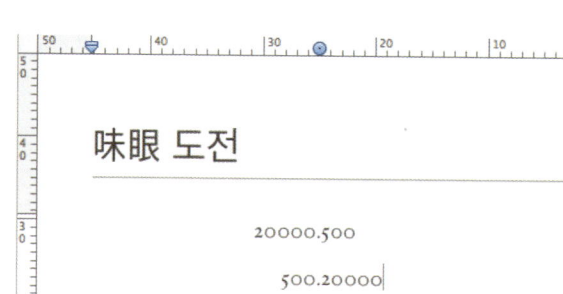

11 오른쪽 탭을 추가하려면 먼저 `Return` 키를 눌러 새로운 단락으로 이동한 다음 가로 눈금자 위에 왼쪽 탭을 추가합니다. 이어서 마우스 커서를 방금 추가한 왼쪽 정렬 탭 위에 올려놓고 마우스 오른쪽 버튼을 누른 다음 나타나는 팝업 메뉴에서 [오른쪽 탭]을 선택합니다.

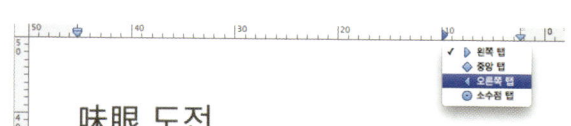

 왼쪽 정렬 탭이 오른쪽 정렬 탭 모양으로 바뀝니다. Tab 키를 한 번 누릅니다. 삽입점이 오른쪽 정렬 탭 지점으로 이동되며 텍스트를 입력하면 오른쪽 정렬 탭을 기준으로 정렬됩니다.

Tip 가로 눈금자에서 왼쪽 정렬 탭을 더블클릭하면 중앙 탭으로, 중앙 탭을 더블클릭하면 오른쪽 탭으로, 오른쪽 탭을 더블클릭하면 소수점 탭으로 전환됩니다.

13 가로 눈금자에서 왼쪽, 중앙, 소수점 또는 오른쪽 정렬 탭을 제거하려면 제거할 탭을 가로 눈금자 바깥 영역으로 드래그합니다. 풍선 터지는 애니메이션과 함께 탭이 사라집니다.

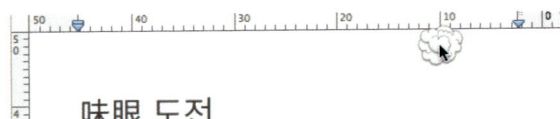

14 정렬 탭 지점을 세밀하게 조절하려면 도구 막대에서 [속성] 아이콘을 누릅니다. [속성] 패널이 나타나면 [텍스트] 아이콘을 클릭하고 [탭] 패널을 다시 한 번 누릅니다. [탭 중단 지점] 섹션의 목록에서 값을 선택하면 오른쪽 정렬 섹션에서 정렬 탭 유형을 알려줍니다. 정렬 탭 지점을 변경하려면 해당 필드를 더블클릭하고 값을 입력합니다.

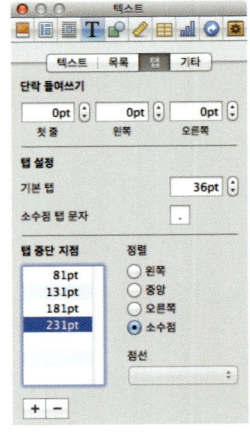

Lesson **11** 수학 표현식

수학 표현식 및 방정식을 페이지에 추가합니다. LaTex 또는 MathML 응용 프로그램에서 입력하는 포맷 방식으로 iBooks Author에서 직접 추가하거나 MathType 6. 7d 이상이 설치되어 있다면 MathType을 사용합니다.

Exercise 01 LaTex 또는 MathML을 사용하여 방정식 추가하기

01 ▶ 먼저 페이지에서 방정식을 추가할 지점에 마우스 커서를 위치한 다음 [삽입] 메뉴 → [방정식]을 선택합니다.

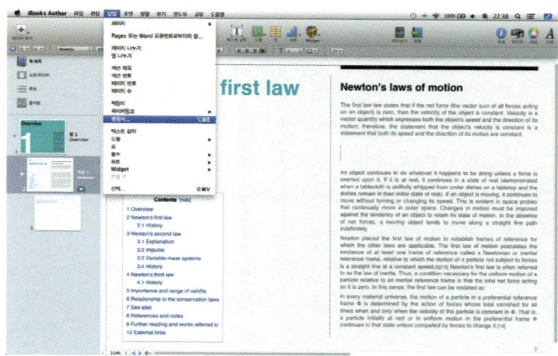

02 ▶ [방정식 편집] 패널이 나타나며 입력 필드에 LaTex 또는 MathML 방정식 포맷 기준에 따라 직접 입력하거나 해당 프로그램에서 복사하여 붙인 후 [삽입] 버튼을 누릅니다.

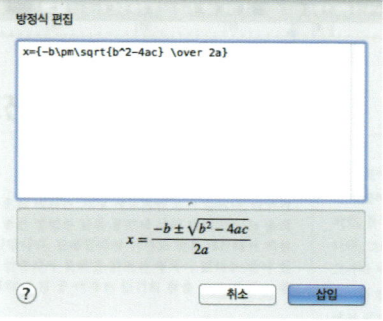

Tip 위 2번 그림은 LaTex 명령어를 사용하여 일반 수식을 입력한 예시입니다. 수학 표현식을 입력하는 동안 하단에서 방정식을 미리 볼 수 있으며 표현식에 오류가 있다면 미리보기 영역에서 알려줍니다. 기본 수학, 정렬, 적분, 행렬 표현식에 대한 자세한 사항은 'LaTex 및 MathML 지원 정보'가 나와 있는 http://support.apple.com/kb/HT5321 공식 문서를 참조합니다.

03 마우스 커서가 위치한 지점에 [방정식 편집] 패널에서
입력한 방정식이 추가됩니다. 만약 텍스트 포맷을 변
경하고 싶다면 해당 방정식을 선택하고 포맷 막대에서
[서체], [글자 유형], [글자 크기], [글자 색상] 등 원하
는 항목을 변경합니다.

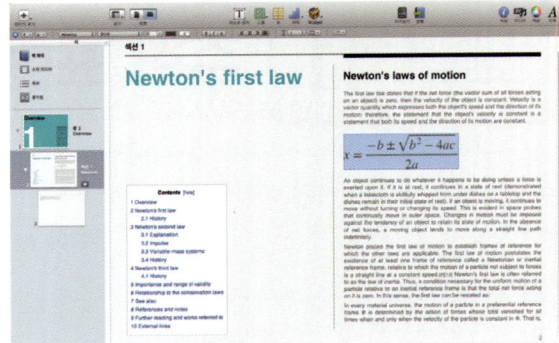

04 입력한 수학 표현식을 수정하려면 해당 방정식을 더블
클릭합니다. [방정식 편집] 패널이 나타나면 원하는 항
목을 수정 및 변경하고 [업데이트] 버튼을 누릅니다.

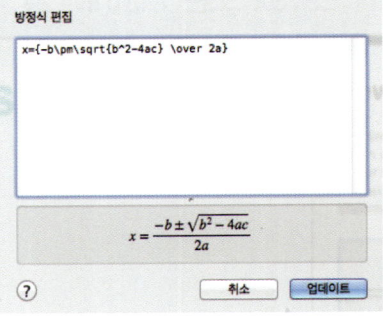

Lesson **12** 한자 입력

책에 한자를 추가하려면 먼저 한글을 입력한 다음 [한자 후보] 팝업 메뉴에서 원하는 한자를 선택합니다. 또한 문자 또는 단어 단위로 변경하거나 나만의 한자 사전을 등록할 수 있습니다.

Exercise 01 문자 또는 단어 단위로 한자 입력하기

01 문자 단위로 한자를 입력하려면 페이지에서 한글 하나를 입력하고 바로 이어서 단축키 `Option` + `Return` 키를 누릅니다. 이어서 [한자 후보] 팝업 메뉴가 나타나면 목록에서 원하는 한자를 선택하고 `Return` 키를 누릅니다.

02 단어 단위로 한자를 입력하려면 Finder 상태 메뉴에서 한글 입력기 아이콘( )을 클릭하면 나타나는 팝업 메뉴에서 [한글 입력기 설정]을 선택합니다.

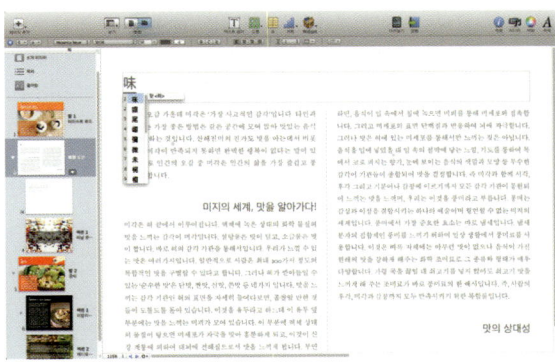

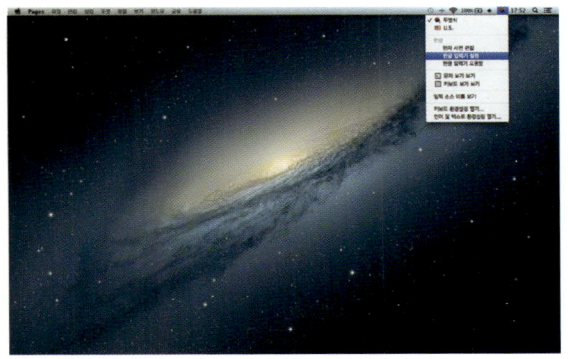

03 [한글 입력기 설정] 패널이 나타나며 [입력 방식] 팝업 메뉴에서 [단어마다]로 변경하고 해당 패널을 닫습니다.

04 페이지에서 단어를 입력하고 이어서 바로 `Option` + `Return` 키를 누릅니다. [한자 후보] 팝업메뉴가 나타나며 목록에서 원하는 한자 단어를 선택하고 `Return` 키를 누릅니다. 한글 단어를 입력하고 `Option` + `Return` 키를 눌렀을 때 해당 단어가 한자 목록에 나타나지 않으면 한 글자씩 문자 단위로 입력하거나 다음에 나오는 '나만의 한자 사전 등록하기' 섹션을 참조합니다.

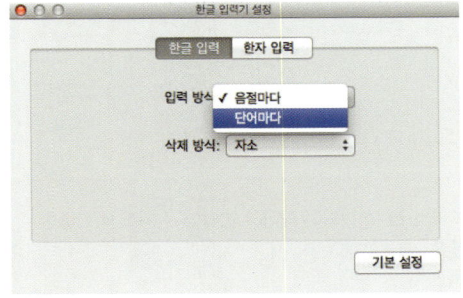

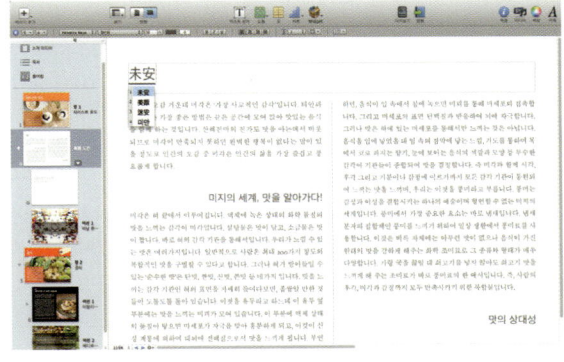

Exercise 02 나만의 한자 사전 등록하기

01 Finder 상태 메뉴에서 한글 입력기 아이콘(●)을 클릭한 후 나타나는 팝업 메뉴에서 [한자 사전 편집]을 선택합니다.

02 [한자 사전 편집] 패널이 나타나면 먼저 [등록] 버튼을 누릅니다. 이어서 [한글] 입력 필드에 한글 단어를 모두 입력합니다.

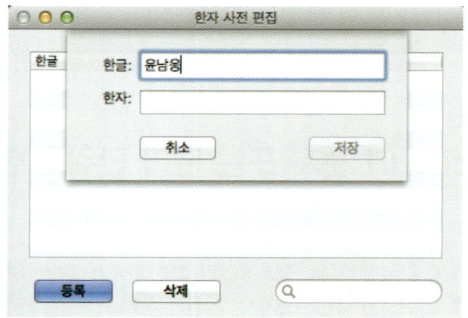

03 [한자] 입력 필드에 첫 번째 한글 문자를 입력하고 이어서 바로 Option + Return 키를 누른 다음 [한자 후보] 팝업 메뉴에서 원하는 한자를 선택하고 Return 키를 누릅니다.

04 위 3번 과정을 반복하여 한 문자씩 한자로 변환하는 과정을 수행한 다음 [저장] 버튼을 누르면 한자 사전 편집 목록에 입력한 단어가 등록됩니다.

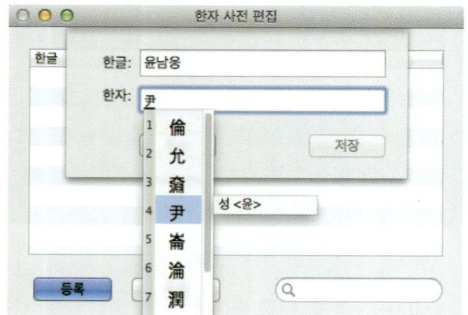

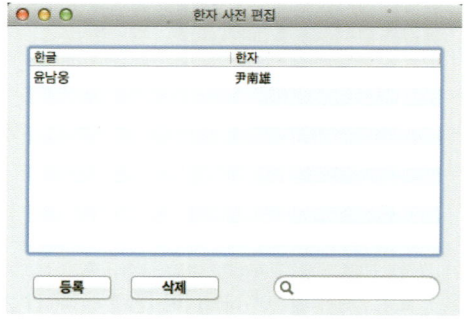

05 페이지에서 한자 사전에 등록된 단어를 모두 한 번에 입력하고 바로 Option + Return 키를 누릅니다. 나타난 [한자 후보] 팝업 메뉴에서 해당 한자 단어를 선택하고 Return 키를 누릅니다.

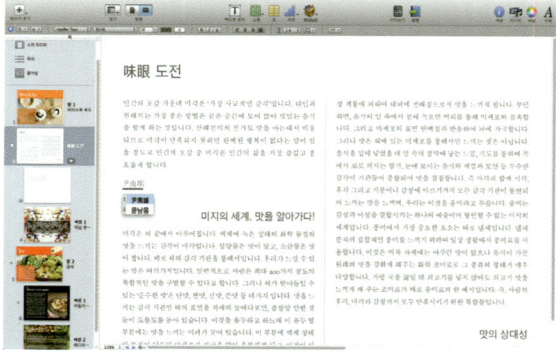

Tip 한글 단어를 한자로 한 번에 변경하려면 한글 입력기의 입력 방식이 [단어마다]로 설정되어 있어야 합니다. 전자에서 학습한 129페이지의 '문자 또는 단어 단위로 한자 입력하기' 섹션의 2번~3번 과정을 참조합니다.

Lesson 13 특수 문자

문자 팔레트를 사용하여 통화 기호, 수학 기호, 구두점, 이모티콘, 악센트, 화살표, 괄호, 그림 문자 등 다양한 모양의 숫자 또는 기호를 페이지 본문에 추가하거나 구두점 기호로 사용할 수 있습니다.

Exercise 01 특수 문자 또는 기호 입력하기

01 페이지에서 삽입할 지점에 마우스 커서를 위치시키고 [편집] 메뉴 → [특수 문자...]를 선택하면 '문자 팔레트'가 메인 창 위에 나타납니다.

02 [문자] 패널의 카테고리 메뉴에서 원하는 유형을 먼저 선택하고 오른쪽 목록에서 문자 또는 기호 유형을 선택합니다. 선택한 기호를 자주 사용한다면 [즐겨찾기에 추가] 버튼을 클릭합니다. 사이드 메뉴 상단에 즐겨찾기 목록이 나타납니다.

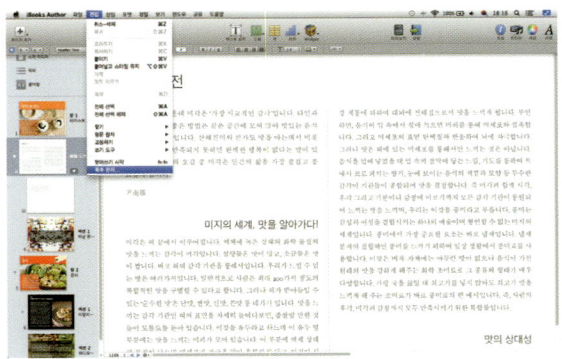

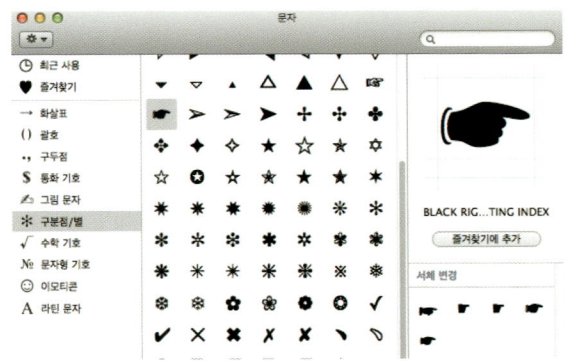

03 선택한 특수 문자 또는 기호를 입력하기 위해 해당 문자를 더블클릭하면 페이지의 삽입 지점에 해당 문자가 입력됩니다.

04 [문자] 패널에서 사이드 메뉴의 카테고리 항목의 순서를 변경하려면 해당 항목을 위-아래로 드래그합니다. 드래그하는 동안 이동될 지점에 파란색 가로선이 나타납니다.

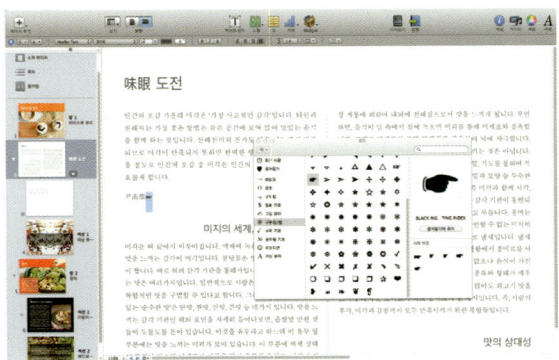

05 목록을 사용자화하려면 [문자] 패널 왼쪽 상단 코너에 위치한 [동작] 아이콘을 클릭한 후 나타나는 팝업 메뉴에서 [목록 사용자화...]를 선택합니다. [카테고리 선택] 패널에서 원하는 항목을 체크하거나 해제하고 [완료] 버튼을 누릅니다.

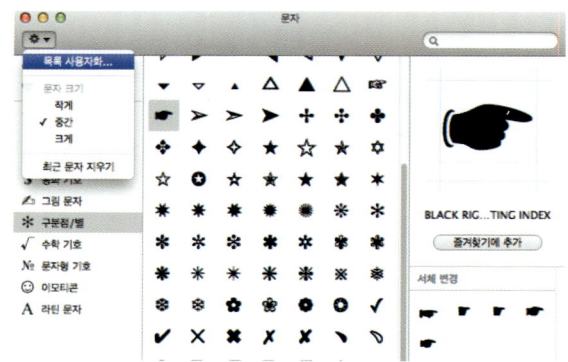

Lesson **14** 교정 도구 : 텍스트 및 단락 스타일 대치

텍스트 단어 또는 문장, 텍스트 스타일 및 조판 부호를 찾아 새로운 항목으로 대치합니다. 일반적인 단어 검색 및 대치뿐만 아니라 동시에 여러 가지 검색 조건을 주고 텍스트 스타일까지 함께 찾아 일괄적으로 대치해 주기도 합니다.

Exercise 01 텍스트 단어 또는 문장 찾고 대치하기

01 텍스트 단어나 문장을 찾은 후 바꾸기 전에 [편집] 메뉴 → [찾기...]를 선택하거나 단축키 Command + F 키를 눌러 메인 윈도우 위에 [찾기 및 대치] 패널을 호출합니다.

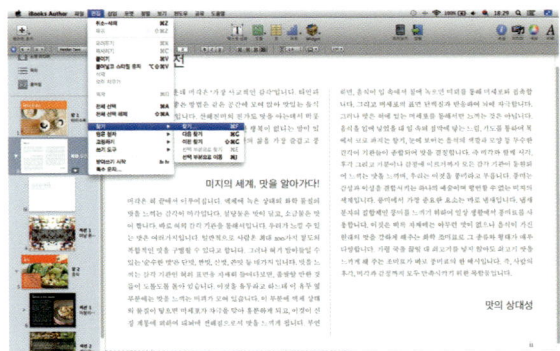

02 [찾기 및 대치] 패널의 [찾기] 입력 필드에 검색할 단어 또는 문장을, [대치] 입력 필드에 변경할 단어 또는 문장을 입력합니다.

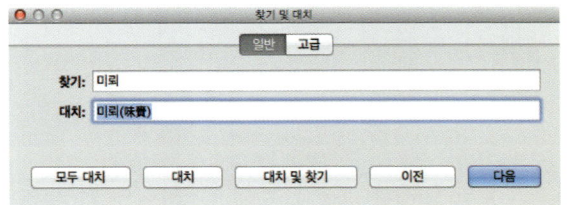

03 검색할 단어 또는 문장을 페이지에서 순차적으로 확인하려면 [다음] 또는 [이전] 버튼을 누릅니다. 페이지에서 검색된 단어가 노란색 음영으로 하이라이트됩니다.

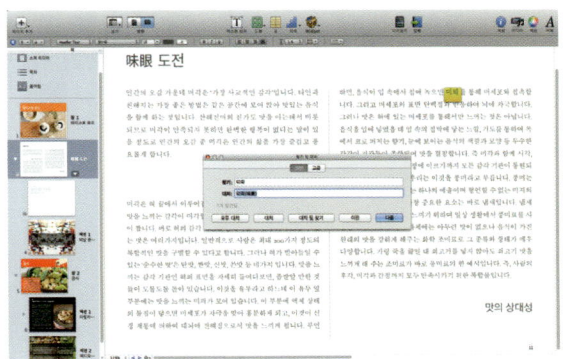

04 단어 또는 문장을 하나씩 검토하면서 대치하려면 [대치] 버튼을 누릅니다. 대치한 후 이어서 다음 단어 또는 문장을 찾으려면 [대치 및 찾기] 버튼을 누릅니다. 모두 한 번에 대치하려면 [모두 대치] 버튼을 누릅니다.

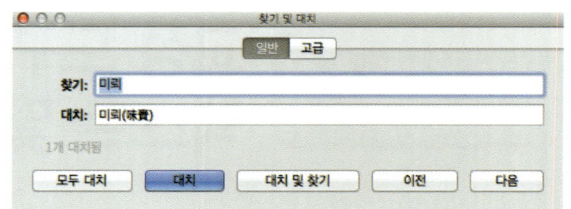

> **Tip** 책에 포함된 장, 섹션 또는 페이지 및 용어집 용어에서 해당 단어를 모두 검색하고 대치할 수 있습니다.

Execise 02 단락 스타일, 조판 부호 찾고 대치하기

01 [편집] 메뉴 → [찾기…]를 선택하거나 단축키 Command + F 키를 눌러 메인 창 위에 [찾기 및 대치] 패널을 호출한 후 [고급] 탭을 클릭합니다.

02 [고급] 탭에서 텍스트를 검색하고 대치하려면 앞 과정에서 수행한 'Exercise 01 텍스트 단어 또는 문장 찾고 대치하기'의 2번~4번 과정을 수행합니다. 모두 동일하게 동작합니다.

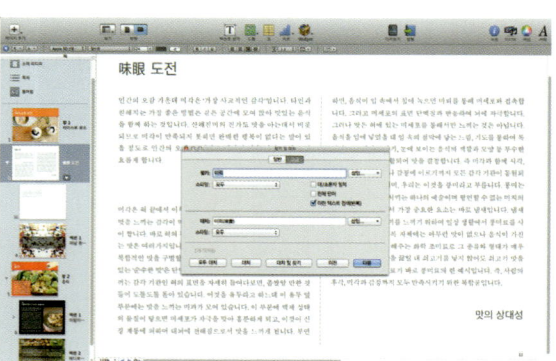

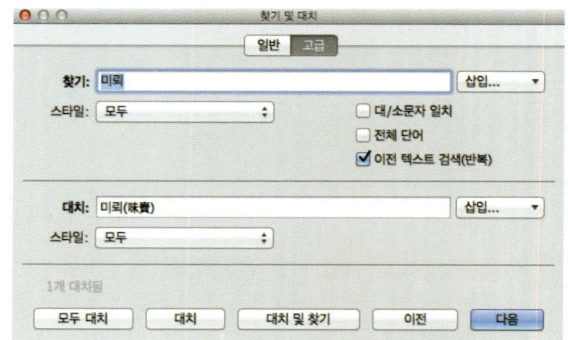

03 단락 스타일을 찾아 다른 단락 스타일로 대치하려면 [찾기] 섹션의 스타일 팝업 메뉴에서 검색할 '텍스트 스타일'을, [대치] 섹션의 스타일 팝업 메뉴에서 대치할 '단락 스타일'을 선택하면 텍스트 내용은 그대로 유지되며 단락 스타일만 변경됩니다. 다음 그림은 '본문 스타일'을 찾아 '그림 제목 스타일'로 변경하는 예시입니다.

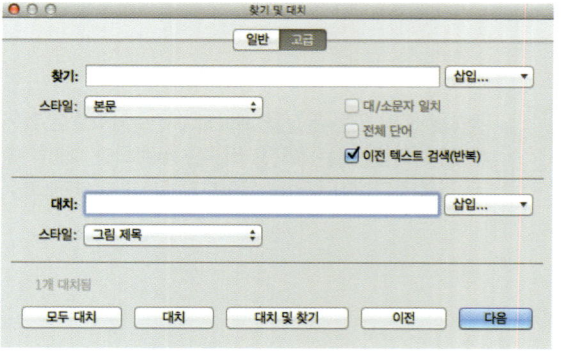

04 검색할 단락 스타일을 페이지에서 순차적으로 확인하려면 [다음] 또는 [이전] 버튼을 누릅니다. 페이지에서 검색된 단락 스타일이 노란색 음영으로 하이라이트됩니다.

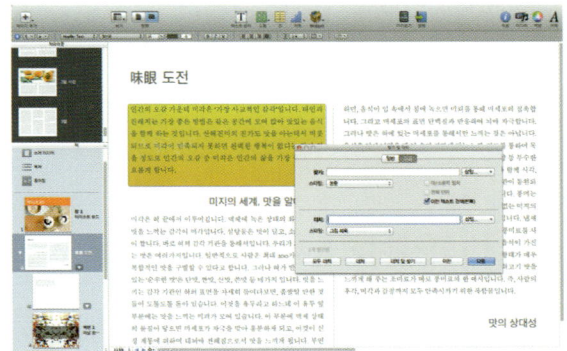

05 단락 스타일을 하나씩 검토하면서 대치하려면 [대치] 버튼을 누릅니다. 대치한 후 이어서 다음 단락 스타일을 찾으려면 [대치 및 찾기] 버튼을 누릅니다. 모두 한 번에 대치하려면 [모두 대치] 버튼을 누릅니다.

06 조판 기호를 찾아 다른 기호로 대치하려면 [찾기] 입력 필드와 [대치] 입력 필드 맨 오른쪽에 있는 [삽입] 버튼을 클릭하고 팝업 메뉴에서 조판 기호를 각각 선택합니다. 조판 기호를 하나씩 검토하면서 대치하려면 [대치] 버튼을 누릅니다. 이어서 다음 단락 스타일을 찾으려면 [대치 및 찾기] 버튼을 누릅니다. 모두 한 번에 대치하려면 [모두 대치] 버튼을 누릅니다.

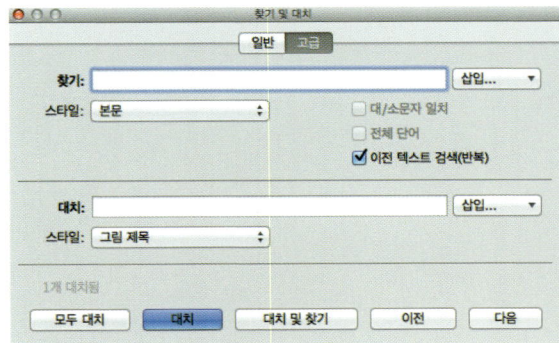

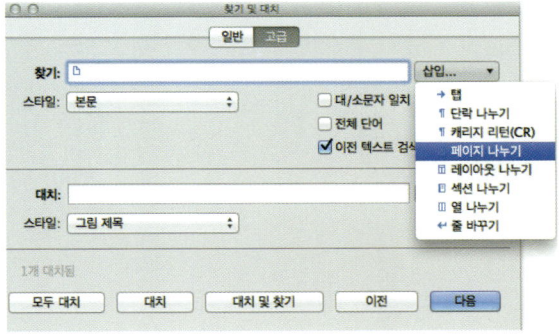

07 위 2번~6번 과정에서처럼 텍스트, 단락 스타일 또는 조판 기호를 개별적으로 검색하고 대치할 수도 있지만 '동시에 두 가지 이상의 검색' 조건을 주고 한 번에 원하는 스타일로 일괄 대치할 수도 있습니다. 가령, 특정 스타일이 적용된 단락에서 원하는 텍스트만 검색하여 대치할 수도 있고 특정 텍스트를 찾아 원하는 단어와 함께 다른 스타일로 일괄 적용할 수도 있습니다.

Theme 03

대상체 편집

이번 Theme에서는 페이지에 추가한 대상체 배치 유형을 살펴보고 보다 효율적인 편집을 위한 대상체 선택과 이동, 크기 조절, 회전, 정렬, 그래픽 스타일, 레이어 우선순위, 그룹화 및 잠금 및 정렬 안내선을 사용하는 방법에 대하여 학습합니다.

Lesson 01 대상체 개요

페이지에 추가하는 텍스트 상자, 이미지, 동영상, 오디오, Widget(이미지 갤러리, 동영상, 복습, Keynote, 대화식 이미지, 3D, 스크롤 사이드바, 팝 오버 및 HTML) 도형, 표, 차트 또는 수식 등 모든 항목을 '대상체'라고 지칭합니다. 다음 그림은 페이지에 이미지 대상체를 플로팅 방식으로 배치한 예시입니다.

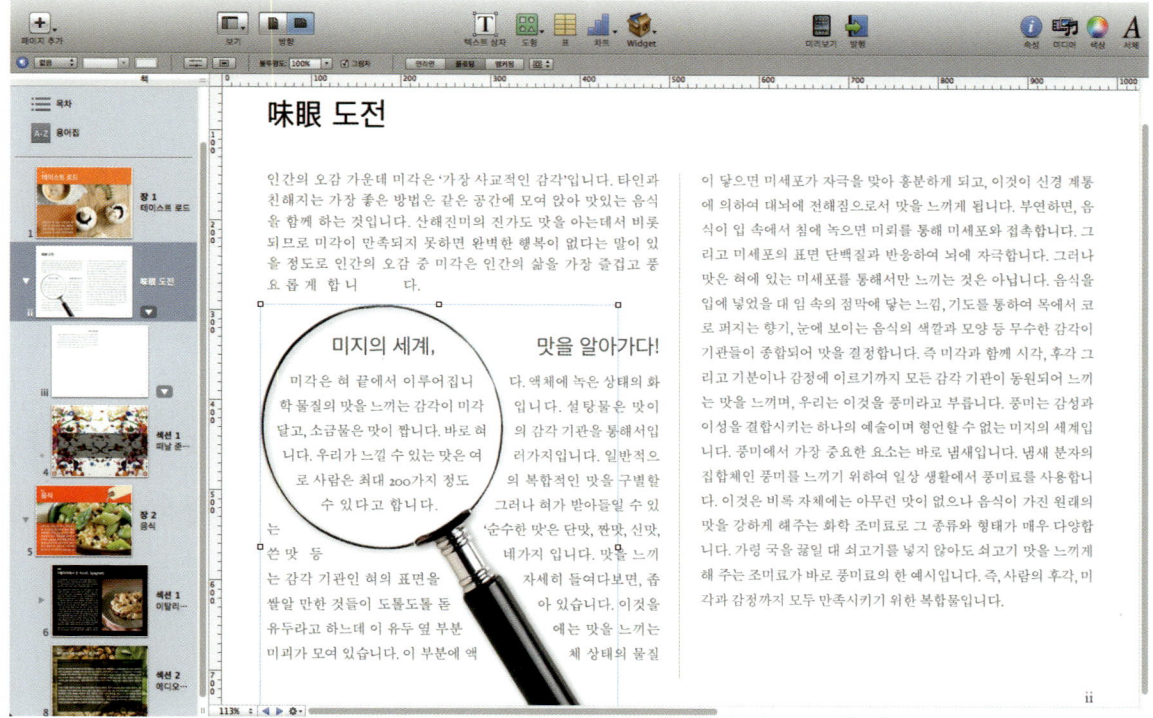

플로팅은 텍스트의 흐름과 관계없이 사용자가 페이지의 특정 위치에 고정시킬 수 있습니다. 그러나 인라인 유형으로 배치된 대상체는 텍스트 흐름과 함께 이동합니다. 두 요소는 페이지 레이아웃 구성시 중요한 차이점을 가지고 있으므로 지금부터 시작되는 Lesson을 반드시 리뷰할 것을 권장합니다.

Lesson 02 플로팅, 앵커됨 또는 인라인으로 배치

텍스트 상자, 도형, 표, 차트 대상체를 페이지에 추가하면 '플로팅' 유형으로, 이미지 또는 Widget 대상체를 추가하면 '앵커됨' 유형으로 배치됩니다. 플로팅은 텍스트 흐름과 관계없이 페이지의 특정 위치에 고정되는 배치 유형이며, 앵커됨은 플로팅과 유사하게 페이지의 특정 위치에 고정되지만 해당 대상체 단락 앞에 다른 내용을 계속 추가하다가 해당 대상체가 다음 페이지로 넘어가게 되는 경우 이전 페이지의 위치와 동일한 지점에 대상체가 배치되는 유형입니다. 그리고 인라인은 텍스트 흐름과 함께 이동하는 배치 유형입니다. 이 배치 유형들은 페이지에서 대상체 레이아웃을 결정하는데 중요한 요소이며 사용자가 원한다면 얼마든지 다른 배치 유형으로 변경할 수 있습니다.

Exercise 01 플로팅 유형으로 대상체 추가하기

01 도구 막대에서 [텍스트 상자], [도형], [표], [차트] 아이콘 중 하나를 클릭하여 페이지에 추가합니다. 이 대상체들은 기본적으로 플로팅 유형으로 배치됩니다.

02 대상체를 재배치하려면 다른 지점으로 드래그합니다. 드래그하는 동안 대상체 주변의 텍스트들이 해당 대상체를 자동으로 둘러싸며 정렬됩니다. 페이지에서 자유롭게 대상체 배치가 가능합니다.

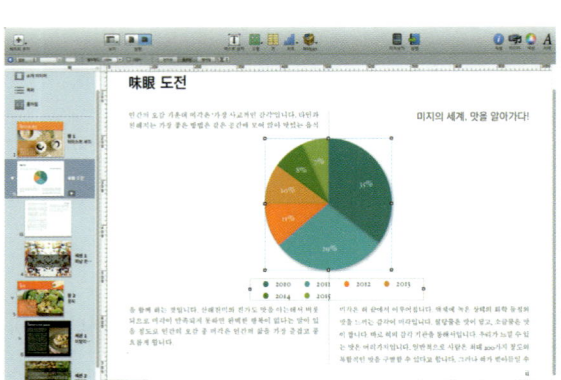

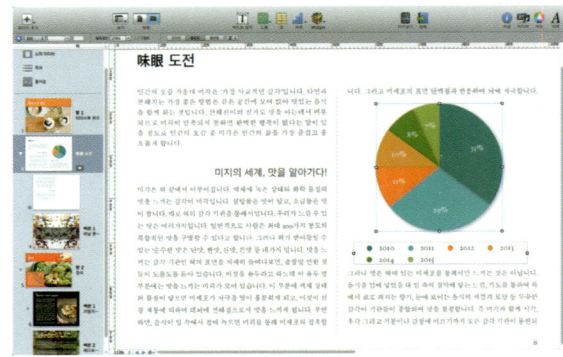

03 대상체가 있는 앞 단락 지점에 새로운 텍스트를 추가합니다. 해당 대상체는 플로팅 유형으로 배치되었으므로 텍스트를 계속해서 입력하더라도 해당 위치는 고정되어 이동되지 않습니다.

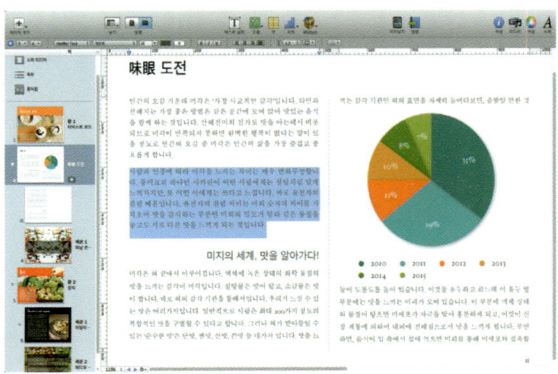

Exercise 02 앵커됨 유형으로 대상체 추가하기

01 Finder에서 이미지, Widgets 파일을 페이지 영역으로 드래그하여 추가합니다. 이 대상체들은 기본적으로 앵커됨 유형으로 배치됩니다. 추가한 이미지를 선택하면 파란색 원형 모양의 앵커 포인트가 페이지 왼쪽 상단 지점에 나타납니다.

02 대상체를 재배치하려면 다른 지점으로 드래그합니다. 드래그하는 동안 대상체 주변의 텍스트들이 해당 대상체를 자동으로 둘러싸며 정렬됩니다. 앵커됨 유형 역시 플로팅 유형과 마찬가지로 페이지에서 자유롭게 대상체 배치가 가능합니다.

03 앵커 포인트를 이동하려면 해당 대상체를 선택하고 파란색 원형 모양의 앵커 포인트를 원하는 지점으로 드래그합니다.

04 앵커 포인트가 있는 앞 단락 지점에 새로운 텍스트를 계속해서 추가합니다. 텍스트를 계속해서 입력하다 앵커 포인트가 위치한 단락이 다음 페이지로 넘어가면 해당 대상체도 다음 페이지의 동일한 지점으로 이동합니다. 이미지를 배치할 때 연관성이 있는 단락에 앵커 포인트를 위치하면, 후반 편집 과정에서 해당 단락과 이미지가 서로 다른 페이지에 보이는 것을 방지할 수 있습니다.

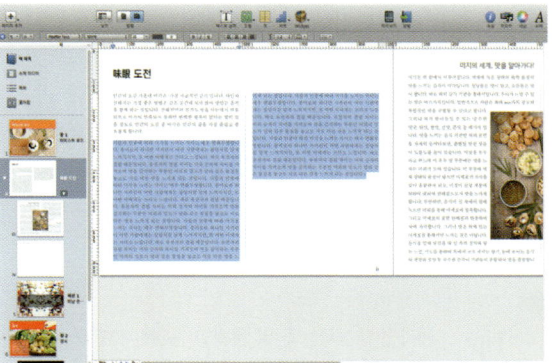

Tip 이미지 대상체를 페이지에 추가하면 기본적으로 앵커됨 유형으로 배치됩니다. 인라인 배치 유형으로 대상체를 추가하려면 `Command` 키를 누른 상태에서 Finder로부터 이미지 파일을 페이지의 삽입 지점으로 드래그합니다. 인라인 대상체는 단일 문자와 유사한 방식으로 핸들(취급)됩니다.

Exercise 03 플로팅, 앵커됨 대상체를 인라인 유형으로 변경하기

01 페이지에서 플로팅 또는 앵커됨 배치 유형으로 추가한 대상체를 선택합니다. 다음 그림은 앵커됨 유형으로 추가한 이미지 대상체를 선택한 예시입니다.

02 포맷 막대의 [배치 유형] 패널에 선택한 대상체가 앵커됨 유형으로 배치되었음을 나타내고 있습니다. [인라인] 버튼을 클릭합니다.

> **Tip** 포맷 막대에서 [인라인], [플로팅] 또는 [앵커됨] 버튼이 클릭할 수 없도록 흐리게 비활성화되어 있다면, 현재 보기 모드가 [세로 방향]으로 지정된 경우입니다. 도구 막대에서 [가로 방향] 버튼을 클릭합니다.

03 인라인 유형으로 전환되면 페이지 레이아웃에 맞게 대상체의 크기가 자동으로 조절됩니다. 대상체를 재배치하려면 다른 지점으로 드래그하면 됩니다. 인라인 대상체는 플로팅 또는 앵커됨 유형과 달리 페이지에서 자유롭게 배치할 수 없으며 단일 문자처럼 핸들(취급)됩니다.

04 대상체가 있는 앞 단락 지점에 새로운 텍스트를 추가합니다. 텍스트를 계속 추가하면 해당 대상체는 텍스트 흐름을 따라 함께 밀리게 됩니다.

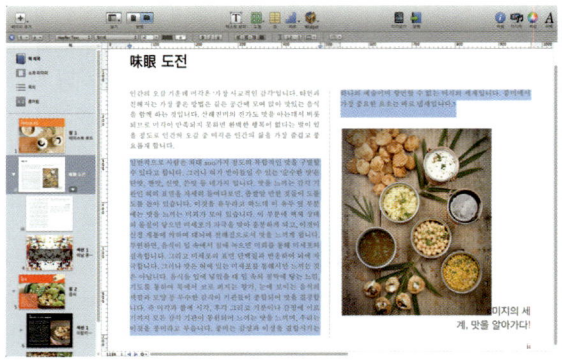

> **Tip** 인라인 대상체는 단일 문자와 동일한 패턴으로 페이지에서 핸들(취급)됩니다. 인라인 대상체를 다른 지점으로 드래그하면 이동될 지점에 삽입점이 나타납니다.

Lesson **03** 대상체 주변에 텍스트 둘러싸기

페이지에 대상체를 추가했을 때 대상체 텍스트가 둘러싸는 레이아웃 유형을 결정할 수 있습니다. 이 같은 방식을 iBooks Author에서는 '줄바꿈'이라고 지칭하며, 배치 유형의 특성상 '플로팅' 또는 '앵커됨' 대상체에서만 동작합니다.

Exercise 01 포맷 막대에서 텍스트 줄바꿈 유형 변경하기

01 페이지에서 플로팅 또는 앵커됨 유형으로 배치된 대상체를 선택합니다. 다음 그림은 플로팅 유형으로 배치된 이미지 대상체를 선택한 예시입니다.

02 대상체 주위에 흐르는 텍스트 줄바꿈 유형을 변경하려면 포맷 막대에서 [앵커됨] 버튼 오른쪽에 위치한 [줄바꿈] 버튼(▦⁝)을 클릭합니다.

03 [줄바꿈] 팝업 메뉴에서 원하는 줄바꿈 유형을 선택합니다. 첫 번째 항목은 대상체 왼쪽 영역에만 텍스트로 둘러싸며, 기본 값인 두 번째 항목은 왼쪽과 오른쪽 영역 모두 텍스트로 둘러싸며, 세 번째 항목은 대상체 오른쪽 영역에만 텍스트로 둘러싸며, 네 번째 항목은 왼쪽과 오른쪽 중 더 넓은 영역에만 텍스트로 둘러싸며, 다섯 번째 항목은 왼쪽과 오른쪽 영역에 모두 텍스트를 둘러싸지 않습니다.

Tip 위 3번 그림은 중간에 걸쳐져 있던 이미지 대상체를 오른쪽 열 지점으로 재배치하고 줄바꿈을 네 번째 옵션으로 지정한 예시입니다. 이미지 대상체의 왼쪽 또는 오른쪽 여백 중 넓은 쪽에만 텍스트로 둘러싸입니다.

04 줄바꿈을 해제하려면 포맷 막대의 [줄바꿈] 버튼(📷)을 클릭하고 나타나는 팝업 메뉴에서 [없음]을 선택합니다. [없음]의 효과는 대상체가 텍스트 단락 위에 오버레이됩니다.

Exercise 02 줄바꿈 패널에서 텍스트 줄바꿈 유형 변경하기

01 페이지에서 플로팅 또는 앵커됨 유형으로 배치된 대상체를 선택합니다. 다음 그림은 배경색이 알파 채널로 작업된 이미지를 플로팅 유형으로 배치하고 열 중간에 배치한 예시입니다.

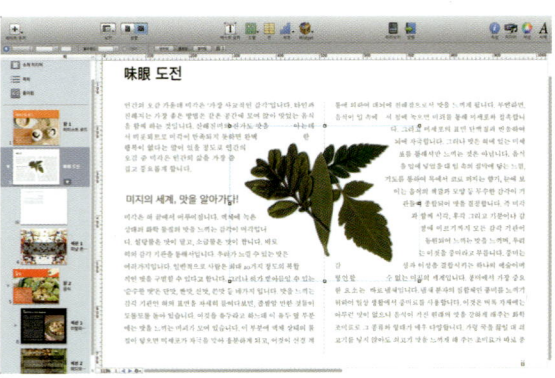

02 대상체 주위에 흐르는 텍스트 줄바꿈 유형을 세밀하게 변경하려면 도구 막대에서 [속성] 아이콘을 클릭한 후 나타나는 [속성] 패널에서 [줄바꿈] 아이콘을 다시 한 번 클릭합니다.

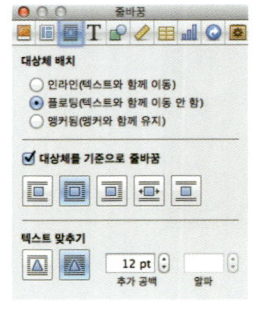

03 [대상체를 기준으로 줄바꿈] 섹션에서 원하는 줄바꿈 유형을 선택합니다. 첫 번째 항목은 대상체 왼쪽 영역에만 텍스트로 둘러싸며, (기본 값인) 두 번째 항목은 왼쪽과 오른쪽 영역 모두 텍스트로 둘러싸며, 세 번째 항목은 대상체 오른쪽 영역에만 텍스트로 둘러싸며, 네 번째 항목은 왼쪽과 오른쪽 중 더 넓은 영역에만 텍스트로 둘러싸며, 다섯 번째 항목은 왼쪽과 오른쪽 영역에 모두 텍스트를 둘러싸지 않습니다.

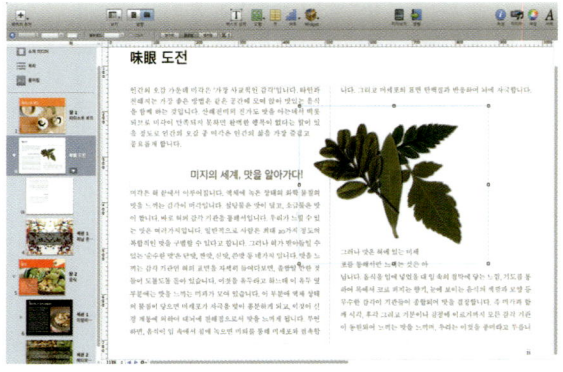

> **Tip** 위 3번 그림은 열 중간에 걸쳐져 있던 이미지 대상체를 오른쪽 열 지점으로 재배치하고 줄바꿈을 첫 번째 옵션으로 지정한 예시입니다. 이미지 대상체의 왼쪽에만 텍스트로 둘러싸입니다.

04 대상체 주변을 사각형 테두리 모양으로 텍스트를 둘러싸려면 [텍스트 맞추기] 섹션에서 첫 번째 항목을, 이미지의 배경이 알파 채널인 경우 대상체의 (불규칙한) 외곽선을 따라 텍스트를 둘러싸려면 두 번째 항목을 선택합니다. 대상체와 텍스트 사이의 여백을 조절하려면 추가 공백 값을 조절합니다.

05 [줄바꿈] 패널에서 [대상체를 기준으로 줄바꿈] 옵션을 체크 해제하면, 대상체가 텍스트 단락 위에 오버레이 됩니다.

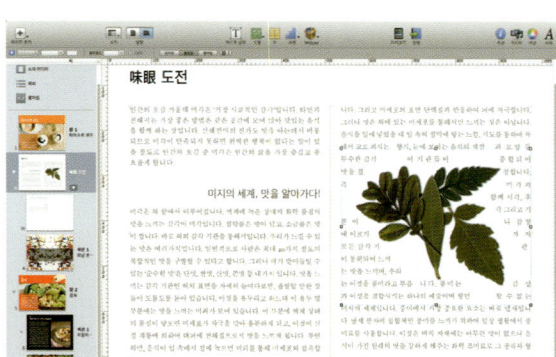

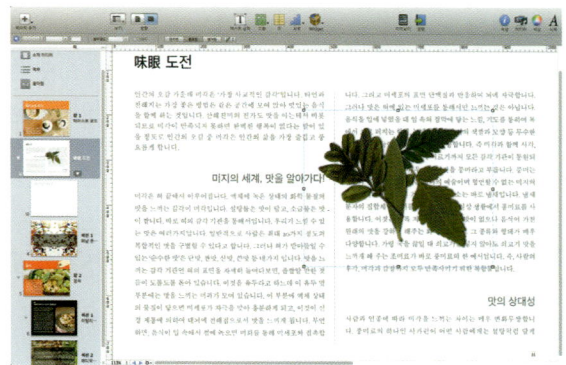

Lesson **04** 대상체 선택

책 편집의 시작은 대상체 선택으로부터 시작합니다. 페이지에 텍스트 또는 플로팅, 앵커됨 또는 인라인 유형으로 추가한 모든 대상체를 효율적으로 선택하여 작업함으로써 작업 속도를 향상시킬 수 있습니다. 인라인 대상체를 선택하면, 오른쪽 가장 자리에 크기 조절을 위한 세 개의 선택 핸들이, 플로팅 또는 앵커됨 대상체를 선택하면 가장자리에 여덟 개의 선택 핸들이 나타납니다.

Exercise 01 페이지에서 효율적으로 대상체 선택하기

01 플로팅 또는 앵커됨 유형으로 배치된 대상체를 선택하려면 해당 대상체를 한 번 클릭합니다. 여러 대상체를 선택하려면 Command 키를 누른 상태에서 다른 대상체를 이어서 클릭합니다. 이때 선택된 대상체를 다시 한 번 클릭하면 선택이 해제됩니다. 다음 그림은 플로팅 유형으로 배치된 이미지를 선택한 예시입니다. 이미지 대상체 테두리에 여덟 개의 크기 조절 핸들이 나타납니다.

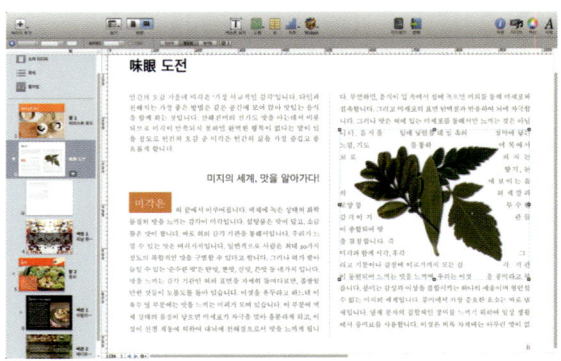

> **Tip** 플로팅 또는 앵커됨 대상체를 선택한 상태에서, Command 키를 누르고 인라인 대상체를 함께 선택할 수는 없습니다. 인라인 대상체는 단일 문자 유형으로 핸들(취급)되므로 플로팅 또는 앵커됨 대상체와 함께 선택할 수 없는 것에 주의해야 합니다.

02 플로팅 또는 앵커됨 대상체를 한 번에 모두 선택하려면 페이지에서 플로팅 또는 앵커됨 대상체 중에 하나를 선택하고 단축키 Command + A 키를 누릅니다.

03 인라인 유형으로 배치된 대상체를 선택하려면 해당 대상체를 한 번 클릭합니다. 여러 대상체를 선택하려면 Command 키를 누른 상태에서 다른 인라인 대상체를 이어서 클릭합니다. 다음 그림은 인라인 유형으로 배치된 도형을 선택한 예시입니다. 도형 대상체 테두리에 세 개의 크기 조절 핸들이 나타납니다.

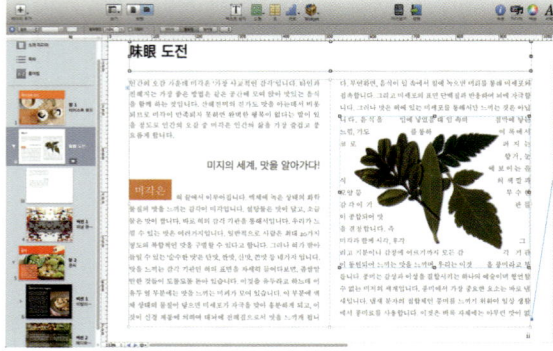

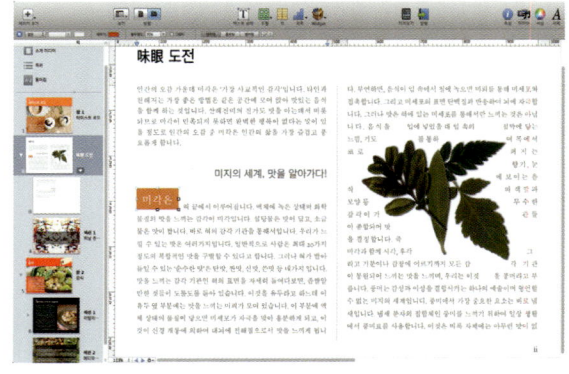

04 텍스트 또는 인라인 대상체를 한 번에 모두 선택하려면 텍스트 단락에 삽입점을 위치하거나 인라인 대상체를 선택하고 단축키 Command + A 키를 누릅니다. 이때 플로팅 및 앵커됨 대상체는 선택되지 않습니다.

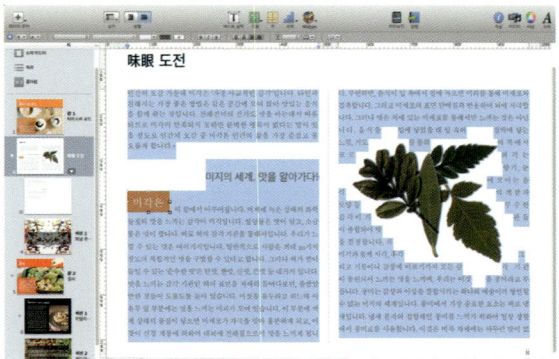

05 텍스트 단락에서 임의의 단어를 한 번에 선택하려면 해당 단어를 더블클릭합니다. 단락을 한 번에 선택하려면 해당 단락을 삼중클릭합니다. 다음 그림은 첫 번째 단락을 삼중클릭한 예시입니다.

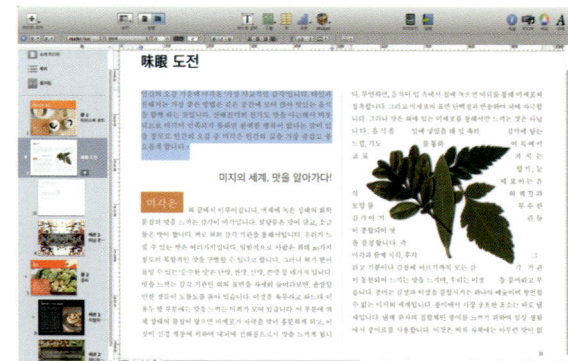

06 페이지에서 선택한 대상체를 모두 해제하려면 단축키 Shift + Command + A 키를 누르거나 페이지의 빈 영역을 한 번 클릭하면 됩니다.

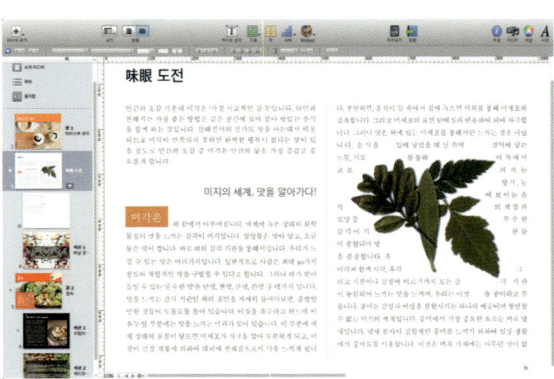

07 텍스트 상자를 선택하려면 해당 텍스트 상자를 한 번 클릭합니다. 선택한 텍스트 상자 테두리에 크기 조절 핸들이 나타납니다.

08 텍스트 상자 안에 입력한 텍스트를 선택하려면 텍스트 상자를 더블클릭 또는 삼중클릭합니다.

Lesson **05** 대상체 이동

페이지에 추가한 플로팅 또는 앵커됨 대상체를 새로운 위치로 재배치합니다. 먼저 대상체를 마우스로 드래 그하여 대략적인 위치를 잡은 다음 키보드의 방향키를 사용하여 1 포인트 단위로 세밀하게 조절합니다.

Exercise 01 대상체를 효율적으로 이동하기

01 페이지에서 대상체를 대략적인 레이아웃 지점으로 이 동하려면 해당 대상체를 마우스로 드래그합니다. 대 상체를 드래그하는 동안(=마우스를 클릭한 상태에서) 해당 작업을 취소하려면 Esc 키를 누릅니다.

02 대상체를 1 포인트 단위로 세밀하게 이동하려면 하나 이상의 대상체를 선택하고 키보드의 위-아래 또는 좌-우 방향키를 반복적으로 누릅니다. 10 포인트 단 위로 이동하려면 Shift 키를 누른 상태에서 방향키 를 반복적으로 누릅니다.

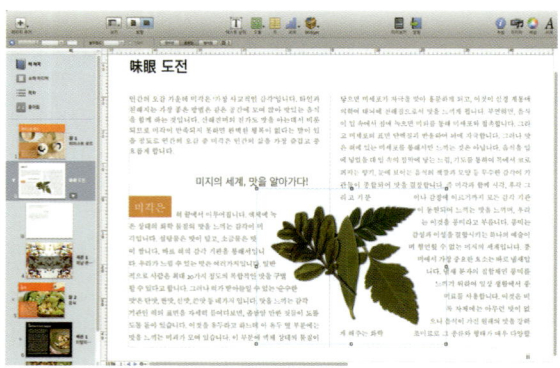

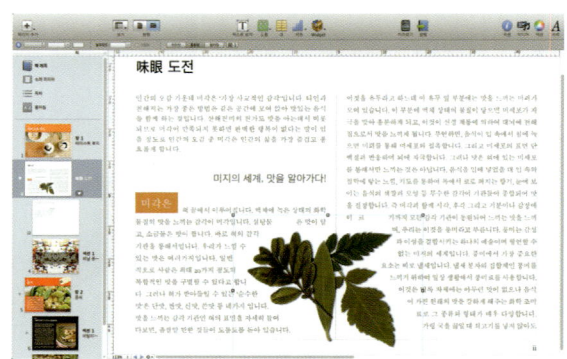

03 페이지의 좌표 값을 직접 입력하여 배치하려면 대상 체를 선택하고 도구 막대에서 [속성] 아이콘을 누릅니 다. 호출된 [속성] 패널에서 [측정기] 아이콘을 클릭하 고 [위치] 섹션에서 [X] 또는 [Y] 좌표 입력 필드에 값 을 입력합니다.

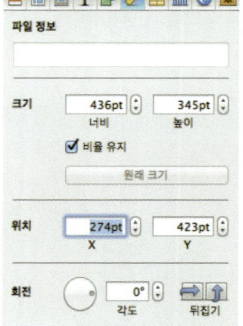

> **Tip** 페이지 왼쪽 상단 모서리(Edge) 지점으로 기준으 로 수평(X-축) 또는 수직(Y-축) 거리를 pt 단위로 측정한 값입니다.

Lesson **06** 대상체 복제 및 삭제

대상체의 복제나 삭제는 페이지에 추가한 대상체를 복사 또는 붙여 넣거나 삭제하는 것을 통해 대상체를 한 번에 복제하여 다양한 그래픽 효과를 연출하는데 사용합니다. 대상체를 선택하면 테두리에 여덟 개의 크기 조절 핸들이 나타납니다.

Exercise 01 페이지에서 대상체 복제 및 삭제하기

01 선택한 대상체를 복사하려면 단축키 Command + C 키를 누릅니다. 이 대상체를 선택하는 방법에 대해서는 앞서 학습한 'Lesson 04 대상체 선택' 섹션을 참조하도록 합니다.

02 복사한 대상체를 붙여 넣으려면 원하는 페이지로 이동한 다음 단축키 Command + C 키를 누릅니다.

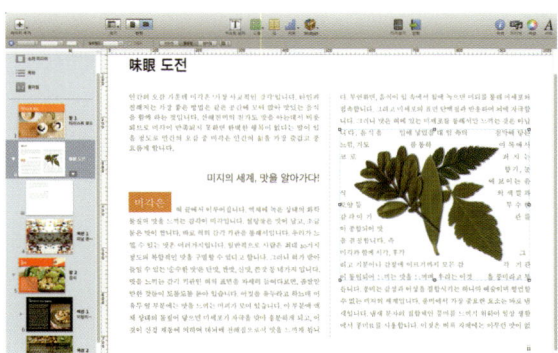

03 대상체를 한 번에 복제하려면 Option 키를 누른 상태에서 선택한 하나 이상의 대상체를 새로운 지점으로 드래그하거나 단축키 Command + D 키를 누릅니다.

Tip 위 3번 그림은 이미지 대상체를 복제한 예시입니다. 대상체 복제는 대상체에 다양한 효과(예: 이미지 마스크를 통한 특정 부분 강조)를 연출할 때 자주 사용됩니다.

04 대상체를 삭제하려면 하나 이상의 대상체를 선택하고 `Delete` 키를 누릅니다. 직전에 진행된 삭제 작업을 취소하려면 단축키 `Command` + `Z` 키를 누르면 됩니다.

Tip [책] 패널에서도 동일한 방식을 사용하여 장, 섹션 또는 페이지를 복사하여 붙이거나 한 번에 복제하여 추가할 수 있으며 다른 책 파일에도 적용할 수 있습니다. 자세한 사항은 43페이지의 '장, 섹션 및 페이지 구성' 섹션을 참조합니다.

Lesson **07** 대상체 크기 조절 및 회전

페이지에 추가한 대상체의 크기를 조절하거나 새로운 위치로 드래그하여 이동합니다. 대상체를 선택하면 테두리에 크기 조절 핸들이 나타나며, 이 핸들을 드래그하여 크기 및 회전을 변경합니다.

Exercise 01 플로팅 또는 앵커됨 대상체 크기 조절, 회전하고 이동하기

01 페이지에서 플로팅 또는 앵커됨 유형으로 배치된 대상체를 선택합니다. 선택한 대상체 테두리에서 모두 여덟 개의 선택 핸들이 나타납니다.

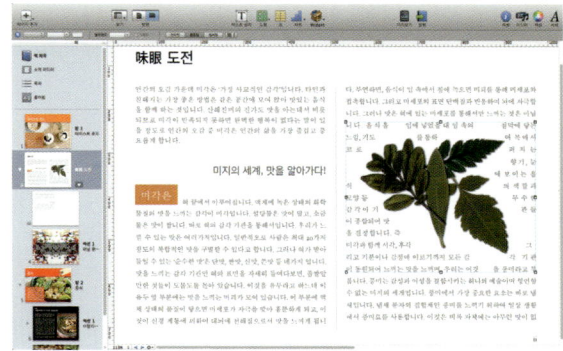

02 크기를 조절하려면 모서리(Edge) 또는 테두리선 중앙에 있는 선택 핸들을 원하는 방향으로 드래그합니다. 핸들을 드래그하는 방향으로 크기가 조절됩니다.

03 대상체의 중앙을 기준으로 크기를 조절하려면 Option 키를 누른 상태에서 크기 핸들을 드래그합니다. 이미지의 중앙을 기준으로 크기가 동일한 비율로 조절됩니다.

04 비율 유지를 해제하고 왜곡된 패턴으로 대상체의 크기를 변경하려면 대상체를 선택하고 도구 막대에서 [속성] 아이콘을 누릅니다. 호출된 [속성] 패널에서 [측정기] 아이콘을 클릭합니다. [크기] 섹션에서 [비율 유지] 항목을 체크 해제한 다음 테두리선 중앙에 있는 각 네 개의 크기 조절 핸들을 드래그하여 변경합니다.

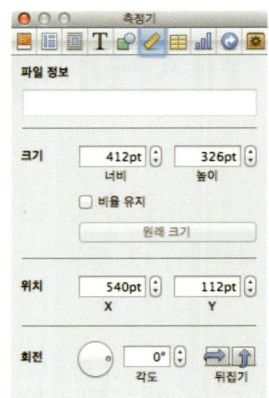

05 이미지를 원본 크기로 변경하려면 [측정기] 패널의 [크기] 섹션에서 [원래 크기] 버튼을 누릅니다.

06 여러 개의 대상체를 동일한 크기로 한 번에 일괄 변경하려면 Command 키를 누른 상태에서 해당 대상체들을 모두 선택하고 도구 막대에서 [속성] 아이콘을 누릅니다. 나타난 [속성] 패널에서 [측정기] 아이콘을 클릭한 후 [크기] 섹션의 [너비] 및 [높이] 입력 필드에 크기 값을 입력합니다.

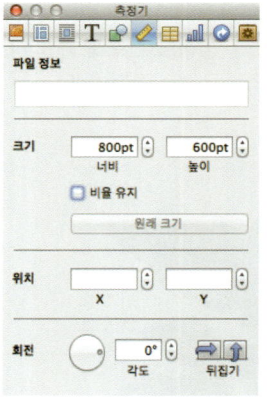

07 대상체를 회전하려면 Command 키를 누른 상태에서 대상체 모서리(Edge) 핸들 위에 마우스 커서를 위치시키고 반시계 또는 정시계 방향으로 드래그합니다. 45도 단위로 회전하려면 Shift + Command 키를 누른 상태에서 선택 핸들을 드래그합니다.

08 대상체를 회전하거나 두 개 이상의 대상체를 동일한 각
도로 한 번에 일괄 회전시키려면 `Command` 키를 누른
상태에서 해당 대상체들을 모두 선택하고 도구 막대에
서 [속성] 아이콘을 누릅니다. 나타난 [속성] 패널에서
[측정기] 아이콘을 클릭한 후 [회전] 섹션에서 휠을 돌
리거나 [각도] 입력 필드에 값을 직접 입력합니다.

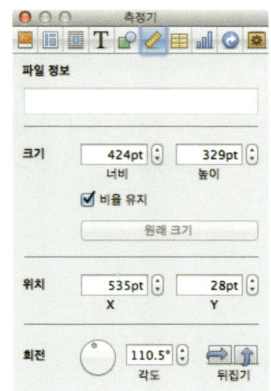

Exercise 02 인라인 대상체 크기 조절하기

01 페이지에서 인라인 유형으로 배치된 대상체를 선택합
니다. 선택한 대상체 테두리에서 모두 세 개의 크기
핸들이 나타납니다. 플로팅 또는 앵커됨 대상체와 달
리 인라인 대상체의 경우 오른쪽 및 하단 테두리에 세
개의 선택 핸들만 나타나며 이 핸들을 드래그하여 크
기를 조절할 수 있습니다.

02 크기를 조절하려면 세 개의 선택 핸들 중 하나를 원하
는 방향으로 드래그합니다. 왼쪽 상단 모서리(Edge)
지점을 기준으로 대상체의 크기가 조절됩니다.

03 비율 유지를 해제하고 왜곡된 패턴으로 대상체의 크기를 변경하려면 대상체를 선택하고 도구 막대에서 [속성] 아이콘을 누릅니다. [속성] 패널이 나타나며, [측정기] 아이콘을 클릭합니다. [크기] 섹션에서 [비율 유지] 항목을 체크 해제한 다음 대상체의 크기 핸들을 드래그하여 변경합니다.

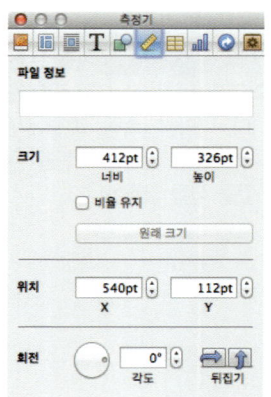

04 이미지를 원본 크기로 변경하려면 [측정기] 패널의 [크기] 섹션에서 [원래 크기] 버튼을 누릅니다.

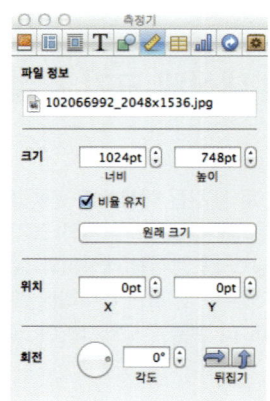

06 대상체를 회전시키려면 해당 대상체을 선택하고 도구 막대에서 [속성] 아이콘을 누릅니다. [속성] 패널이 나타나며, [측정기] 아이콘을 클릭합니다. [회전] 섹션에서 휠을 돌리거나 각도 입력 필드에 값을 직접 입력합니다.

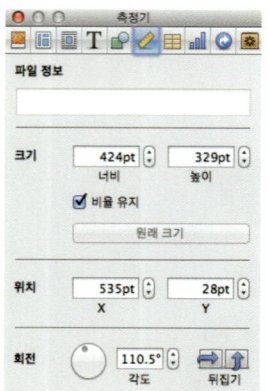

05 대상체를 회전하려면 Command 키를 누른 상태에서 대상체의 모서리(Edge) 핸들 위에 마우스 커서를 위치시키고 반시계 또는 정시계 방향으로 드래그합니다. 45도 단위로 회전하려면 Shift + Command 키를 누른 상태에서 선택 핸들을 드래그합니다.

Lesson **08** 대상체 정렬 및 배열

페이지에 추가한 대상체를 수평 또는 수직으로 정렬하거나 인근에 배치된 대상체와의 간격을 균등하게 배열합니다.

Exercise 01 대상체 정렬하고 배열하기

01 대상체를 수평 정렬하려면 페이지에서 하나 이상의 대상체를 선택하고 [정렬] 메뉴 → [대상체 정렬] → [왼쪽], [중앙], [오른쪽] 중 하나를 선택합니다. 대상체는 선택한 위치로 수평 정렬됩니다.

> **Tip** 페이지에서 하나 이상의 대상체를 선택하려면 Command 키를 누른 상태에서 해당 대상체를 클릭합니다.

02 대상체를 수직으로 정렬하려면 페이지에서 하나 이상의 대상체를 선택하고 [정렬] 메뉴 → [대상체 정렬] → [위쪽], [중간], [아래쪽] 중 하나를 선택합니다. 대상체는 선택한 위치로 수직 정렬됩니다.

03 대상체 배열은 각 대상체들에 대한 위치 정보를 가지고 동일한 간격을 배열합니다. 대상체를 배열하려면 페이지에서 세 개 이상의 대상체를 선택하고 [정렬] 메뉴 → [대상체 배열] → [가로 방향], [세로 방향] 중 하나를 선택합니다.

> **Tip** 대상체 배열은 페이지에서 각 대상체들에 대한 위치 정보를 가지고 동일한 간격으로 배열합니다. [가로 방향]은 대상체들 간에 가로 간격을, [세로 방향]은 세로 간격을 동일하게 조절합니다.

Lesson 09 대상체 뒤집기와 그림자 및 불투명도 효과

페이지에 추가한 대상체를 수평 또는 수직으로 뒤집는 플립 효과는 물론 그림자 효과와 액자 효과 및 불투명도 값을 조절하여 다양한 효과를 연출합니다.

Exercise 01 대상체 뒤집기, 그림자 효과 및 불투명도 조절하기

01 페이지에서 대상체를 선택하고 도구 막대에서 [속성] 아이콘을 누릅니다. [속성] 패널이 나타나면 [측정기] 아이콘을 클릭합니다.

02 [회전] 섹션에서 [수평 뒤집기] 또는 [수직 뒤집기]를 선택합니다. 선택한 대상체가 해당 방향으로 뒤집어집니다.

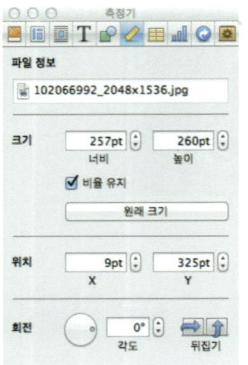

03 그림자 효과를 주려면 [속성] 패널에서 [그래픽] 아이콘을 클릭합니다. 이어서 [그림자] 항목을 체크하고, [그림자 색상], [각도], [오프셋], [흐림] 및 [불투명도] 등 세부 값을 조절합니다.

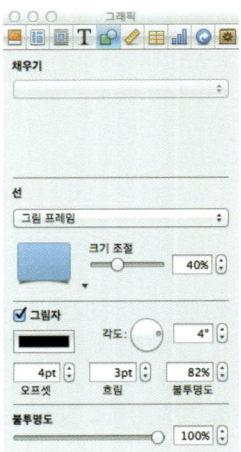

04 외곽선 또는 액자 효과를 주려면 대상체를 선택하고 도구 막대에서 [속성] 아이콘을 누릅니다. [속성] 패널이 나타나면 [그래픽] 아이콘을 클릭합니다. [선] 섹션에서 '선' 또는 '그림 프레임' 중 하나를 선택해 세부 모양새 옵션을 지정합니다.

05 불투명도를 조절하려면 대상체를 선택하고 도구 막대에서 [속성] 아이콘을 누릅니다. 나타난 [속성] 패널에서 [그래픽] 아이콘을 클릭하고 [불투명도]의 슬라이더를 좌-우로 드래그하여 조절합니다.

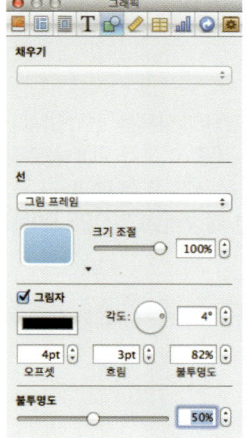

Tip 대상체를 복제한 후 적절히 배치하고 수직 뒤집기 및 불투명도 효과를 적용하면 '반사 효과'를 연출할 수 있습니다.

Lesson **10** 레이어 우선순위와 그룹화 및 잠금

페이지에 추가한 (플로팅 또는 앵커됨)대상체가 겹쳐서 보이는 경우 특정 대상체의 우선순위를 바꾸어 보이는 부분을 변경합니다. 또는 여러 개의 대상체를 하나의 대상체로 묶거나 책을 편집하는 과정에서 대상체가 임의의 지점으로 이동되지 않도록 잠급니다.

Exercise 01 대상체 레이어 우선순위, 그룹화 및 잠그기

01 페이지에서 플로팅 또는 앵커됨 대상체를 선택합니다. 다음 그림은 나뭇잎 사진을 기존 이미지 위에 플로팅 유형으로 걸치게 삽입한 다음 선택한 예시입니다. 최근에 추가한 대상체는 이전 대상체보다 상위 레이어로 적용됩니다.

02 대상체를 한 단계 하위 레이어로 변경하려면 대상체 위에 마우스 커서를 위치시키고 마우스 오른쪽 버튼을 누르거나 Control 키를 누른 상태에서 대상체를 클릭한 다음 단축 메뉴에서 [뒤로 보내기]를 선택합니다.

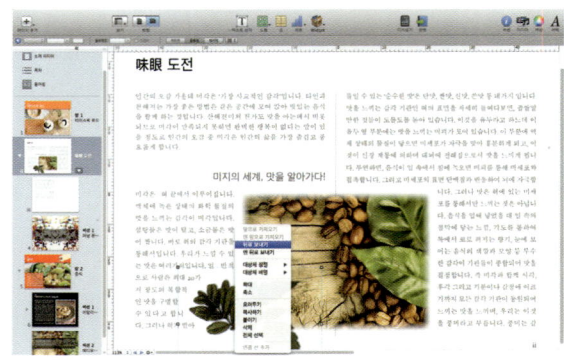

03 대상체가 하위 레이어로 이동되며, 이전 이미지 뒤에 일부 가려져 보이게 됩니다. 필요하다면 위에 걸쳐진 대상체가 일부 가려져 보일 때까지 앞의 2번 과정을 반복합니다.

> **Tip** 동일한 방법으로 팝업 메뉴에서 한 단계씩 [앞으로 가져오기], 한 번에 [맨 앞으로 가져오기], 한 단계씩 [뒤로 보내기] 또는 한 번에 [맨 뒤로 보내기] 중 하나를 선택하여 대상체의 레이어 우선 순위를 결정합니다.

04 페이지에 추가한 여러 개의 대상체를 하나로 묶으려면 `Command` 키를 누른 상태에서 대상체들을 선택하고 [정렬] 메뉴 → [그룹]을 선택합니다.

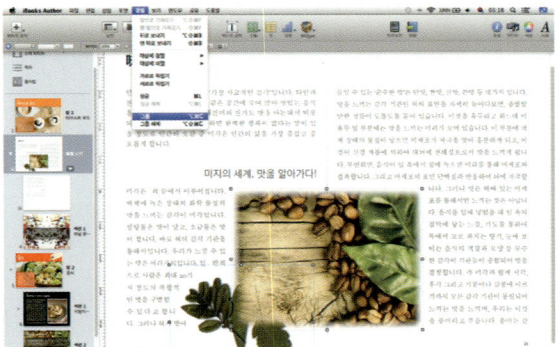

05 위 4번 과정을 거친 결과 대상체들이 하나로 묶입니다. 이 대상체를 드래그하면 단일 대상체처럼 함께 움직입니다.

06 그룹으로 묶인 대상체 안에서 일부 대상체를 더블클릭하면 해당 대상체만 선택되며 개별적으로 크기 조절, 이동, 삭제 또는 기타 편집 작업을 수행할 수 있습니다. 그룹을 해제하려면 묶인 대상체를 다시 선택하고 [정렬] 메뉴 → [그룹 해제]를 선택합니다.

07 책을 편집하는 도중에 대상체가 이동하거나 삭제되지 않도록 하려면 페이지에서 플로팅 또는 앵커된 대상체를 선택하고 [정렬] 메뉴 → [잠금]을 선택합니다.

08 대상체 테두리에 잠금 표시(x)가 나타납니다. 잠금을 해제하려면 해당 대상체를 다시 선택하고 [정렬] 메뉴 → [잠금 해제]를 선택합니다.

Tip 잠긴 대상체는 이동하거나 제거할 수 없지만 복사 또는 복제할 수는 있습니다. 인라인 대상체는 텍스트와 함께 이동하므로 잠글 수 없습니다.

Lesson **11** 그래픽 스타일 속성 복제

대상체에 적용한 그래픽 스타일(채우기, 선, 그림자, 불투명도) 속성 정보를 복사하여 다른 대상체에 스타일 정보만 붙여 넣으므로서, 책의 통일성과 생산성을 향상시킵니다.

Exercise 01 대상체의 그래픽 스타일 복사하고 붙여 넣기

01 먼저 그래픽 효과가 적용된 대상체를 선택하고, 단축키 Option + Command + C 키를 누르거나 [포맷] 메뉴 → [그래픽 스타일 복사]를 선택합니다. 다음 그림은 그림 프레임이 적용된 이미지를 선택한 예시입니다.

02 위 1번 과정에서 복사한 그래픽 스타일 속성을 적용할 다른 대상체를 선택하고, 단축키 Option + Command + V 키를 누르거나 [포맷] 메뉴 → [그래픽 스타일 붙이기]를 선택합니다.

03 위 1번 과정에서 복사한 대상체의 그래픽 스타일(채우기, 선, 그림자, 불투명도)로 변경됩니다.

Lesson **12** 정렬 안내선

페이지에서 대상체를 드래그하는 동안 해당 대상체가 페이지의 중앙 또는 인근에 위치한 다른 대상체에 정렬되면 파란색 정렬 안내선이 자동으로 나타납니다. 또는 사용자가 직접 원하는 지점에 가로 또는 세로 정렬 안내선을 추가하고 대상체를 안내선에 맞추어 배치합니다.

Exercise 01 가로 또는 세로 정렬 안내선 추가 또는 제거하기

01 대상체를 드래그하는 동안 수평 또는 수직 중앙 정렬 및 인근에 있는 다른 대상체들과의 간격을 맞출 수 있도록 파란색 정렬 안내선이 표시됩니다. 대상체를 드래그하는 동안 Command 키를 누르고 있으면 정렬 안내선이 나타나지 않습니다.

02 페이지 편집 영역에서 눈금자를 보려면 도구 막대에서 [보기] 아이콘을 클릭하고 눈금자 보기를 선택하거나 [보기] 메뉴 → [눈금자 보기]를 선택합니다.

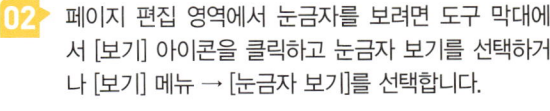

03 가로 안내선을 수동으로 추가하려면 마우스 커서를 가로 눈금자 위에 위치시킵니다. 다음 그림과 같이 마우스 커서 모양이 변경됩니다.

04 이어서 마우스 커서를 아래 방향으로 드래그하면 파란색 안내선이 나타납니다. 가로 안내선의 위치를 다시 변경하려면 해당 가로 안내선 위에 마우스 커서를 위치시키고 위-아래로 드래그합니다.

05 세로 안내선을 수동으로 추가하려면 마우스 커서를 세로 눈금자 위에 위치시킨 후 오른쪽 방향으로 드래그하면 파란색 안내선이 나타납니다. 세로 안내선의 위치를 다시 변경하려면 해당 세로 안내선 위에 마우스 커서를 위치하고 좌-우로 드래그합니다.

06 위 3번~6번 과정을 반복하여 원하는 만큼의 가로 또는 세로 정렬선을 추가합니다. 다음 그림은 세 개의 가로 정렬선과 세로 정렬선을 각각 추가한 예시입니다.

07 위 과정을 거쳐 추가한 가로 또는 세로 안내선을 제거하려면 제거할 안내선 위에 마우스 커서를 위치시킵니다. 그러면 다음 그림과 같이 마우스 커서 모양이 변경됩니다.

08 이어서 마우스 커서를 페이지 바깥 영역(가로 정렬선은 위–아래 방향, 세로 정렬선은 좌–우 방향)으로 드래그하면 풍선 터지는 애니메이션과 함께 사라집니다.

09 정렬 안내선 표시에 대한 세부 사항을 변경하려면 [iBooks Author] 메뉴 → [환경설정...]을 선택하고 [눈금자] 탭을 클릭합니다. [눈금자 환경설정] 패널에서는 눈금자 단위, 정렬 안내선 색상 및 세부 사항을 조절할 수 있습니다. 여기에서 [대상체 간격 및 크기 조절]은 페이지에 대상체를 드래그하는 동안 자동으로 나타나는 정렬 안내선에 대한 옵션입니다.

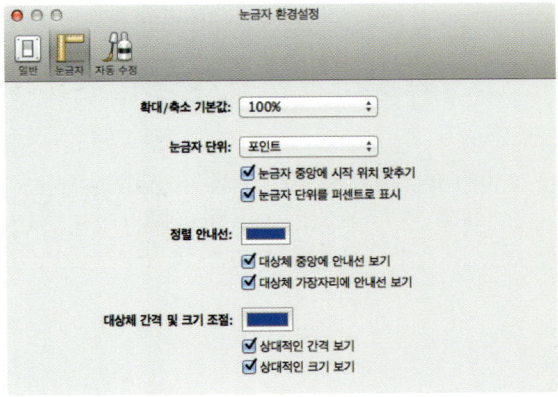

Theme 04

이미지, 도형 대상체로 작업하기

이번 Theme에서는 책의 전체적인 느낌을 좌우하는 이미지 대상체를 효과적으로 편집하는 방법과 작업의 생산성과 책의 통일성을 향상시키는 미디어 위치 지정자, 이미지 스타일 정의에 대하여 학습합니다.

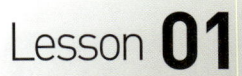

Lesson 01 이미지

미디어 브라우저 또는 Finder에서 이미지를 드래그하여 책에 추가하고 배치한 다음 마스크 또는 스타일을 지정한 후 밝기, 대조 등 이미지 색상을 보정합니다.

Exercise 01 Finder로부터 이미지 추가하기

01 [Finder] 윈도우 또는 데스크탑에서 사진 또는 기타 이미지 파일을 페이지의 삽입할 지점으로 드래그합니다.

> **Tip**
> 책에서 사용할 수 있는 단일 이미지 파일은 25,000,000 픽셀(5,000 x 5,000) 또는 50MB를 초과할 수 없습니다.

02 앵커됨 유형으로 이미지가 페이지에 추가됩니다. 앞의 1번 과정을 수행할 때 인라인 유형으로 이미지 파일을 추가하려면 Command 키를 누른 상태에서 드래그하여 삽입합니다.

03 대상체를 재배치하려면 먼저 해당 대상체를 새로운 위치로 드래그하여 대략적인 레이아웃을 정하고 키보드의 위-아래 또는 좌-우 방향키를 반복적으로 눌러 1 포인트 단위로 세밀하게 이동합니다. 10 포인트 단위로 이동하려면 Shift 키를 누른 상태에서 방향키를 반복적으로 누릅니다. 드래그하는 동안 대상체 주변의 텍스트들이 해당 대상체를 자동으로 둘러싸며 정렬됩니다.

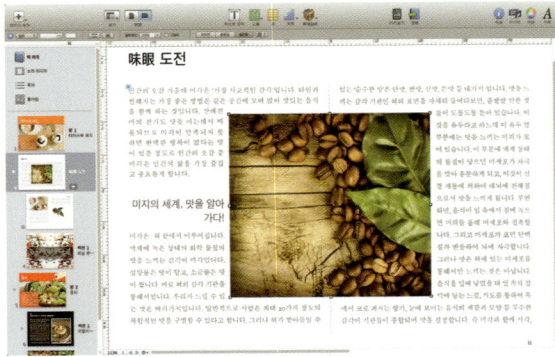

04 대상체의 크기를 조절하려면 모서리(Edge) 지점에 있는 크기 조절 핸들을 원하는 방향으로 드래그하여 크기를 변경합니다. 대상체의 중앙을 기준으로 크기를 조절하고 싶다면 Option 키를 누른 상태에서 핸들을 드래그합니다.

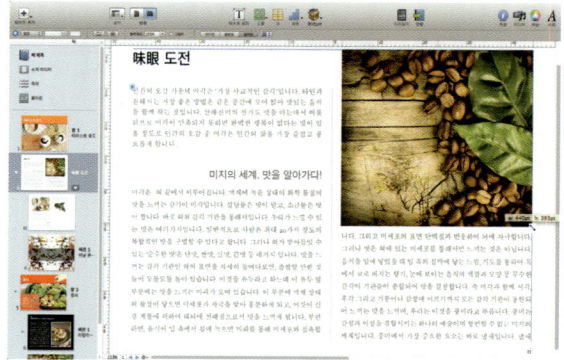

05 이미지 대상체에 대한 다양한 그래픽 효과(그림 프레임, 불투명도, 그림자, 반사 및 뒤집기 효과)를 주려면 154페이지의 '대상체 뒤집기, 그림자 및 불투명도 효과' 섹션을 참조합니다.

Exercise 02 미디어 브라우저로부터 이미지 추가하기

01 도구 막대에서 [미디어] 아이콘을 클릭합니다. 이어서 [미디어] 패널이 나타나면 [사진] 탭을 클릭합니다.

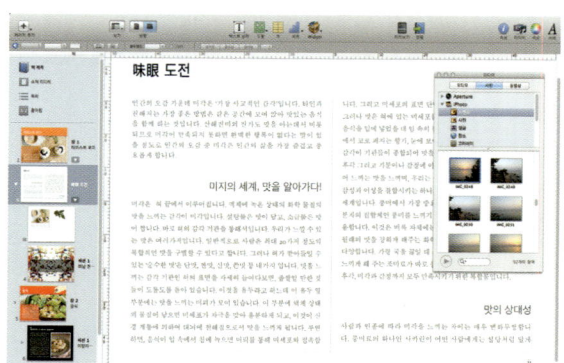

02 보관함 목록에서 [Aperture] 또는 [iPhoto] 보관함을 선택하고 추가할 사진을 탐색합니다. 축소판 이미지를 선택하고 Space 키를 누르면 이미지가 확대됩니다. 다시 Space 키를 누르면 축소판 목록으로 돌아갑니다.

Tip 검색 필드에 [Aperture] 또는 [iPhoto]에서 인덱스한 사진 파일 이름, 얼굴, 장소, 키워드 또는 선호도 값을 입력하여 검색할 수도 있습니다.

03 페이지에 사진을 추가하려면 사진 축소판 목록에서 원하는 이미지를 페이지의 삽입할 지점으로 드래그합니다.

04 드래그한 이미지는 앵커됨 유형으로 페이지에 추가됩니다. 앞의 3번 과정을 수행할 때 인라인 유형으로 이미지 파일을 추가하려면 [Command] 키를 누른 상태에서 드래그하여 삽입합니다.

05 대상체를 재배치하려면 먼저 해당 대상체를 새로운 위치로 드래그하여 대략적인 레이아웃을 정하고 키보드의 위–아래 또는 좌–우 방향키를 반복적으로 눌러 1 포인트 단위로 세밀하게 이동합니다. 10 포인트 단위로 이동하려면 [Shift] 키를 누른 상태에서 방향키를 반복적으로 누릅니다. 드래그하는 동안 대상체 주변의 텍스트들이 해당 대상체를 자동으로 둘러싸며 정렬됩니다.

06 대상체의 크기를 조절하려면 모서리(Edge) 지점에 있는 크기 조절 핸들을 원하는 방향으로 드래그하여 크기를 변경합니다. 대상체의 중앙을 기준으로 크기를 조절하려면 [Option] 키를 누른 상태에서 핸들을 드래그합니다.

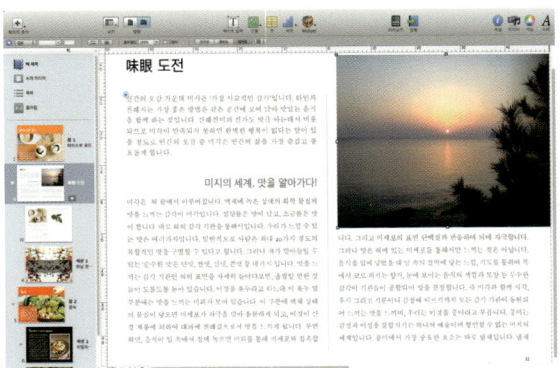

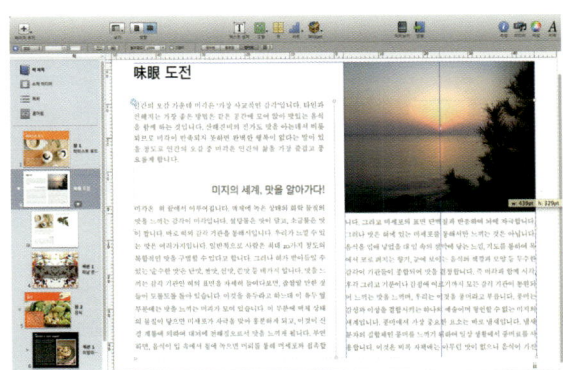

07 이미지 대상체에 대한 다양한 그래픽 효과(그림 프레임, 불투명도, 그림자, 반사 및 뒤집기 효과를 주려면 '대상체 뒤집기, 그림자 및 불투명도 효과' 섹션을 참조합니다.

Exrecise 03 이미지에 제목 또는 설명 추가하기

01 페이지에서 이미지를 선택하고 도구 막대에서 [속성] 아이콘을 클릭합니다. [속성] 패널이 나타나면 [Widget] 아이콘을 클릭합니다.

02 제목을 추가하려면 [Widget] 패널에서 [제목] 항목을 체크하고 [꼬리표]의 팝업 메뉴에서 그림을 선택합니다. 꼬리표 정보는 책에서 하이퍼링크 대상체로 사용됩니다.

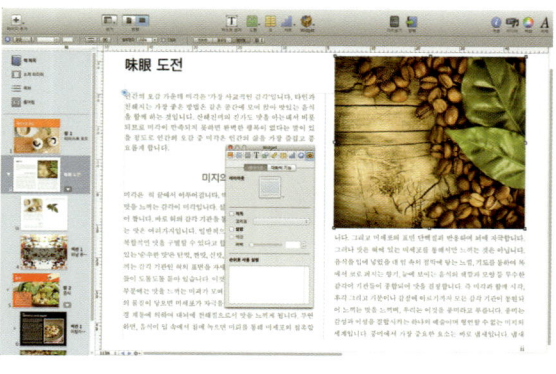

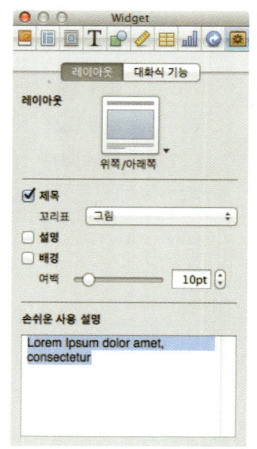

03 이미지 대상체 위에 꼬리표 및 제목 정보가 나타납니다. 제목 입력 필드를 더블클릭하고 새로운 내용을 입력합니다. 텍스트 포맷(글자 크기, 글자 색 등)을 변경하려면 해당 텍스트를 드래그하여 블록 방식으로 선택하고 포맷 막대에서 해당 스타일 옵션을 지정합니다.

04 설명을 추가하려면 [Widget] 패널에서 [설명] 항목을 체크합니다. 이미지 대상체 아래에 설명 입력 필드(Lorem lpsum dolor)가 나타납니다.

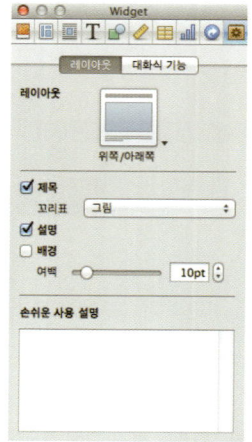

05 [설명] 입력 필드를 더블클릭하고 새로운 내용을 입력합니다. 텍스트 포맷(글자 크기, 글자 색상, 정렬 등)을 변경하려면 해당 텍스트를 드래그하여 블록 방식으로 선택하고 포맷 막대에서 해당 스타일 옵션을 지정합니다.

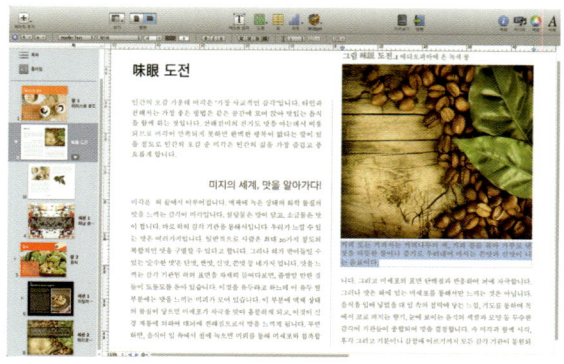

06 이미지 주변에 배경을 추가하려면 [Widget] 패널에서 [배경] 항목을 체크합니다. 이미지와 테두리 사이의 간격을 조절하려면 [여백 슬라이더]를 좌−우로 드래그합니다.

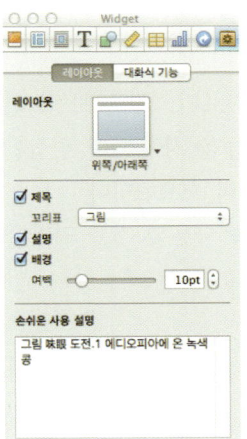

07 이미지 대상체 주변이 지정된 배경 색상으로 표시됩니다. 배경 안쪽 여백을 조절하려면 [Widget] 패널에서 [여백 슬라이더]를 조절합니다.

08 배경 색상을 변경하려면 [속성] 패널에서 [그래픽] 아이콘을 누르고 [채우기] 섹션에서 조절합니다. 책 배경을 단색으로 설정하려면 [그라디언트 채우기] 또는 [색조 채우기]를 지정합니다. 이미지를 배경으로 사용하려면 [채우기] 섹션의 팝업 메뉴에서 [이미지 채우기]를 선택하고 사용할 이미지를 지정합니다.

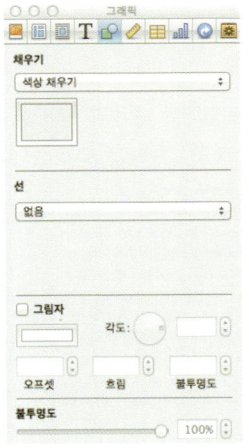

09 배경 색상의 모서리(Edge) 부분을 라운딩 유형으로 변경하려면 마우스 커서를 대상체 왼쪽 상단 코너에 있는 파란색 핸들 위에 위치하고 위−아래로 드래그합니다.

Tip 이미지 위에 오버레이 방식으로 제목 또는 설명을 추가하려면 앞의 과정에서 수행한 제목 및 설명 옵션을 모두 해제한 후 별도로 텍스트 상자 또는 도형을 페이지에 추가하고 이미지 위에 오버레이 유형으로 배치한 다음 도형 안에 텍스트 내용을 입력합니다. 도형 안의 색상을 변경하려면 [그래픽] 속성 패널의 [채우기] 섹션에서 조절합니다.

이미지 사용에 대한 참고 사항

이미지는 멀티-터치 책의 전반적인 느낌을 좌우하여 책을 풍부하게 하지만 과도하게 사용하면 책의 용량을 증가시켜 결과적으로 책 보내기, 발행 또는 독자가 iPad에서 책을 볼 때 다소 느려질 수 있습니다. 다음 사항을 리뷰 합니다.

① iBooks Author에서 이미지를 사용하려면 다른 응용 프로그램에서 사전(크기, 자르기, 회전, 보정) 편집 작업을 모두 완료한 다음 가져옵니다. iBooks Author 자체에서도 해당 기능을 사용하여 편집할 수 있지만 책을 추출하거나 발행하는 과정에서 이미지 편집에 대한 처리 시간이 더 소요됩니다.

② 불투명한 래스터 이미지는 '.JPG' 포맷을, 투명한 래스터 이미지는 '.PNG' 포맷을 사용할 것을 권장합니다. 또한 사용자 이미지의 경우 RGB 색상 프로파일을 사용하면 크기 및 처리 시간을 개선할 수 있습니다.

③ 책에 고해상도의 이미지를 사용해야 하는 경우, 책을 편집하는 초기 단계에서 고해상도 이미지를 추가하는 것은 권하지 않으며 책 완성 단계에서 고해상도 이미지를 일괄 추가합니다.

④ 책에 고해상도의 이미지가 추가된 경우 Retina 디스플레이가 장착되어 있지 않은 iPad에서 일부 성능이 저하될 수도 있습니다. 해당 기종을 고려한다면, 이미지의 너비가 1,024 픽셀을 넘지 않도록 합니다.

⑤ 책에서 사용할 수 있는 단일 이미지 파일은 25,000,000 픽셀(5,000×5,000) 또는 50MB를 초과할 수 없습니다. 만약 이와 같은 이미지를 추가하려고 시도하면 경고 창이 나타납니다.

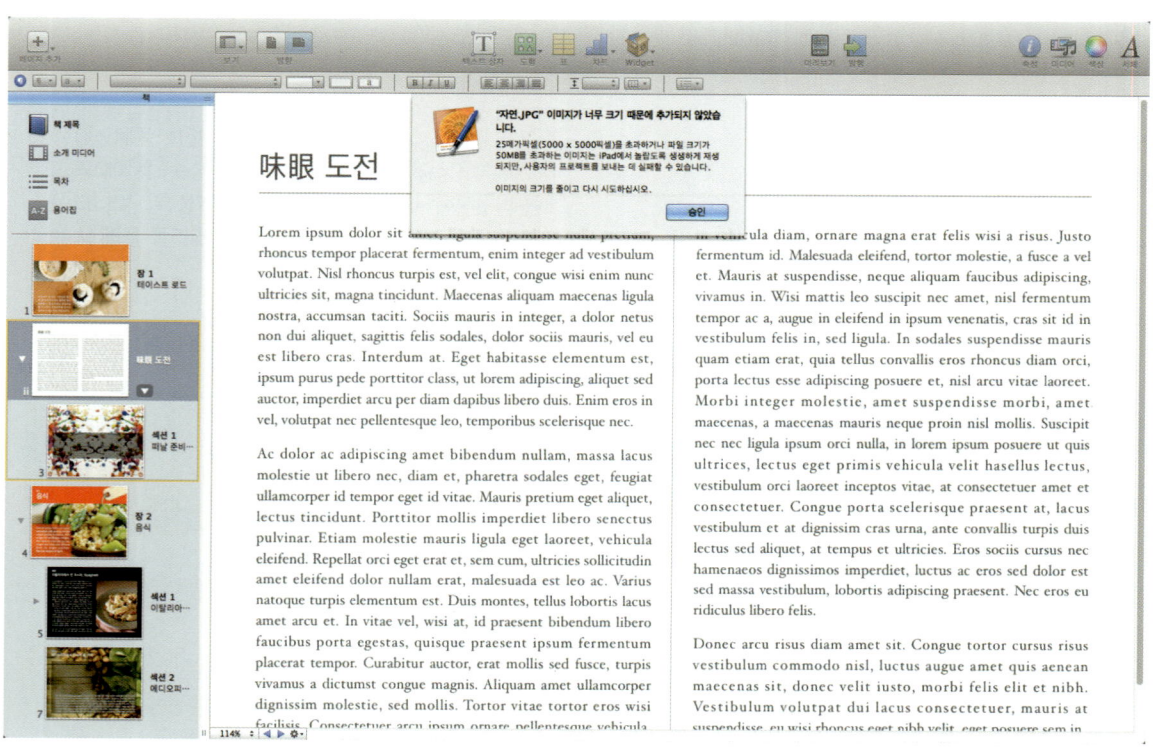

Lesson 02 마스크

이미지의 가장자리를 마스크하여 불필요한 부분을 제거해 줍니다. 이 편집 방식은 원본 이미지를 훼손하지 않는 편집 방식이므로 언제든지 원본 상태로 되돌릴 수 있습니다.

Exercise 01 직사각형으로 이미지 마스크하기

01 페이지에서 마스크할 이미지를 클릭하고 포맷 막대에서 [마스크] 버튼을 클릭하거나 [포맷] 메뉴 → [이미지] → [마스크]를 선택합니다.

> **Tip**
> 마스크 영역 또는 이미지 대상체가 선택되어 있는지에 따라 대상체 편집 작업이 다릅니다. 2번 그림은 마스크 영역이 선택된 예시이며 다음 3번 과정에 나오는 그림은 이미지 대상체가 선택된 예시입니다. 각 테두리선을 클릭하여 전환합니다.

02 이미지 위에 마스크 영역이 나타나며, 테두리선에 있는 여덟 개의 크기 조절 핸들을 드래그하여 마스크 크기를 조절합니다. Option 키를 누른 상태에서 모서리(Edge)의 선택 핸들을 드래그하면 마스크의 중앙 지점을 기준으로 크기가 조절됩니다. 마스크 영역을 세밀하게 이동하려면 키보드의 위−아래 또는 좌−우 방향키를 반복적으로 누릅니다. 1 포인트 단위로 움직입니다.

03 마스크 영역 안에 보이는 이미지 영역을 조절하려면 마우스 커서를 마스크 영역 안쪽에 위치시키고 원하는 방향으로 드래그합니다. 마스크 영역 안에 보이는 이미지를 확대하거나 축소하려면 [마스크 편집] HUD 패널의 확대/축소 슬라이더를 좌−우로 드래그합니다.

04 이미지의 크기를 조절하려면 이미지 대상체 테두리선에 있는 여덟 개의 크기 조절 핸들을 드래그하여 마스크 크기를 조절합니다. Option 키를 누른 상태에서 모서리(Edge)의 선택 핸들을 드래그하면 마스크의 중앙 지점을 기준으로 크기가 조절됩니다.

05 마스크 영역 크기를 다시 편집할 수 있도록 선택 핸들을 표시하려면 마스크 영역의 테두리를 한 번 클릭합니다. 뿌옇게 비활성화되어 있는 마스크 영역 바깥 지점을 클릭하면 이미지 대상체가 선택됩니다.

06 마스크 영역을 회전하려면 Command 키를 누른 상태에서 마우스 커서를 마스크 영역의 모서리(Edge)의 선택 핸들 위에 올려놓고 시계 또는 반시계 방향으로 드래그합니다.

Shift + Command 키를 누르면서 선택 핸들을 드래그하면 45도 단위로 회전합니다.

07 마스크 작업을 완료하려면 [마스크 편집] 버튼을 클릭하거나 `Return` 키를 누릅니다. 다시 편집하려면 마스크된 이미지를 선택하고 HUD 패널에서 [마스크 편집] 버튼을 누르거나 해당 대상체를 더블클릭합니다.

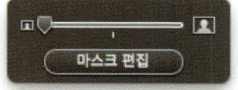

08 마스크를 취소하려면 마스크된 이미지를 선택하고 포맷 막대에서 [마스크 취소] 버튼을 클릭하거나 [포맷] 메뉴 → [이미지] → [마스크 취소]를 선택합니다.

Exercise 02 다른 도형으로 이미지 마스크하기

01 페이지에서 마스크할 이미지를 클릭하고 [포맷] 메뉴 → [이미지] → [도형으로 마스크]의 하위 메뉴에서 원하는 도형을 선택합니다.

02 이미지 위에 선택한 도형 모양의 마스크 영역이 나타나며, 테두리선에 있는 크기 조절 핸들을 드래그하여 마스크 크기를 조절합니다. `Option` 키를 누른 상태에서 모서리(Edge)의 선택 핸들을 드래그하면 마스크의 중앙 지점을 기준으로 크기가 조절됩니다. 마스크 영역을 이동하려면 키보드의 위-아래 또는 좌-우 방향키를 반복적으로 누릅니다. 1 포인트 단위로 움직입니다.

03 마스크 영역 안에 보이는 이미지 영역을 조절하려면 마우스 커서를 마스크 영역 안쪽에 위치시키고 원하는 방향으로 드래그합니다. 마스크 영역 안에 보이는 이미지를 확대하거나 축소하려면 [마스크 편집] HUD의 확대/축소 슬라이더를 좌-우로 드래그하면 됩니다.

04 마스크 도형의 모양을 변형하려면 파란색 원형 핸들을 원하는 방향으로 드래그합니다. 다음 그림은 세 개의 변형 핸들을 드래그하여 인용 풍선 도형의 모양을 일부 변경하고 크기를 크게 조절한 예시입니다. 도형에 따라 변형 핸들 개수는 다를 수 있습니다.

05 이미지의 크기를 조절하려면 이미지 대상체 테두리선에 있는 여덟 개의 크기 조절 핸들을 드래그하여 마스크 크기를 조절합니다. Option 키를 누른 상태에서 모서리(Edge)의 선택 핸들을 드래그하면 마스크의 중앙 지점을 기준으로 크기가 조절됩니다.

06 마스크 작업을 완료하려면 HUD 패널의 [마스크 편집] 버튼을 클릭하거나 Return 키를 누릅니다. 다시 편집하려면 마스크된 이미지를 선택하고 [마스크 편집] 버튼을 누르거나 해당 대상체를 더블클릭합니다.

07 마스크를 취소하려면 마스크된 이미지를 선택하고 포맷 막대에서 [마스크 취소] 버튼을 클릭하거나 [포맷] 메뉴 → [이미지] → [마스크 취소]를 선택합니다.

Exercise 03 이미지 마스크를 응용하여 특정 부분 강조하기

01 페이지에서 Option 키를 누른 상태에서 이미지 대상체를 드래그하여 동일한 이미지를 복제합니다.

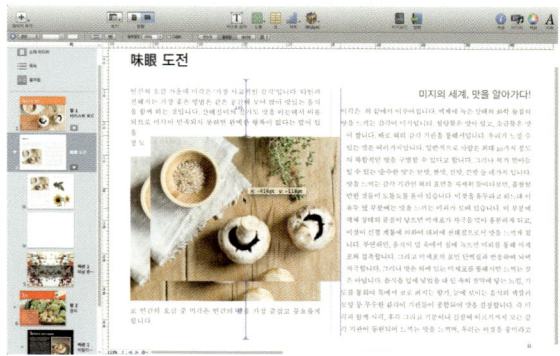

02 복제한 이미지를 클릭하고, [포맷] 메뉴 → [이미지] → [도형으로 마스크]의 팝업 메뉴 가운데 [타원형]을 선택합니다.

Tip 위 2번 과정과 달리 마스크할 이미지 대상체 유형에 따라 타원형 대신에 다른 유형의 도형을 사용할 수도 있습니다.

03 복제한 이미지 위에 타원형 모양의 마스크 영역이 나타납니다. 키보드의 위-아래 또는 좌-우 방향키를 반복적으로 눌러 포커스 지점에 마스크 영역을 맞춥니다. 마스크 영역의 크기 조절 핸들을 드래그하여 마스크 영역을 다시 보정합니다.

04 마스크 작업을 완료하려면 HUD 패널의 [마스크 편집] 버튼을 클릭하거나 Return 키를 누릅니다. 다시 편집하려면 마스크된 이미지를 선택하고 [마스크 편집] 버튼을 누르거나 해당 대상체를 더블클릭합니다.

05 마스크된 이미지를 드래그하여 원본 이미지의 동일한 지점에 위치합니다. 세밀하게 이동하려면 키보드의 위-아래 또는 좌-우 방향키를 반복적으로 누릅니다. 1 포인트 단위로 움직입니다.

06 Option 키를 누른 상태에서 모서리(Edge)의 선택 핸들을 드래그하여 마스크된 이미지를 조절하면 중앙 지점을 기준으로 크기가 조절됩니다.

07 마스크된 이미지의 테두리를 강조하려면 도구 막대에서 [속성] 아이콘을 클릭합니다. 나타난 [속성] 패널에서 [그래픽] 아이콘을 클릭합니다. [선] 섹션에서 [선]을 선택하고 [선 유형], [선 색상], [선 두께]를 적절히 지정합니다.

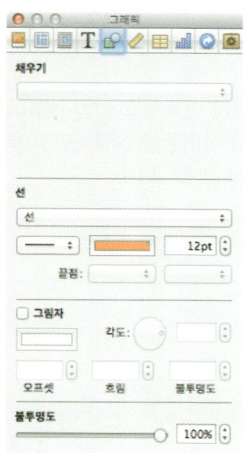

08 마스크된 이미지 테두리에 위 7번 과정에서 지정한 선 스타일(선 유형, 선 색상, 선 두께)이 적용됩니다.

09 원본 이미지와 마스크된 대상체를 하나로 묶으려면 Command 키를 누른 상태에서 두 개의 대상체를 함께 선택하고 [정렬] 메뉴 → [그룹]을 선택합니다. 단일 대상체로 핸들(취급)됩니다.

Exercise 04 펜 툴을 사용하여 이미지 마스크하기

01 도구 막대에서 [도형] 아이콘을 클릭하고 팝업 메뉴에서 가장 하단에 있는 [펜 툴] 아이콘을 선택하면 마우스 커서가 '펜 툴(+)' 모양으로 바뀝니다.

02 이미지에서 마스크할 경로를 따라 이어서 계속 클릭합니다. 클릭하는 각 지점에 빨간색 원형 포인트가 나타납니다.

03 도형을 닫으려면 맨 처음에 생성한 포인트를 다시 한 번 클릭합니다. 완성된 도형이 이미지 위에 오버레이되어 표시됩니다.

04 Command 키를 누른 상태에서 사용자 도형과 이미지를 함께 선택하고, [포맷] 메뉴 → [이미지] → [선택된 도형으로 마스크]를 선택합니다.

05 이미지에서 마스크될 영역 부분이 뿌옇게 표시됩니다. 마스크 영역을 보정하려면 빨간색 원형 핸들을 원하는 지점으로 드래그합니다. 세밀하게 조절하려면 빨간색 원형 포인트를 한 번 클릭하고 키보드의 위-아래 또는 좌-우 방향키를 반복적으로 누릅니다.

06 경로에 새로운 원형 핸들을 추가하려면 Option 키를 누른 상태에서 마우스 커서를 경로 위에 올려 놓습니다. 마우스 커서가 펜 툴(+) 모양으로 바뀌고 이때 한 번 클릭하면 추가됩니다. 원형 핸들을 제거하려면 원형 포인트를 한 번 클릭하고 Delete 키를 누르면 됩니다.

07 마스크 작업을 완료하려면 HUD 패널의 [마스크 편집] 버튼을 클릭하거나 Return 키를 누릅니다. 다시 편집하려면 마스크된 이미지를 선택하고 [마스크 편집] 버튼을 누르거나 해당 대상체를 더블클릭합니다.

08 대상체 테두리에 있는 크기 조절 핸들을 드래그하여 크기를 다시 조절하거나 드래그하여 재배치합니다. 마스크를 취소하려면 마스크된 이미지를 선택하고 포맷 막대에서 [마스크 취소] 버튼을 클릭하거나 [포맷] 메뉴 → [이미지] → [마스크 취소]를 선택합니다.

Lesson 03 인스턴트 알파

이미지의 배경 영역을 투명한 알파 채널로 변경시켜줍니다. 이 기능은 단색 또는 복잡하지 않은 배경 색상 제거에 효과적이며 원본 이미지를 훼손하지 않는 편집 방식이므로 언제든지 원본 상태로 되돌릴 수 있습니다.

| Exercise 01 인스턴트 알파 적용하기

01 페이지에서 배경 영역을 투명하게 변경할 이미지를 클릭하고 [포맷] 메뉴 → [이미지] → [인스턴트 알파]를 선택합니다.

02 이미지 아래에 인스턴트 알파 편집에 대한 HUD 패널이 나타납니다. HUD 패널을 닫으려면 [닫기] 버튼을 클릭합니다.

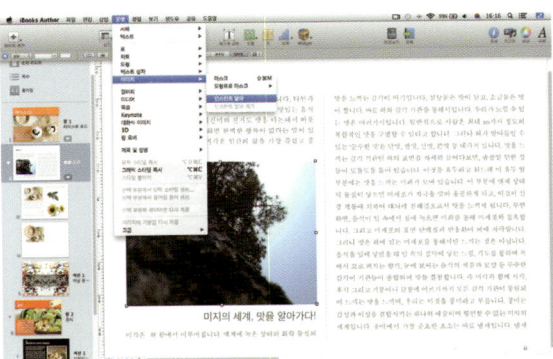

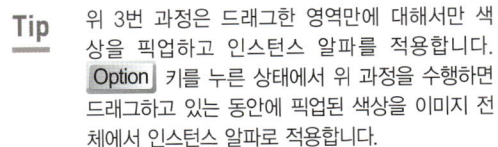

03 이미지에서 투명하게 만들 배경 영역을 한 번 클릭한 다음 천천히 드래그합니다. 드래그하는 동안 알파 채널이 적용될 색상 영역이 하이라이트됩니다.

Tip 위 3번 과정은 드래그한 영역만에 대해서만 색상을 픽업하고 인스턴스 알파를 적용합니다. Option 키를 누른 상태에서 위 과정을 수행하면 드래그하고 있는 동안에 픽업된 색상을 이미지 전체에서 인스턴스 알파로 적용합니다.

04 드래그 폭이 너무 커지면 다음 그림과 같이 피사체 영역까지 확장될 수 있으므로 가능한 작은 영역을 드래그하면서 반복적으로 작업합니다. 인스턴스 알파 작업을 완료하려면 Return 키를 누릅니다.

Tip 인스턴트 알파 편집 작업을 다시 수행하려면 위 1번~4번 과정을 반복합니다.
이미지에서 인스턴스 알파를 제거하려면 인스턴트 알파가 적용된 이미지를 클릭하고 [포맷] 메뉴 → [이미지] → [인스턴트 알파 제거]를 선택합니다.

Lesson 04 색상 보정

이미지의 밝기, 대비, 채도, 색온도, 색조, 선명도 및 노출을 보정하여 사진의 화질을 향상시킵니다. 색상 보정 방식은 원본 이미지를 훼손하지 않는 편집 방식이므로 언제든지 원본 상태로 되돌릴 수 있습니다.

> **Tip** iBooks Author에서 책에 추가한 모든 이미지를 보정하는 것은 권장하지 않습니다. 해당 이미지가 포함된 페이지를 열때마다 보정 연산을 수행하므로 책 편집 작업시 지연 현상이 자주 발생합니다. 그러므로 다른 응용프로그램에서 보정한 후 iBook Author로 가져올 것을 권장합니다.

Exercise 01 이미지 세부적으로 보정하기

01 페이지에서 보정할 이미지를 클릭하고 [보기] 메뉴 → [이미지 조절 보기]를 선택하거나 포맷 막대에서 [이미지 조절 보기] 버튼을 클릭합니다.

02 [이미지 조절] HUD 패널이 나타납니다. 히스토그램에서 균등하게 빨간색, 녹색 및 파란색 톤을 분산시켜 이미지의 화질을 자동으로 보정하려면 [화질 향상] 버튼을 클릭합니다.

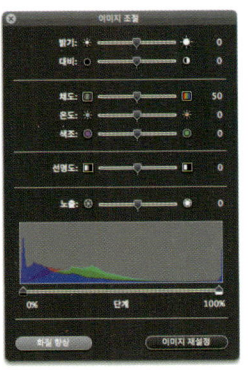

03 밝기(흰색 양), 대비(밝고 어두운 차이), 채도(색상의 강도), 온도(빨간색 또는 파란색의 양), 색조(빨간색 또는 녹색의 양), 선명도, 노출을 보정하려면 해당 슬라이더를 좌-우로 드래그하여 추가 보정합니다.

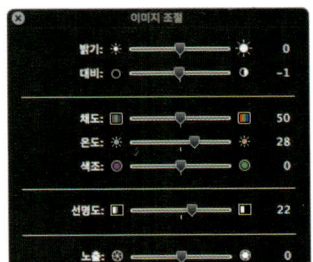

04 히스토그램에서 밝은 톤의 레벨을 조절하려면 히스토그램 오른쪽 하단에 있는 슬라이더를 왼쪽 방향으로 드래그합니다. 색상 영역이 좁아지며 하이라이트가 더욱 선명해집니다. 밝은 톤 슬라이더의 위치는 사진의 가장 밝은 부분의 정보 양을 결정하며 슬라이더 오른쪽의 정보(예 : 90%~100%)는 이미지에서 생략됩니다.

05 어두운 톤의 레벨을 설정하려면 히스토그램 왼쪽 하단에 슬라이더를 오른쪽 방향으로 드래그합니다. 색상 영역이 좁아지며 그림자가 더욱 선명해집니다. 어두운 톤 슬라이더의 위치는 사진의 가장 어두운 부분의 정보 양을 결정하며 슬라이더 왼쪽의 정보(예 : 0%~5%)는 이미지에서 생략됩니다.

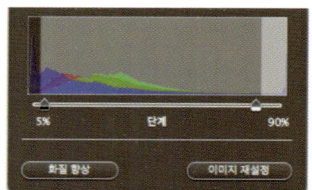

06 보정 작업을 완료하려면 [이미지 조절] HUD 패널 왼쪽 상단 모서리 지점에 있는 [닫기] 버튼을 클릭합니다. 앞의 과정에서 보정한 작업을 모두 취소하고 초기 상태로 돌아가려면 [이미지 재설정] 버튼을 클릭하면 됩니다.

Lesson **05** 미디어 위치 지정자

페이지에 추가한 이미지 대상체를 미디어 위치 지정자로 정의합니다. 미디어 위치 지정자는 이미지 대상체를 추가한 다음 페이지 레이아웃에 맞게 크기를 조절하고 배치한 후 [그래픽] 패널에서 사용자 스타일 효과(그림 프레임 및 그림자, 불투명도 효과)를 준 해당 이미지를 새로운 이미지로 대치할 때 유용합니다. 새로운 이미지를 미디어 위치 지정자로 정의된 대상체 '틀' 위로 드래그하면 그 위에 오버레이되지 않고 대치됩니다.

| Exercise 01 이미지를 미디어 위치 지정자로 정의하기

01 페이지 레이아웃과 그래픽 스타일 작업이 완료된 이미지를 선택하고 [포맷] 메뉴 → [고급] → [미디어 위치 지정자로 정의]를 선택하거나 단축키 Control + Option + Command + I 키를 누릅니다.

> **Tip** 미디어 위치 지정자로 지정해도 화면상에 특별한 변화는 없습니다. 해당 이미지가 미디어 위치 지정자로 지정되었는지 확인하려면 [포맷] 메뉴 → [고급] → [미디어 위치 지정자 명령어] 앞에 체크 표시가 있는지 확인합니다.

02 Finder 또는 [미디어] 패널에서 새로운 이미지를 미디어 위치 지정자로 지정한 이미지 위로 드래그합니다. 대상체 테두리에 파란색선이 나타납니다. 이미지를 특정 대상체 위로 드래그했을 때 파란색 테두리선이 나타나면 해당 대상체는 미디어 위치 지정자로 정의된 것입니다.

03 페이지 레이아웃과 그래픽 스타일을 그대로 유지하면서 새로운 이미지로 대치됩니다. 모든 템플릿에 포함된 장 또는 섹션에 있는 이미지들은 대부분 위 과정을 수행하여 미디어 위치 지정자로 정의된 대상체들입니다.

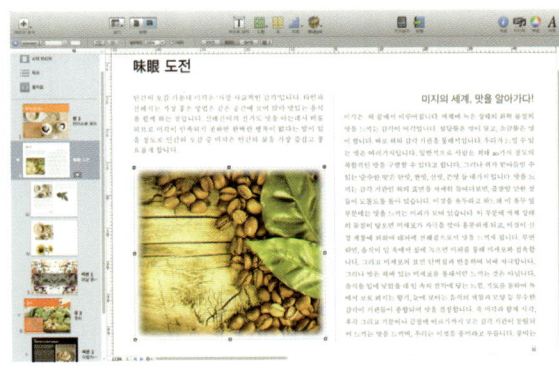

> **Tip** 미디어 위치 지정자는 [책] 패널 또는 마스터 레이아웃에 있는 장, 섹션 또는 페이지에서 모두 정의할 수 있습니다.

Exercise 02 마스터 레이아웃에서 미디어 위치 지정자로 정의하기

01 [마스터 레이아웃] 패널을 보려면 도구 막대에서 [보기] 아이콘을 누르고 나타나는 팝업 메뉴에서 [레이아웃 보기]를 클릭합니다.

02 메인 윈도우 왼쪽 사이드에 [레이아웃] 패널이 나타납니다. [레이아웃] 패널에서 장 또는 섹션 페이지 중 하나를 선택하고 전자에서 학습한 '이미지를 미디어 위치 지정자로 정의하기' 섹션에 따라 이미지를 추가하고 레이아웃을 구성한 다음 미디어 위치 지정자로 정의합니다. 다음 그림은 [서문] 레이아웃을 선택하고 편집한 예시입니다.

03 [서문] 레이아웃에서 미디어 위치 지정자로 정의된 이미지 위에 새로운 이미지를 드래그하면 페이지 레이아웃과 그래픽 스타일을 그대로 유지하면서 새로운 이미지로 대치됩니다.

04 해당 마스터 레이아웃으로 생성된 페이지에서도 이미지 대상체를 미디어 위치 지정자로 동작하게 하려면 도구 막대에서 [속성] 아이콘을 누릅니다. 나타난 [속성] 패널에서 [레이아웃] 아이콘을 클릭하고 [레이아웃] 탭을 다시 한 번 누릅니다. [레이아웃 대상체] 섹션에서 [이 레이아웃을 쓰는 페이지에서 편집 가능] 항목을 체크합니다.

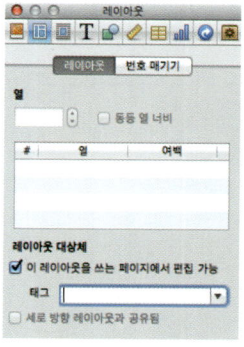

Tip

이 옵션을 켜지 않으면 마스터 레이아웃 페이지에서는 해당 대상체가 미디어 위치 지정자로 동작하지만 이 마스터 레이아웃을 기반으로 생성된 페이지에서는 미디어 위치 지정자로 동작하지 않습니다.

05 작업을 완료하려면 [레이아웃] 패널에서 선택한 (예:
서문) 축소판 이미지 아래에 있는 [변경사항 적용] 버
튼을 누릅니다.

06 [레이아웃] 패널을 닫고, [책] 패널에서 해당 마스터 레
이아웃(예 : 서문)으로 생성된 페이지를 추가하기 위해
[페이지 추가] 버튼을 클릭한 후 [장]의 팝업 메뉴에서
변경사항이 적용된 레이아웃을 선택합니다.

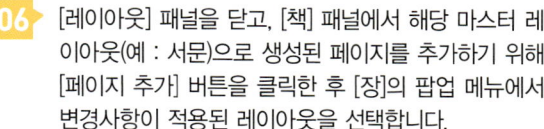

07 마스터 레이아웃의 틀을 그대로 계승한 새로운 페이
지가 추가되며, 페이지 중앙에 미디어 위치 지정자로
지정된 이미지 대상체가 위치해 있습니다.

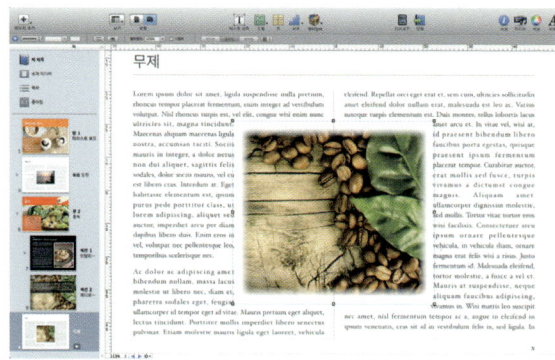

08 Finder 또는 미디어 브라우저에서 새로운 이미지를 미
디어 위치 지정자로 지정한 이미지 위로 드래그합니
다. 페이지 레이아웃과 그래픽 스타일을 그대로 유지
하면서 새로운 이미지로 대치됩니다.

> **Tip** 위 4번 과정 가운데 [레이아웃 대상체] 섹션에서
> [이 레이아웃을 쓰는 페이지에서 편집 가능] 항목
> 을 체크하지 않으면 이 8번 과정을 수행할 때 새
> 로운 이미지로 대치되지 않고 그 위에 개별 대상체
> 로 오버레이됩니다.

09 미디어 위치 지정자를 다시 해제하려면 해당 대상체
를 선택하고 [포맷] 메뉴 → [고급] → [미디어 위치 지
정자로 정의(명령어 앞에 체크 표시가 되어 있음)]
를 선택하거나 단축키 `Control` + `Option` + `Command`
+ `I` 키를 누릅니다.

미디어 위치 지정자로 정의된 이미지 위에 새로운 이미지 추가하기

미디어 위치 지정자로 정의된 이미지가 전체 화면 크기로 배치된 경우, 새로운 이미지를 페이지 위에 추가하면 대치됩니다. 만약 대치하지 않고 새로운 이미지로 추가하고 싶다면 지금부터 소개하는 방법을 이용합니다.

| Exercise 03 미디어 위치 지정자 대상체 위에 새로운 이미지 추가하기

01 [책] 패널에서 미디어 위치 지정자로 정의된 페이지를 선택하고 단축키 Shift + Command + A 키를 누르면 페이지에서 대상체가 모두 선택 해제됩니다.

02 [삽입] 메뉴 → [선택...]을 선택하고 [열기] 패널에서 추가할 이미지를 파일을 찾아 선택한 다음, [삽입] 버튼을 누릅니다.

03 대치되지 않고 새로운 이미지가 페이지에 추가됩니다. 이미지 대상체를 드래그하여 페이지 레이아웃을 구성합니다.

> **Tip** 페이지 보기 비율을 축소한 다음 페이지 바깥 영역에 먼저 이미지를 드래그하여 추가한 후 페이지 영역 안으로 다시 드래그하여 편집할 수도 있습니다.

Lesson **06** 이미지 스타일 정의

장, 섹션 또는 페이지에 새로운 이미지를 추가할 때 미리 정의된 그래픽 스타일(그림 프레임, 그림자 및 불투명도)을 자동으로 적용합니다. 이미지를 포함해 텍스트 상자, 도형, 표, 차트 등 대부분의 대상체가 스타일 정의 기능을 지원함으로써 책의 통일성과 생산성을 향상시켜 줍니다.

Exercise 01 페이지에서 이미지를 기본 이미지 스타일로 정의하기

01 페이지에서 이미지 대상체를 선택하고 도구 막대에서 [속성] 아이콘을 누릅니다. 나타난 [속성] 패널에서 [그래픽] 아이콘을 클릭합니다.

02 [선] 섹션의 팝업 메뉴 가운데서 선 또는 그림 프레임 등 틀 유형과 그림자 효과 및 불투명도를 조절하여 그래픽 스타일 작업을 완료합니다.

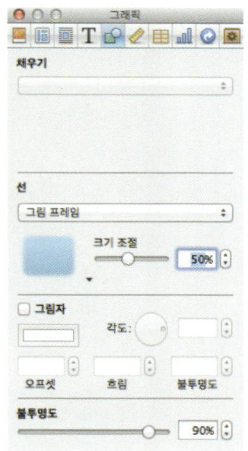

03 페이지에서 해당 이미지 대상체를 선택하고 [포맷] 메뉴 → [고급] → [기본 이미지 스타일 정의]를 선택합니다.

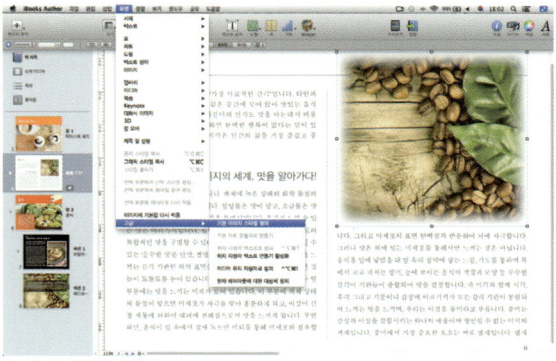

Tip [포맷] 메뉴 → [고급]에서 이미지 대신에 텍스트 상자를 선택하면 '기본 텍스트 상자 스타일 정의'로, 도형을 선택하면 '기본 도형 스타일 정의'로, 표를 선택하면 '기본 표 스타일 정의'로, 차트를 선택하면 '기본 차트 스타일 정의'로 표시됩니다.

04 해당 페이지의 다른 지점에 새로운 이미지를 드래그하여 추가합니다. 위 2번 과정에서 정의한 그래픽 스타일이 새로 추가한 이미지에 그대로 적용됩니다.

Tip 해당 페이지와 동일한 마스터 레이아웃을 가진 다른 페이지에서도 모두 동일하게 적용됩니다. 페이지에 다시 새로운 이미지를 추가했을 때 그래픽 스타일이 적용되지 않은 기본 스타일로 되돌리려면 이미지를 선택하고 [그래픽] 패널에서 해당 스타일 옵션을 모두 해제하고 [포맷] 메뉴 → [고급] → [기본 이미지 스타일 정의]를 다시 선택합니다.

Lesson 07 도형

페이지에 선, 직사각형, 타원형, 삼각형, 화살표, 마름모, 풍선, 별, 다각형 등 다양한 모양의 도형을 추가합니다. 일반적으로 도형 대상체는 독립적으로 사용하지 않고 다른 대상체를 강조하기 위한 부가적인 요소 또는 빈 텍스트 상자 대용으로 사용됩니다.

Exercise 01 페이지에 도형 추가하고 편집하기

01 도구 막대에서 [도형] 아이콘을 클릭하고 나타나는 팝업 메뉴에서 원하는 도형을 클릭하면 페이지에 도형이 추가됩니다.

> **Tip** Option 키를 누른 상태에서 도구 막대의 [도형] 아이콘을 클릭하고 팝업 메뉴에서 원하는 도형을 클릭합니다. 이어서 페이지의 추가할 지점에 마우스 커서를 위치하고 드래그하면 삽입됩니다. 이 방식은 빈 텍스트 상자, 표, 차트 대상체도 모두 동일하게 적응됩니다.

02 도형을 이동하려면 먼저 도형을 새로운 위치로 드래그하여 대략적인 레이아웃을 정하고 키보드의 위-아래 또는 좌-우 방향키를 반복적으로 눌러 1 포인트 단위로 세밀하게 이동합니다. 10 포인트 단위로 이동하려면 Shift 키를 누른 상태에서 방향키를 누릅니다.

03 도형의 크기를 조절하려면 대상체 테두리선에 있는 여
덟 개의 크기 조절 핸들을 원하는 방향으로 드래그합
니다. Option 키를 누른 상태에서 모서리의 선택 핸
들을 드래그하면 중앙을 중심으로 크기가 조절됩니다.
드래그하는 동안 도형의 모양이 왜곡될 수 있습니다.
가로-세로 비율을 유지하면서 왜곡되지 않게 크기를
조절하려면 Shift 키를 누른 상태에서 크기 조절 핸
들을 드래그합니다.

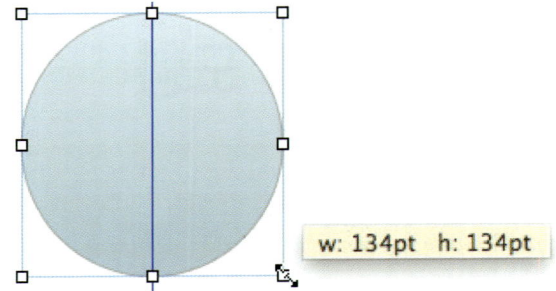

Tip Option 키와 Shift 키를 동시에 누른 상태에서 모서리의 핸들을 드래그하면, 중앙을 중심으로 왜곡되지 않게 크기를 조절
할 수 있습니다.

04 도형의 스타일을 변경하려면 도구 막대에서 [속성] 아
이콘을 누릅니다. 나타난 [속성] 패널에서 [그래픽] 아
이콘을 다시 한 번 클릭합니다.

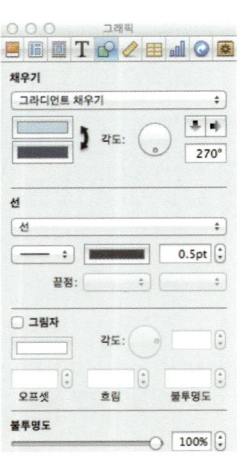

05 외곽선 유형의 도형 스타일로 변경하려면 [채우기] 팝
업 메뉴에서 [없음]으로 선택하고 [선] 섹션에서 [선 유
형], [선 색상] 및 [두께]를 조절합니다. 다음 그림은 직
선 유형, 분홍 색상, 15pt로 변경한 예시입니다.

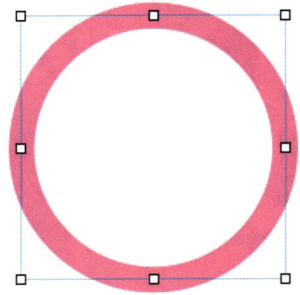

06 도형의 그림자 및 불투명도 효과를 적용하려면 [그래
픽] 패널에서 [그림자] 항목을 체크하고 각도, 오프셋,
흐림을 조절합니다. 혹은 하단에 있는 불투명도 슬라
이더를 좌-우로 드래그하여 투명도를 변경합니다. 왼
쪽으로 갈수록 투명해집니다.

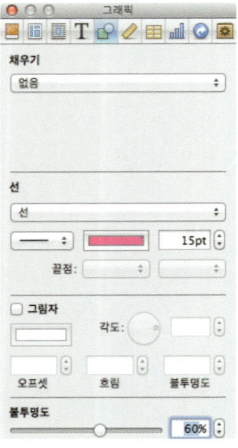

07 도형의 모양을 변경하려면 변경하고자 하는 도형을 선
택하고 [포맷] 메뉴 → [도형] → [편집 가능하게 만들
기]를 선택합니다. 그러면 선택한 도형 경로에 빨간색
원형 포인트가 나타납니다. 이 원형 포인트는 도형 모
양에 따라 다를 수 있습니다.

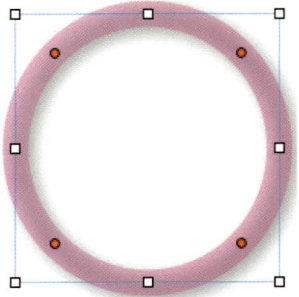

08 빨간색 원형 포인트를 원하는 지점으로 드래그합니다.
세밀하게 조절하려면 해당 원형 포인트를 한 번 클릭
하고 키보드의 위–아래 또는 좌–우 방향키를 누릅니
다.

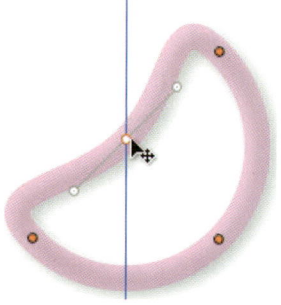

09 원형 포인트를 추가하려면 Option 키를 누른 상태에
서 마우스 커서를 도형의 테두리선 위에 올려 놓습니
다. 마우스 커서가 펜 툴(+) 모양으로 바뀌며 해당 지
점을 한 번 클릭합니다. 원형 포인트를 제거하려면 해
당 포인트를 클릭하고 Delete 키를 누릅니다.

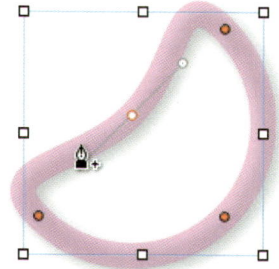

10 페이지에서 도형의 위치를 보정합니다. 1 포인트 단위
로 세밀하게 이동하려면 키보드의 위–아래 또는 좌–
우 방향키를 반복적으로 누릅니다.

Tip 위 1번 과정에서 선, 화살촉이 있는 선, 양끝에 화살촉이 있는 선, 직사각형, 모서리가 둥근 직사각형, 타원형, 삼각형, 직각
삼각형, 화살표, 양방향 화살표, 마름모, 인용 풍선, 설명 풍선, 별, 다각형 및 펜 툴로 그리는 자유 도형 등을 페이지에 추가
하고 2번~9번 과정을 수행하면, 다양한 형태의 도형을 만들 수 있습니다.

도형별 편집 포인트

페이지에 추가한 일부 도형(모서리가 둥근 직사각형, 화살표, 양방향 화살표, 인용 풍선, 설명 풍선, 별)은 대상체의 크기를 변경하는 크기 조절 핸들 이외에 파란색 원형 포인트가 함께 나타납니다. 이 원형 포인트를 드래그하여 도형의 모양을 변형시킬 수 있습니다.

Exercise 02 도형별 편집 포인트 조절하기

01 페이지에 모서리가 둥근 직사각형, 화살표, 양방향 화살표, 인용 풍선, 설명 풍선 또는 별 도형 중 하나를 추가합니다. 다음 그림은 별 도형을 추가한 예시이며 변형 포인트가 한 개 포함되어 있습니다.

02 파란색 원형 포인트를 드래그하거나 포인트 슬라이더를 좌-우로 드래그하면 도형이 일부 변형됩니다. 이 변형 포인트들은 도형에 따라 다를 수 있습니다.

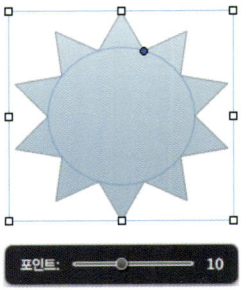

03 페이지에 다른 유형의 도형을 추가하고 앞의 1번~2번 과정을 수행하여 다양한 패턴의 도형을 만듭니다.

도형 안에 텍스트 추가

선을 제외한 모든 도형 안에 텍스트 입력은 물론 텍스트 포맷(글자 크기, 글자 색상 및 정렬 등)을 지정하여 모양을 변경할 수 있습니다. 또한 텍스트가 입력된 도형을 회전한 경우 텍스트를 수평선에 맞도록 다시 조절할 수 있습니다.

Exercise 03 도형 안에 텍스트 추가하고 핸들 재설정하기

01 도구 막대에서 [도형] 아이콘을 클릭하고 팝업 메뉴에서 원하는 도형을 클릭합니다. 다음 그림은 [화살표] 도형을 추가한 예시입니다.

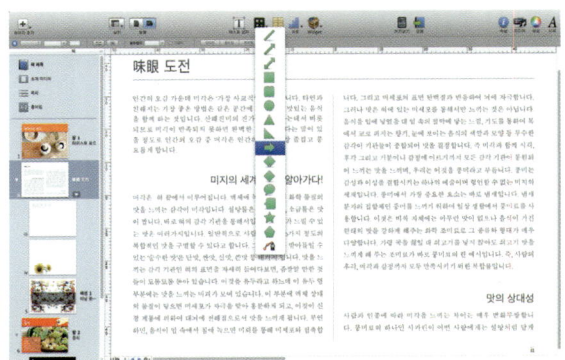

02 페이지에 추가한 도형을 더블클릭합니다. 도형 안에 삽입점이 나타나며 원하는 내용을 입력합니다. 텍스트를 입력하는 도중에 분량이 초과되면 도형 대상체 중앙 하단에 클리핑 표시기(+)가 나타나며 일부 내용이 보이지 않습니다.

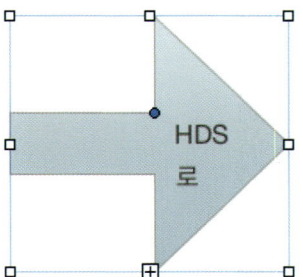

03 텍스트 내용이 모두 보일 때까지 여덟 개의 크기 조절 핸들 또는 파란색 변형 핸들을 드래그하여 크기를 조절하거나 [텍스트] 패널의 여백 삽입 슬라이더를 왼쪽으로 드래그하여 안쪽 여백을 줄입니다.

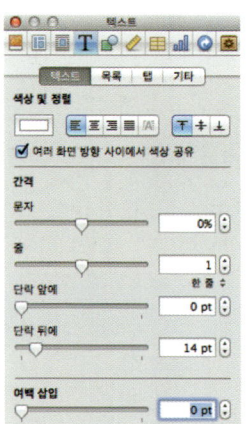

04 텍스트 입력이 완료되면 텍스트를 드래그하여 블록 방식으로 선택하고 포맷 막대에서 텍스트 포맷 (글자 크기, 글자 색상, 정렬 등)을 지정합니다.

05 도형을 회전하려면 Command 키를 누른 상태에서 모서리 지점에 있는 선택 핸들을 시계 또는 반시계 방향을 드래그합니다. Shift + Command 키를 누른 상태에서 핸들을 드래그하면 45도 단위로 회전합니다. 다음 그림은 도형을 180도 회전한 예시입니다.

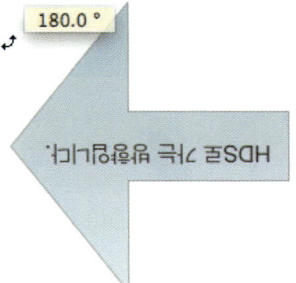

06 위 5번 그림과 같이 도형 안에 텍스트도 함께 회전합니다. 도형은 그대로 유지한 채 텍스트만 원래 상태로 돌리려면 해당 도형을 선택하고 [포맷] 메뉴 → [도형] → [텍스트 및 대상체 핸들 재설정]을 선택합니다.

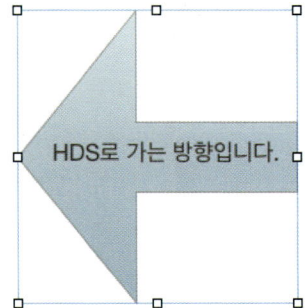

Exercise 04 도형을 사용하여 이미지 위에 제목 및 설명 추가하기

01 도구 막대에서 [도형] 아이콘을 클릭하고 나타나는 팝업 메뉴에서 원하는 도형을 클릭합니다. 다음 그림은 직사각형 도형을 선택한 예시입니다.

02 페이지 안에 선택한 도형 대상체가 추가됩니다. 도형을 마우스로 드래그하여 대략적인 레이아웃을 잡고 키보드의 위-아래 또는 좌-우 방향키를 반복적으로 눌러 1 포인트 단위로 세밀하게 조절합니다.

03 도형 테두리선에 있는 여덟 개의 크기 조절 핸들을 드래그하여 크기를 조절합니다. 중앙을 기준으로 크기를 조절하려면 Option 키를 누른 상태에서 모서리의 선택 핸들을 드래그합니다. 다음 그림은 도형의 왼쪽 하단 코너에 있는 모서리(Edge)의 선택 핸들을 드래그하여 다른 이미지 위에 적절히 배치한 예시입니다.

04 도형 안의 채우기 색상을 변경하려면 도형을 선택하고 도구 막대에서 [속성] 아이콘을 누릅니다. 나타난 [속성] 패널에서 [그래픽] 아이콘을 클릭합니다. [채우기] 섹션의 메뉴에서 원하는 패턴을 선택하고 색상표를 클릭한 다음 색을 지정합니다. 투명도를 조절하려면 하단에 있는 불투명도 슬라이더를 좌-우로 드래그합니다.

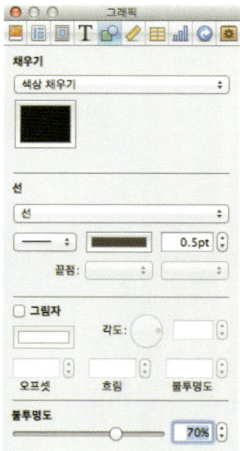

05 다음 그림은 매트 느낌의 제목 및 설명 대상체를 연출하기 위하여 도형 안에 색상을 검은색으로, 불투명도 값을 70%로 지정한 예시입니다.

06 도형 안에 텍스트를 입력하려면 도형 안을 더블클릭하고 원하는 내용을 입력합니다. 이어서 텍스트를 블록 방식으로 드래그하여 선택하고 포맷 막대에서 텍스트 포맷(글자 크기, 글자 색상, 배분 정렬)을 지정합니다.

07 이미지와 도형 대상체를 하나로 묶으려면 Command 키를 누른 상태에서 두 개의 대상체를 함께 선택하고 [정렬] 메뉴 → [그룹]을 선택하면 단일 대상체로 핸들(취급)됩니다.

Lesson 08 페이지 사이에 이미지 배치하기

페이지를 넘길 때 연속적인 레이아웃을 연출하기 위하여 페이지 사이에 이미지 대상체를 배치합니다. iBooks Author는 페이지에 추가한 이미지를 다음 페이지의 경계선 지점으로 드래그했을 때 현재 페이지 영역을 초과하는 부분은 잘리게 됩니다. 대안적으로 다음에 나오는 'Exercise 01 페이지 경계 지점에 이미지 배치하기'를 수행하여 페이지 사이에 이미지를 추가합니다.

Exercise 01 페이지 경계 지점에 이미지 배치하기

01 페이지에 이미지를 추가하고 페이지의 경계 지점으로 드래그합니다. 드래그하는 동안 현재 페이지의 영역을 벗어나면 해당 부분은 잘립니다. 다음 그림은 해바라기 사진을 페이지 경계 지점에 배치한 예시입니다.

02 먼저 Option 키를 누른 상태에서 해당 이미지를 다음 페이지 영역으로 드래그합니다. 동일한 이미지가 복제됩니다.

03 복제된 이미지를 왼쪽 방향으로 드래그하여 단일 이미지처럼 보이도록 재배치합니다. 해당 대상체를 재배치할 때 드래그하여 대략적인 레이아웃을 정하고 키보드의 위-아래 또는 좌-우 방향키를 반복적으로 눌러 1 포인트 단위로 세밀하게 조절합니다.

Tip 복제된 이미지를 왼쪽 방향을 드래그하는 동안 이미지가 사라지면, 단축키 Command + Z 키를 눌러 직전 작업을 취소하고 다시 3번 과정을 수행합니다.

04 책을 편집하는 도중에 해당 대상체가 이동 또는 삭제되지 않도록 해당 대상체를 선택하고 [정렬] 메뉴 → [잠금]을 선택합니다.

Lesson 09 페이지 배경

장, 섹션 또는 페이지에 색상 또는 이미지 파일을 사용하여 배경을 추가합니다. 이 편집 방법은 마스터 레이아웃 또는 책 패널에서 모두 사용 가능합니다. 마스터 레이아웃을 선택하고 작업하면 해당 마스터로부터 생성된 모든 장, 섹션 및 페이지는 모두 동일한 느낌을 유지합니다.

Exercise 01 색상으로 배경 추가하기

01 ▶ [책] 패널에서 배경을 추가할 페이지를 선택하고, 도구 막대에서 [도형] 아이콘을 누른 다음 팝업 메뉴에서 직사각형 도형을 선택합니다. 페이지 중앙에 직사각형 도형이 추가됩니다.

02 ▶ 도구 막대에서 [속성] 아이콘을 누릅니다. 나타난 [속성] 패널에서 [그래픽] 아이콘을 다시 한 번 클릭한 다음 [채우기] 섹션의 팝업 메뉴에서 [색상 채우기] 또는 원하는 패턴의 채우기 방식을 선택하고 [색상표]를 클릭합니다.

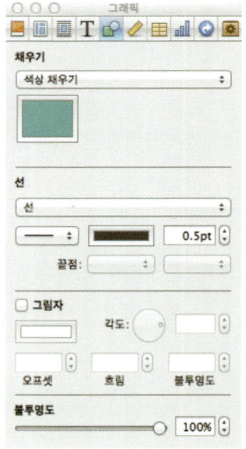

> **Tip** [채우기] 섹션의 팝업 메뉴에서 책 배경을 단색으로 설정하려면 [색상 채우기], 조금 더 미려한 색상을 설정하려면 [그라디언트 채우기] 또는 [색조 채우기]를 지정합니다.

03 [색상표]를 클릭해 나타난 [색상] 패널에서 다섯 가지
색상 모델(색상 원판, 색상 슬라이더, 색상 팔레트, 이
미지 팔레트, 크레용) 중 하나를 선택한 다음, 아래에
서 원하는 색상을 클릭합니다.

04 모니터 화면에 보이는 특정 색상을 픽업하려면 [색상]
패널에서 [돋보기] 아이콘을 누릅니다. 마우스 커서가
돋보기 모양으로 바뀌며, 화면에서 원하는 색상을 클
릭합니다.

05 선 또는 그림을 선택하면 방해 요소가 되기 때문에
[그래픽] 패널의 [선] 팝업의 메뉴에서 [없음]을 선택합
니다.

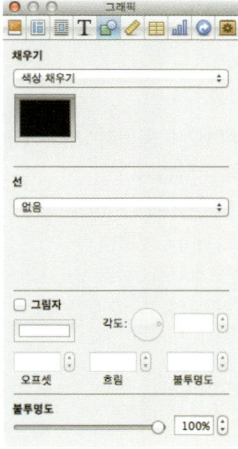

06 [속성] 패널에서 [측정기] 아이콘을 클릭하고 [너비] 입
력 필드에 '1024', [높이] 입력 필드에 '768'을 입력합니
다. 이 값은 책의 가로 및 세로 크기입니다.

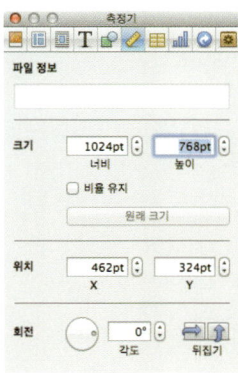

07 직사각형 도형을 페이지 중앙(수평 및 수직)에 배치하려면 [정렬] 메뉴 → [대상체 정렬] → [중앙]을 선택합니다. 이어서 다시 한 번 [정렬] 메뉴 → [대상체 정렬] → [중간]을 선택합니다.

08 직사각형 도형이 페이지 전체에 최상위 레이어로 배치됩니다. 도형 대상체를 최하위 레이어로 이동하려면 도형이 선택되어 있는지 확인하고 [정렬] 메뉴 → [맨 뒤로 보내기]를 선택합니다.

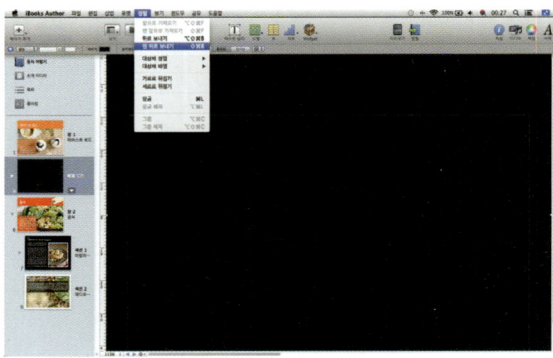

Tip 최근에 추가한 대상체는 이전 대상체보다 상위 레이어로 적용됩니다. 자세한 사항은 156페이지의 '대상체 레이어 우선 수위, 그룹화 및 잠그기'를 참조합니다.

09 직사각형 도형이 최하위 레이어로 이동되며 도형 아래에 가려져 있었던 대상체들이 나타납니다.

10 배경 색상의 불투명도를 조절하려면 [그래픽] 패널에서 불투명도 슬라이더를 좌−우로 드래그합니다.

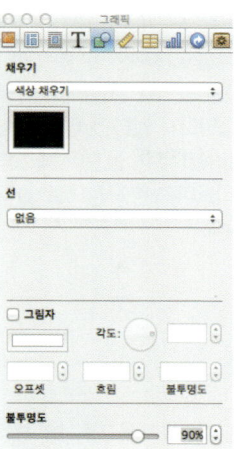

11 책 편집 과정에서 도형이 실수로 선택되어 이동되지 않도록 페이지에 고정시키려면 [정렬] 메뉴 → [잠금]을 선택하면 도형 테두리에 'x' 표시가 나타납니다.

Exercise 02 이미지로 배경 추가하기

01 [책] 패널에서 배경을 추가할 장, 섹션 또는 페이지를 선택하고 준비한 이미지 파일을 페이지 위로 드래그하여 추가합니다. 페이지 크기에 맞게 이미지를 자동으로 축소하는 스케일 다운 방식이 적용됩니다.

Tip 이미지 파일의 해상도가 책의 해상도보다 낮으면 열화되므로 동일한 크기 또는 그 이상의 이미지를 준비합니다. 참고로 책에서 사용할 수 있는 단일 이미지 파일은 25,000,000 픽셀(5,000 x 5,000) 또는 50MB를 초과할 수 없습니다.

02 도구 막대에서 [속성] 아이콘을 누릅니다. 나타난 [속성] 패널에서 [측정기] 아이콘을 다시 한 번 클릭합니다. 이미지의 원본 크기가 책의 크기와 동일하다면 [원래 크기] 버튼을 누릅니다. 동일하지 않다면 너비 입력 필드에 1024를 입력합니다. [비율 유지] 옵션이 체크되어 있으므로 이미지가 4:3 비율이라면 자동으로 높이 입력 필드에 768이 표시됩니다.

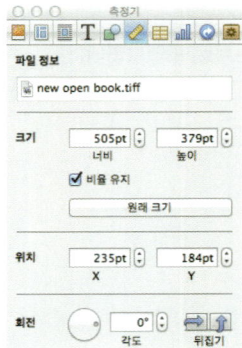

Tip 4:3 비율이 아닌 이미지를 비율 유지 옵션을 체크 해제하고 너비와 높이를 개별적으로 입력하면 이미지가 왜곡됩니다.

03 이미지를 페이지 중앙(수평 및 수직)에 배치하려면 [정렬] 메뉴 → [대상체 정렬] → [중앙]을 선택합니다. 이어서 다시 한 번 [정렬] 메뉴 → [대상체 정렬] → [중간]을 선택합니다.

04 이미지가 페이지 전체에 최상위 레이어로 배치됩니다. 이미지 대상체를 최하위 레이어로 이동하려면 이동하려는 이미지를 선택하고 [정렬] 메뉴 → [맨 뒤로 보내기]를 선택합니다.

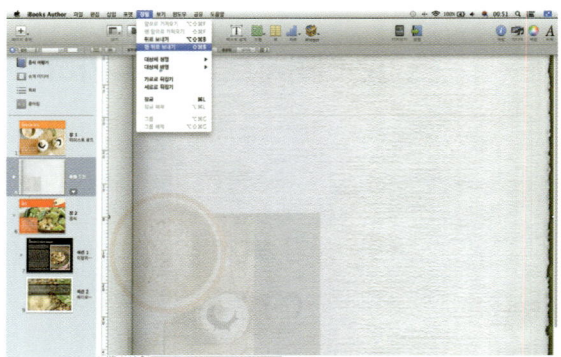

Tip 또는 Control 키를 누른 상태에서 배경 이미지를 클릭하면 단축 메뉴가 나타나며, [맨 뒤로 보내기]를 선택합니다.

05 이미지가 최하위 레이어로 이동되며 이미지 아래에 가려져 있었던 대상체들이 나타납니다.

06 책 편집 과정에서 이미지 대상체가 실수로 이동되지 않도록 페이지에 고정시키려면 [정렬] 메뉴 → [잠금]을 선택하면 이미지 테두리에 'x' 표시가 나타납니다.

Tip 이미지는 책의 느낌을 좌우하는 가장 일반적인 대상체이며, 위 과정을 수행하여 다양한 느낌의 페이지를 디자인할 수 있습니다. 또한 알파 채널이 적용된 이미지를 사용하면 틀 유형의 레이아웃을 구현하는데 유용하며, [책] 패널에 있는 장, 섹션 또는 페이지 대신에 마스터 레이아웃에 있는 장, 섹션 또는 페이지에 이 방식을 적용하면 책의 통일성과 생산성을 향상시킬 수 있습니다.

Theme 05

대화식 미디어로 작업하기

이번 Theme에서는 멀티-터치 책의 핵심 요소인 이미지 갤러리, 대화식 이미지, 스크롤 사이드바, 팝 오버, 동영상, 오디오, 키노트, 3D 오브젝트, 복습 및 HTML 대화식 콘텐츠를 추가하고 편집하는 방법에 대하여 학습합니다.

Lesson **01** 대화식 미디어 개요

멀티-터치 책의 핵심 인터렉티브 요소인 이미지 갤러리, 대화식 이미지, 스크롤 사이드바, 팝 오버, 동영상, 오디오, 키노트, 3D 오브젝트, 복습 및 HTML Dashcode 대상체를 페이지에 플로팅 배치 유형으로 추가합니다. 모든 대화식 미디어는 대상체의 제목, 설명을 추가할 수 있도록 별도의 입력 필드를 포함하고 있으며, 꼬리표를 지정하여 텍스트 하이퍼링크에 연결합니다.

Tip 단일 페이지에 너무 많은 대화식 유형의 실시간 동작 Widget 대상체를 추가하면 책의 성능을 저하시키기 때문에 권장하지 않습니다.

Lesson 02 | 이미지 갤러리

책에서 여러 개의 이미지를 순차적으로 쓸어 넘기면서 볼 수 있도록 합니다. 이미지 갤러리는 Widget 유형 중에 하나이며 iPad에서 완전하게 동작합니다. 편집하는 동안 실제 동작 패턴을 확인하려면 '편집하는 동안 iPad에서 책 미리보기'를 참조합니다.

Exercise 01 이미지 갤러리 생성하기

01 도구 막대에서 [Widget] 아이콘을 클릭하고 나타나는 팝업 메뉴에서 [갤러리]를 선택하면 페이지에 이미지 갤러리 대상체와 [Widget] 패널이 나타납니다.

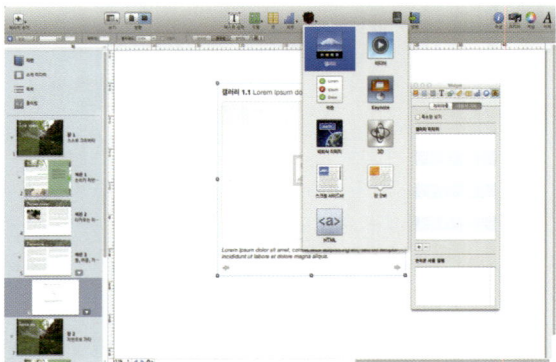

02 Finder 또는 미디어 브라우저에서 추가할 하나 이상의 이미지 파일을 갤러리 Widget 영역 위로 드래그합니다. [Widget] 패널의 [갤러리 미디어] 목록에 추가한 이미지가 나타납니다.

> **Tip** 책에 고해상도의 이미지가 추가된 경우 Retina 디스플레이가 장착되어 있지 않은 iPad에서 일부 성능이 저하될 수도 있습니다. 해당 기종을 고려한다면, 갤러리 Widget에 사용할 이미지의 너비가 1024 픽셀을 넘지 않도록 합니다.

03 갤러리에 추가된 이미지를 탐색하려면 이미지 갤러리 대상체 하단 양쪽 끝에 위치한 [뒤로 가기] 버튼 또는 [앞으로 가기] 버튼을 누릅니다. 중앙 하단에 있는 탐색점을 누르면 한 번에 해당 이미지로 이동합니다.

04 이미지 순서를 변경하려면 [Widget] 패널의 [갤러리 미디어] 목록에서 사진 이름 오른쪽 끝에 위치한 정렬 핸들을 위–아래로 드래그합니다. 이동할 지점에 파란색 정렬선이 나타납니다.

05 이미지를 계속해서 추가하려면 Finder 또는 미디어 브라우저에서 이미지 파일을 갤러리 대상체 위로 드래그하거나 [대화식 기능] 패널 하단에 있는 [+] 버튼을 누르고 [열기]에서 추가할 파일을 지정한 다음 선택합니다.

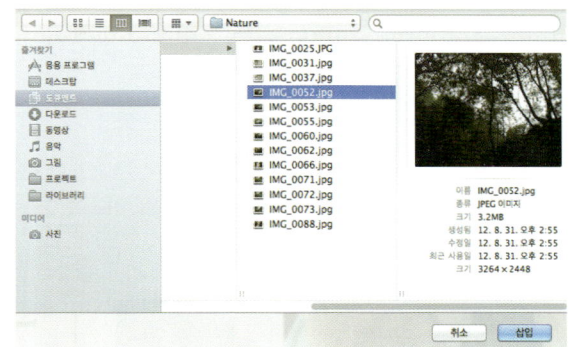

06 이미지를 제거하려면 [갤러리 미디어] 목록에서 제거할 이미지를 선택하고 Delete 키를 누르거나 [−] 버튼을 클릭합니다. 목록에서 여러 개의 이미지를 한 번에 선택하려면 Command 키를 누른 상태에서 선택합니다.

07 탐색점 대신에 축소판 이미지 유형으로 표시하려면 [대화식 기능] 패널에서 [축소판 보기] 항목을 체크합니다. 이미지 갤러리 하단 영역에 축소판 이미지들이 나타납니다.

> **Tip** 이미지 갤러리 대상체 안에 있는 이미지를 선택하면 마스크 작업을 수행할 수도 있습니다. 자세한 사항은 169페이지의 '직사각형으로 이미지 마스크하기'를 참조합니다.

Exercise 02 갤러리 대상체 스타일을 세부적으로 편집하기

08 [Widget] 패널에서 [레이아웃] 탭을 클릭합니다. 갤러리 대상체에 표시되는 제목과 설명의 레이아웃 유형을 변경하려면 [레이아웃] 섹션의 메뉴에서 [위쪽], [위쪽/아래쪽] 또는 [아래쪽] 중 하나를 선택합니다.

> **Tip** 갤러리 대상체의 크기를 변경하려면 테두리선에 있는 여덟 개의 크기 조절 핸들을 각각 드래그합니다.

09 갤러리 대상체에 제목을 입력하려면 갤러리 대상체 위에 있는 [제목] 입력 필드에 원하는 내용을 입력합니다.

> **Tip** 갤러리 대상체의 제목을 표시하지 않으려면 [레이아웃] 패널에서 [제목] 항목을 체크 해제합니다. 이 옵션은 기본적으로 켜져 있습니다.

10 대상체에 대한 꼬리표를 지정하려면 [레이아웃] 탭에서 [꼬리표]의 메뉴를 선택하고 원하는 항목을 선택합니다.

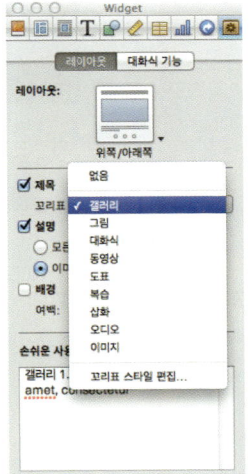

> **Tip** 꼬리표는 추가한 대화식 대상체의 유형을 식별하는 인덱스 정보이며, iPad에서 하이퍼링크로 지정된 텍스트를 선택했을 때 책에 추가한 그림, 갤러리, 대화식 이미지, 동영상 및 기타 대상체가 있는 페이지로 한 번에 이동합니다.

11 목록에 원하는 꼬리표가 없다면 [꼬리표]의 메뉴에서 [꼬리표 스타일 편집]을 선택합니다. [꼬리표 스타일 편집] 패널이 나타나면 [+] 또는 [−] 버튼을 눌러 추가하거나 제거합니다.

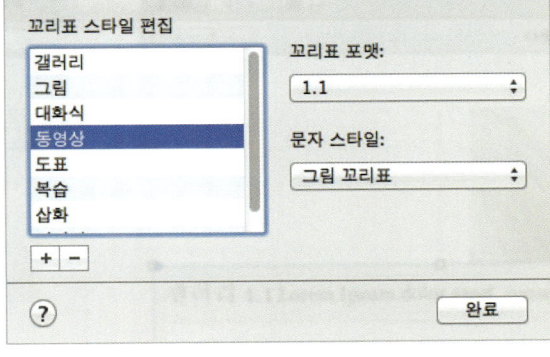

> **Tip** 꼬리표 이름을 변경하려면 목록에서 꼬리표 이름을 더블클릭하고 원하는 이름을 입력합니다. 꼬리표 이름 다음에 오는 번호 패널을 변경하려면 [꼬리표 포맷] 메뉴에서 원하는 항목을 선택합니다. 꼬리표 이름의 텍스트 포맷을 변경하려면 [문자 스타일] 메뉴에서 원하는 스타일을 지정합니다.

12 갤러리 대상체에 추가한 이미지에 대하여 모두 동일한 설명을 사용하려면 [레이아웃] 탭의 [설명] 섹션에서 [모든 이미지에 대해 동일한 설명] 항목을 체크하고 갤러리 대상체 아래에 있는 [설명] 입력 필드에 원하는 내용을 입력합니다.

13 이미지마다 서로 다른 설명을 사용하려면 [레이아웃] 탭의 [설명] 섹션에서 [이미지당 개별 설명] 항목을 체크하고 갤러리 대상체 아래에 있는 각 축소판 이미지를 하나씩 선택한 다음, 각 [설명] 입력 필드에 원하는 내용을 입력합니다.

Tip 갤러리 대상체에 설명을 표시하지 않으려면 [레이아웃] 탭에서 [설명] 항목을 체크 해제합니다. 이 옵션은 기본적으로 켜져 있습니다.

14 갤러리 이미지 주변에 배경 색상을 추가하려면 [레이아웃] 탭에서 [배경] 항목을 체크합니다. 이미지와 테두리 사이의 간격을 조절하려면 여백 슬라이더를 좌-우로 드래그합니다.

15 배경 색상을 변경하려면 [속성] 패널에서 [그래픽] 아이콘을 누르고 [채우기] 섹션에서 조절합니다. 선 스타일 또는 그림자 효과를 지정할 수도 있습니다.

16 배경 색상의 모서리 부분을 라운딩 유형으로 변경하려면 마우스 커서를 대상체 왼쪽 상단 코너에 있는 파란색 핸들 위에 위치시키고 좌-우로 드래그합니다.

17 위 1번~16번에서 수행한 이미지 갤러리의 동작 패턴을 미리 보려면 [파일] 메뉴 → [현재 섹션만 미리보기]를 선택하고 iPad 장비에서 올바르게 동작하는지 검토합니다. 자세한 사항은 63페이지의 '편집하는 동안 iPad에서 책 미리보기'를 참조합니다.

Lesson 03 대화식 이미지

iPad 장비에서 이미지에 추가한 꼬리표를 탭했을 때 해당 부분을 확대하고 부연 설명을 보여줍니다. 대화식 이미지는 Widget 유형 중에 하나이며 iPad에서 완전하게 동작합니다. 편집하는 동안 실제 동작 패턴을 확인하려면 '편집하는 동안 iPad에서 책 미리보기'를 참조합니다.

Exercise 01 대화식 이미지 생성하기

01 도구 막대에서 [Widget] 아이콘을 클릭하고 팝업 메뉴에서 [대화식 이미지]를 선택합니다. 페이지에 대화식 이미지 갤러리 대상체와 [Widget] 패널이 나타납니다.

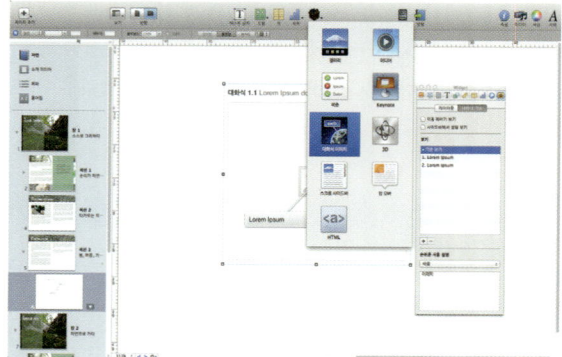

02 Finder 또는 미디어 브라우저에서 이미지 파일을 대화식 이미지 Widget 영역 위로 드래그합니다. 대화식 이미지 Widget 영역에 추가한 이미지가 나타납니다.

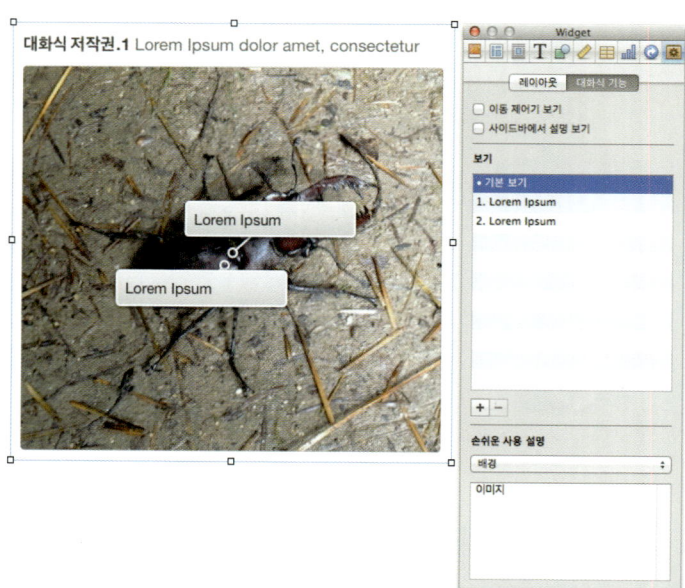

> **Tip** 이미지를 확대할 때 좋은 품질을 유지하려면 더 큰 크기의 사진이 권장됩니다. 그러나 책에 고해상도의 이미지가 추가된 경우 Retina 디스플레이가 장착되어 있지 않은 iPad에서 일부 성능이 저하될 수도 있습니다. 해당 기종을 고려한다면 대화식 이미지 Widget에 사용할 이미지의 너비가 2048 픽셀을 넘지 않도록 합니다. 대화식 이미지는 기본적으로 두개의 꼬리표가 해당 이미지 외에 오버레이되며, '미디어 위치 지정자'로 정의되어 있으므로 새로운 이미지를 해당 대상체 위로 드래그하면 대치됩니다.

03 책에서 처음에 보이는 이미지의 유효 범위를 조절하려면 [대화식 기능] 탭의 보기 목록에서 [기본 보기]를 선택하고 대상체 안에 있는 이미지 영역을 한 번 클릭합니다. 대시보드 창에서 슬라이더를 좌-우로 드래그하거나 이미지 안쪽 영역을 원하는 방향으로 드래그하여 범위를 설정한 다음 [보기 설정] 버튼을 클릭합니다.

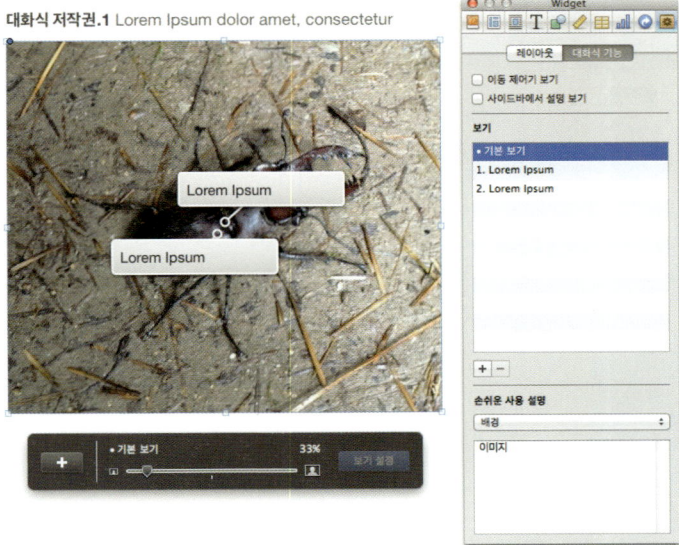

04 꼬리표에 제목과 설명을 추가하려면 [대화식 기능] 탭의 [보기] 목록에서 해당 꼬리표(1. Lorem Ipsum)를 선택하면 대상체에서 해당 꼬리표가 위치한 지점이 확대됩니다. 꼬리표의 제목 또는 설명 입력 필드를 더블클릭하여 원하는 내용을 입력합니다.

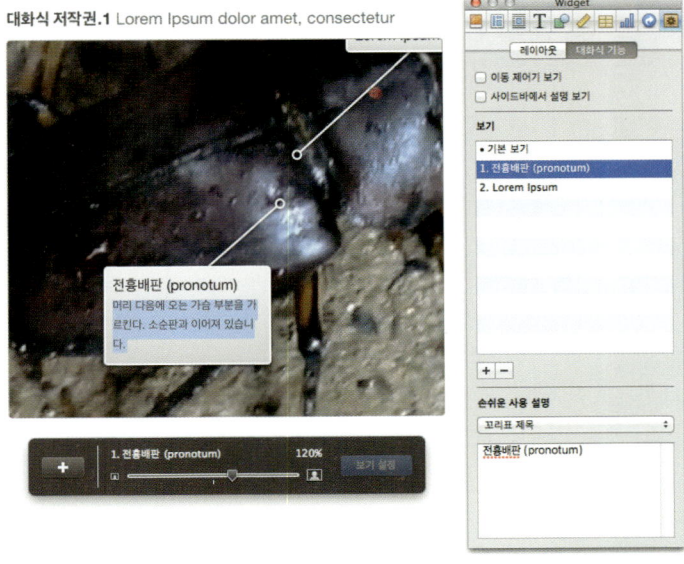

05 이어서 해당 꼬리표와 연결된 원형 핸들의 끝 지점을 각각 드래그하여 이미지의 원하는 지점에 위치합니다. iPad에서 해당 꼬리표를 선택할 때 이미지의 확대 범위를 조절하려면 대시보드 창에서 슬라이더를 좌-우로 드래그하거나 이미지 안쪽 영역을 원하는 방향으로 드래그하여 유효 범위를 지정한 다음 [보기 설정] 버튼을 클릭합니다.

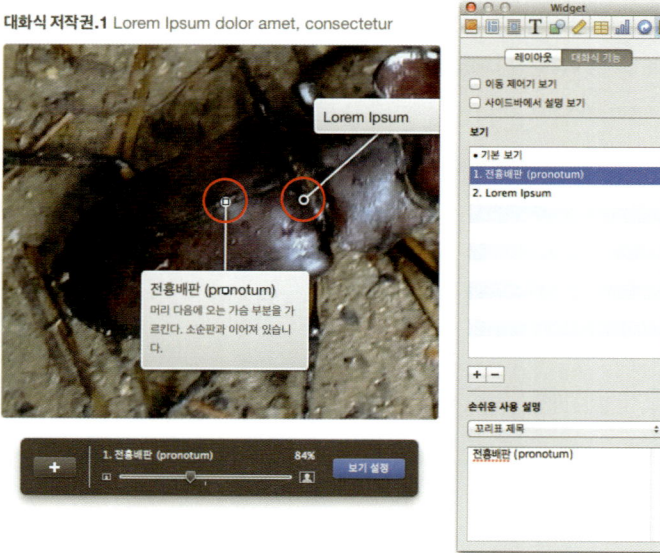

> **Tip** 이미지의 유효 범위를 변경한 후 필요하다면 꼬리표를 드래그하여 재배치합니다. 꼬리표를 세밀하게 이동하려면 해당 꼬리표를 선택하고 키보드의 방향키를 누릅니다. 1 포인트 단위로 이동합니다.

06 위 5번 과정을 반복하여 나머지 꼬리표에 대해서도 제목, 설명을 입력하고 이미지의 확대 범위를 조절하여 완료합니다. [대화식 기능] 탭의 [보기] 목록에서 [기본 보기] 또는 [꼬리표]를 순차적으로 선택하고 대략적인 동작 패턴을 확인합니다.

> **Tip** 꼬리표를 추가하려면 [Widget] 패널의 보기 목록 하단에 있는 [+] 버튼을 누르고 새로운 꼬리표에 대하여 위 5번 과정을 다시 수행합니다.

07 꼬리표를 쉽게 탐색할 수 있도록 대상체 아래에 이동 제어기를 표시하려면 [대화식 기능] 탭에서 [이동 제어기 보기] 항목을 체크합니다. 다음의 8번 그림과 같이 대상체 아래에 [뒤로 가기], [기본 보기 및 꼬리표 번호], [앞으로 가기] 버튼이 나타납니다.

> **Tip** 꼬리표의 순서를 변경하려면 [대화식 기능] 탭의 보기 목록에서 해당 꼬리표를 위–아래로 드래그하여 우선순위를 결정합니다.

08 꼬리표에 입력한 설명이 긴 경우 [대화식 기능] 탭에서 [사이드바에서 설명 보기] 항목을 체크합니다. 꼬리표 제목 및 내용을 대상체의 왼쪽 사이드에 오버레이 유형을 표시합니다.

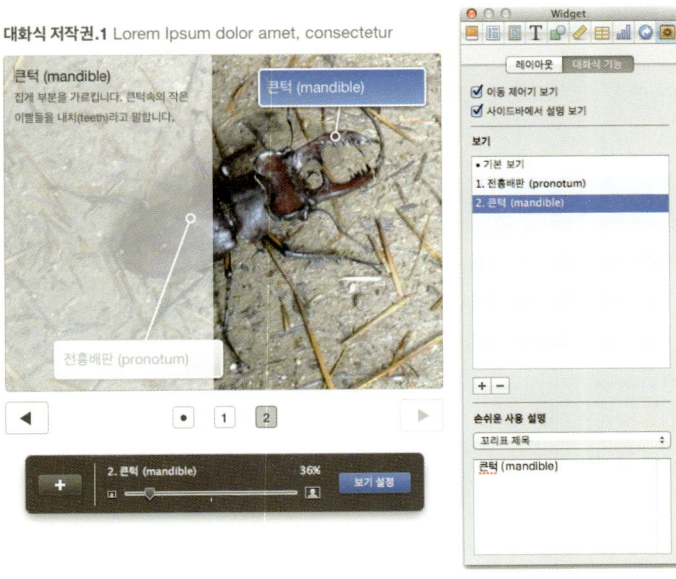

09 대화식 이미지 대상체의 스타일(레이아웃, 제목, 설명 및 배경 색상)을 편집하려면 [Widget] 패널에서 [레이아웃] 탭을 클릭하고 해당 사항을 변경합니다. 대상체 스타일 편집 방법은 208페이지의 '갤러리 대상체 스타일을 세부적으로 편집하기'를 참조합니다.

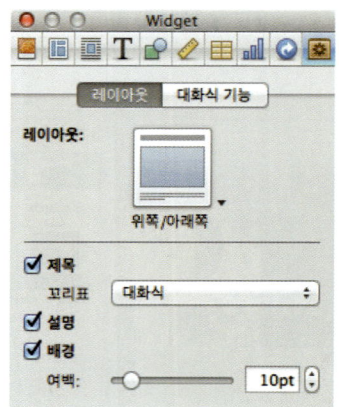

10 위 1번~9번에서 수행한 대화식 이미지의 동작 패턴을 미리 보려면 [파일] 메뉴 → [현재 섹션만 미리보기]를 선택하고 iPad 장비에서 올바르게 동작하는지 검토합니다. 자세한 사항은 106페이지의 '텍스트 스타일 : 통일성 및 생산성 향상'을 참조합니다.

Lesson 04 스크롤 사이드바

페이지에 텍스트, 이미지 또는 도형을 포함하는 서브 페이지 유형의 대상체를 추가합니다. 이 대상체는 스크롤 기능을 지원하므로 계속해서 대상체 안에 콘텐츠 내용를 추가하더라도 페이지 크기의 제한을 받지 않습니다. 스크롤 사이드바는 Widget 유형 중에 하나이며 iPad에서 완전하게 동작합니다. 편집하는 동안 실제 동작 패턴을 확인하려면 '편집하는 동안 iPad에서 책 미리보기'를 참조합니다.

Exercise 01 스크롤 사이드바 생성하기

01 도구 막대에서 [Widget] 아이콘을 클릭하고, 나타나는 팝업 메뉴에서 [스크롤 사이드바]를 선택합니다. 페이지에 스크롤 사이드바 대상체와 [그래픽] 패널이 나타납니다.

02 [그래픽] 패널에서 스크롤 사이드바 안의 배경 색상, 테두리선 스타일 및 그림자 효과를 지정합니다.

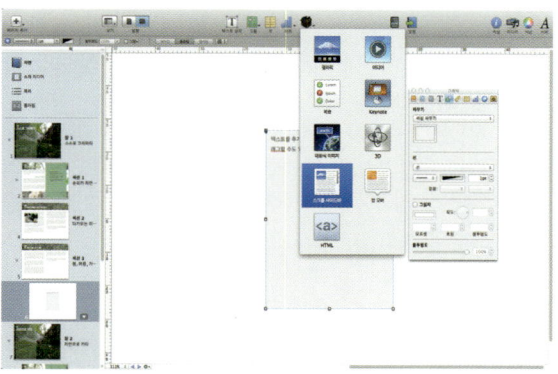

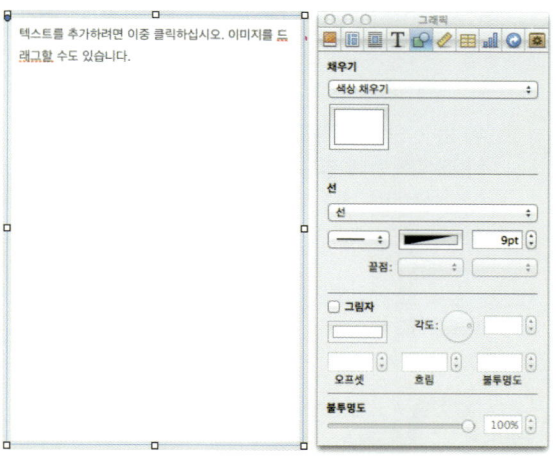

03 스크롤 사이드바 안에 텍스트를 입력하려면 미리 입력되어 있는 텍스트를 더블클릭하고 새로운 내용을 입력합니다. 직접 입력하는 대신에 다른 페이지 또는 문서에서 복사한 후 붙여 넣을 수도 있습니다. 텍스트 포맷을 변경하려면 해당 단락을 블록 방식으로 선택하고 포맷 막대에서 원하는 항목을 선택합니다.

Tip 텍스트 상자를 추가할 수도 있습니다. 텍스트 상자를 추가하려면 스크롤 사이드바 대상체를 선택하고 도구 막대에서 [텍스트 상자] 아이콘을 클릭합니다. 세부적인 편집 방법은 82페이지의 '텍스트 상자 작업하기'를 참조합니다.

현대인은 빌딩 숲에서 첨단 문명의 혜택을 누리며 오늘도 하루를 살아간다. 그러나 대다수 소시민들은 자연에서만 얻을 수 있는 여유로운 삶을 늘 가슴속에 담아두고 갈망한다. 바다, 강, 산, 계곡, 나무, 돌맹이, 흙 그리고 사람. 사람은 자연의 일부이며 자연은 사람의 대지이다. 횡성 고라데이 마을은 오랜 옛날 여러 가지 이유로 고라데이에 숨어든 화전민의 후예들이 강원도의 순박함으로 살아가는 마을이다. 태백산의 연맥인 德高山(泰岐山) 낙맥이 면 북쪽으로 뻗으며 운무산, 발교산, 대의산, 어답산을 형성하여 면 총 면적의 80% 이상이 산악지대로 되어 있는 도시에서는 느낄 수 없는 푸근함과 아늑함의 산촌을 체험할 수 있는 곳이다. 골자기를 들어가면 들어갈수록 도시에서는 접할 수 없었던 많은 생명체들 접하게 된다.

04 이미지를 추가하려면 Finder 또는 미디어 브라우저에서 이미지 파일을 스크롤 사이드바 Widget 영역 위로 드래그합니다. 이미지가 대상체 안에 추가됩니다. 이미지를 드래그하거나 테두리에 있는 크기 조절 핸들을 조절하여 적절히 배치합니다.

05 도형을 추가하려면 해당 대상체를 선택하고 도구 막대에서 [도형] 아이콘을 누른 다음 원하는 유형을 선택합니다.

> **Tip** 텍스트 또는 이미지를 추가하는 도중에 스크롤 사이드바 대상체의 해당 영역을 초과하면 스크롤바가 나타납니다.

06 위 2번~5번 과정을 적절히 수행하여 스크롤 사이드바 대상체 안에 별도의 콘텐츠 내용을 구성합니다. 해당 대상체는 서브 페이지 유형이므로 일반 페이지에서 수행했던 대부분의 편집 방법을 동일하게 적용할 수 있습니다.

07 스크롤 사이드바 대상체의 스타일(레이아웃, 제목, 설명 및 배경 색상)을 편집하려면 [Widget] 패널에서 [레이아웃] 탭을 클릭하고 해당 사항을 변경합니다. 대상체 스타일 편집 방법은 206페이지의 '이미지 갤러리' 섹션의 '갤러리 레이아웃을 세부적으로 편집하기' 수행하기를 참조합니다.

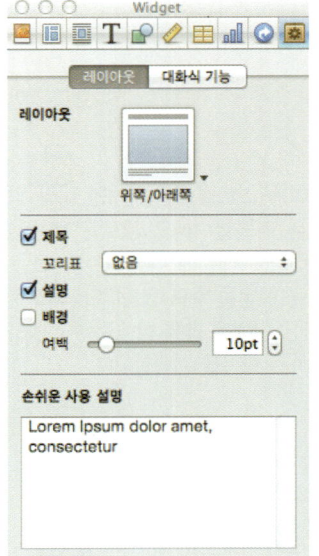

> **Tip** 텍스트, 텍스트 상자, 이미지 및 도형에 대한 세부적인 편집 방법은 162페이지의 '이미지, 도형 대상체로 작업하기'를 참조합니다.

08 위 1번~7번에서 수행한 스크롤 사이드바의 동작 패턴을 미리 보려면 [파일] 메뉴 → [현재 섹션만 미리보기]를 선택하고 iPad 장비에서 올바르게 동작하는지 검토합니다. 자세한 사항은 106페이지의 '텍스트 스타일 : 통일성 및 생산성 향상'을 참조합니다.

Lesson **05** 팝 오버

페이지에서 축소판 이미지 형태의 팝 오버를 탭했을 때 텍스트, 이미지 또는 도형이 포함된 콘텐츠를 팝업 윈도우 유형으로 보여줍니다. 스크롤 사이드바 대상체와 유사하며 스크롤 기능을 지원하므로 계속해서 대상체 안에 콘텐츠 내용를 추가하더라도 페이지 크기의 제한을 받지 않습니다. 팝 오버는 Widget 유형 중에 하나이며 iPad에서 완전하게 동작합니다. 편집하는 동안 실제 동작 패턴을 확인하려면 '편집하는 동안 iPad에서 책 미리보기'를 참조합니다.

Exercise 01 팝 오버 생성하기

01 도구 막대에서 [Widget] 아이콘을 클릭하고 나타나는 팝업 메뉴에서 [팝 오버]를 선택합니다. 페이지에 팝 오버 대상체와 [그래픽] 패널이 나타납니다.

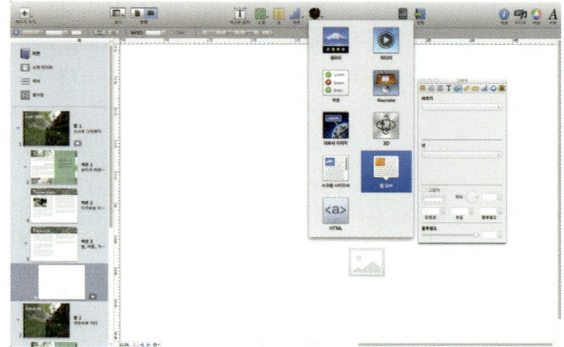

02 [그래픽] 패널에서 스크롤 사이드바 안의 배경 색상, 테두리선 스타일 및 그림자 효과를 지정합니다.

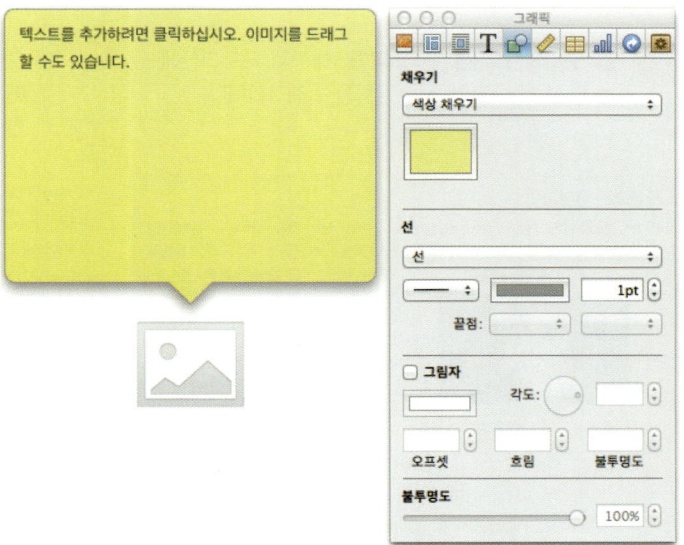

03 팝 오버 안에 텍스트를 입력하려면 미리 입력되어 있는 텍스트를 더블클릭하고 새로운 내용을 입력합니다. 직접 입력하는 대신에 다른 페이지 또는 문서에서 복사한 후 붙여 넣을 수도 있습니다. 텍스트 포맷을 변경하려면 해당 단락을 블록 방식으로 선택하고 포맷 막대에서 원하는 항목을 선택합니다.

Tip 텍스트 상자를 추가할 수도 있습니다. 텍스트 상자를 추가하려면 팝 오버 대상체를 선택하고 도구 막대에서 [텍스트 상자] 아이콘을 클릭합니다. 세부적인 편집 방법은 82페이지의 '빈 텍스트 상자'를 참조합니다.

자연으로 돌아가다

현대인은 빌딩 숲에서 첨단 문명의 혜택을 누르며 오늘도 하루를 살아간다. 그러나 대다수 소시민들은 자연에서만 얻을 수 있는 여유로운 삶을 늘 가슴속에 담아두고 갈망한다. 바다, 강, 산, 계곡, 나무, 돌맹이, 흙 그리고 사람. 사람은 자연의 일부이며 자연은 사람의 대지이다. 횡성 고라데이 마을은 오랜 옛날 여러 가지 이유로 고라데이에 숨어든 화전민의 후예들이 강원도의 순

04 이미지를 추가하려면 Finder 또는 미디어 브라우저에서 이미지 파일을 팝 오버 Widget 영역 위로 드래그합니다. 이미지가 대상체 안에 추가됩니다. 이미지를 드래그하거나 테두리에 있는 크기 조절 핸들을 조절하여 적절히 배치합니다.

Tip 텍스트 또는 이미지를 추가하는 도중에 스크롤 사이드바 대상체의 해당 영역을 초과하면 스크롤바가 나타납니다. 편집하는 동안 팝 오버가 사라지면 페이지에서 축소판 이미지 유형의 해당 대상체를 더블클릭합니다.

자연으로 돌아가다

현대인은 빌딩 숲에서 첨단 문명의 혜택을 누르며 오늘도 하루를 살아간다. 그러나 대다수 소시민들은 자연에서만 얻을 수 있는 여유로운 삶을 늘 가슴속에 담아두

05 팝 오버의 크기를 변경하려면 대상체 테두리선에 있는 다섯 개의 크기 조절 핸들을 드래그합니다.

자연으로 돌아가다

현대인은 빌딩 숲에서 첨단 문명의 혜택을 누르며 오늘도 하루를 살아간다. 그러나 대다수 소시민들은 자연에서만 얻을 수 있는 여유로운 삶을 늘 가슴속에 담아두고 갈망한다. 바다, 강, 산, 계곡, 나무, 돌맹이, 흙 그리고 사람. 사람은 자연의 일부이며 자연은 사람의 대지이다. 횡성 고라데이 마을은 오랜 옛날 여러 가지 유로 고라데이에 숨어든 화전민의 후예들이 강원도의 순함으로 살아가는 마을이다. 태백산의 연맥인 德嵩山(泰嶺) 낙맥이 면 북쪽으로 뻗으며 운무산, 발교산, 대의산, 어답을 형성하여 면 총 면적의 80% 이상이 산악지대로 되어는 도시에서는 느낄 수 없는 푸근함과 아늑함의 산촌을 체할 수 있는 곳이다. 골자기를 들어가면 들어갈수록 도시에서는 접할 수 없었던 많은 생명체들 접하게 된다.

06 도형을 추가하려면 해당 대상체를 선택하고 도구 막대에서 [도형] 아이콘을 누른 다음 원하는 유형을 선택합니다.

자연으로 돌아가다

현대인은 빌딩 숲에서 첨단 문명의 혜택을 누르며 오늘도 하루를 살아간다. 그러나 대다수 소시민들은 자연에서만 얻을 수 있는 여유롭산, 계곡, 나무, 돌맹이, 흙 그리고 사람. 사람은 자연의 일부이며 자연은 사람의 대이다. 횡성 고라데이 마을은 오랜 옛날 여러 가이유로 고라데이에 숨어든 화전민의 후예들이 원도의 순박함으로 살아가는 마을이다. 태백산의 맥인 德嵩山(泰嶺) 낙맥이 면 북쪽으로 뻗으며 운무산, 교산, 대의산, 어답산을 형성하여 면 총 면적의 80% 이상산악지대로 되어 있는 도시에서는 느낄 수 없는 푸근함과 아늑함의 산촌을 체험할 수 있는 곳이다. 골자기를 들어가면 들어갈수록 도시에서는 접할 수 없었던 많은

07 위 2번~6번 과정을 적절히 수행하여 팝 오버 대상체 안에 별도의 콘텐츠 내용을 구성합니다. 해당 대상체는 서브 페이지 유형이므로 일반 페이지에서 수행했던 대부분의 편집 방법을 동일하게 적용할 수 있습니다.

> **Tip** 텍스트, 텍스트 상자, 이미지 및 도형에 대한 세부적인 편집 방법은 162페이지의 '이미지, 도형 대상체로 작업하기'를 참조합니다.

08 팝 오버는 페이지에서 빈 축소판 이미지 유형으로 표시되며, 사용자가 해당 축소판을 클릭했을 때 콘텐츠 내용이 오버레이됩니다. 빈 축소판에 표시할 이미지를 추가하려면 Finder 또는 미디어 브라우저에서 이미지 파일을 빈 축소판 이미지 대상체 위로 드래그합니다.

09 빈 축소판 이미지 대상체가 추가한 이미지로 대치됩니다. 이미지를 대치하려면 앞의 8번 과정을 다시 수행합니다.

10 위 1번~9번에서 수행한 팝 오버의 동작 패턴을 미리 보려면 [파일] 메뉴 → [현재 섹션만 미리보기]를 선택하고 iPad 장비에서 올바르게 동작하는지 검토합니다. 자세한 사항은 63페이지의 '편집하는 동안 iPad에서 책 미리보기'를 참조합니다.

Lesson 06 동영상

멀티-터치 책에 동영상 콘텐츠를 추가합니다. iBooks Author 2 버전은 QuickTime에서 재생할 수 있는 모든 미디어 포맷을 지원합니다. 편집하는 동안 실제 동작 패턴을 확인하려면 '편집하는 동안 iPad에서 책 미리보기'를 참조합니다.

Exercise 01 동영상 대상체 추가하기

01 도구 막대에서 [Widget] 아이콘을 클릭하고, 나타나는 팝업 메뉴에서 [미디어]를 선택합니다. 페이지에 미디어 대상체와 [Widget] 패널이 나타납니다.

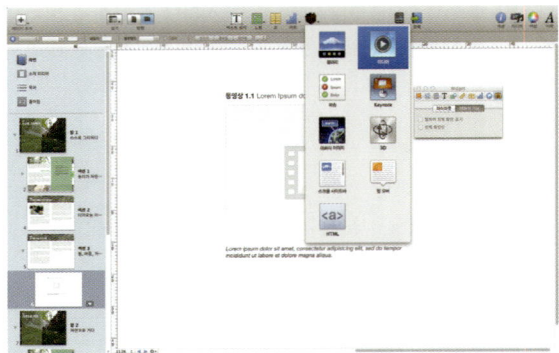

> **Tip** 위 1번과 다음 2번 과정을 수행하는 대신에 동영상 파일을 직접 페이지로 추가하면 미디어 Widget이 자동으로 생성됩니다. 이 방식으로 동영상을 추가 했다면 다음 3번 과정으로 건너 뜁니다.

02 Finder 또는 미디어 브라우저에서 동영상 파일을 미디어 Widget 영역 위로 드래그합니다. 미디어 Widget 영역에 추가한 동영상 화면이 나타납니다.

> **Tip** 미디어 대상체는 미디어 위치 지정자로 정의되어 있습니다. 다른 동영상으로 대치하려면 새로운 동영상 파일을 미디어 Widget 영역 위로 다시 드래그합니다.

03 위 2번 과정을 수행할 때 동영상 화면이 나타나지 않고 다음 그림과 같이 [동영상 최적화 중...] 창이 뜬다면, iPad와 호환되지 않는 포맷이므로 변환 작업을 수행하게 됩니다. 변환 작업이 완료되면 동영상 화면이 나타납니다.

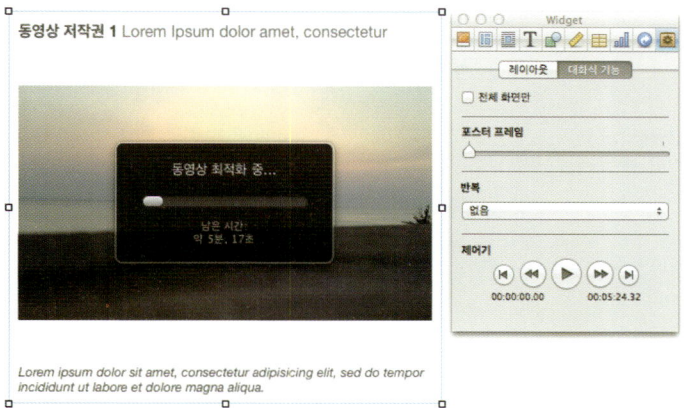

> **Tip** 동영상 포맷이 1080p인 경우 iBooks Author 2는 최적화 과정을 수행하여 720p로 다운 스케일링합니다. 동영상 변환 작업을 취소하려면 대상체 안에 있는 동영상를 선택하고 Delete 키를 눌러 제거합니다.

04 동영상을 미리 보려면 동영상 화면 위에 있는 [재생] 버튼을 한 번 클릭합니다. 재생 중에 동영상 화면을 다시 한 번 클릭하면 일시 정지됩니다.

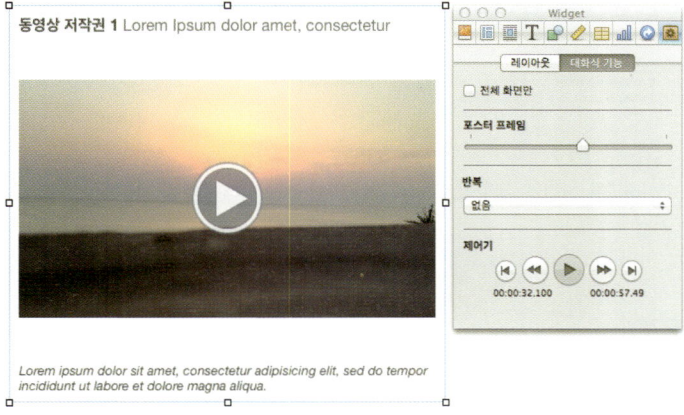

> **Tip** [대화식 기능] 탭의 [제어기] 섹션의 재생 제어기([처음으로 이동], [되감기], [재생], [앞으로 빨리 감기], [끝으로 이동]) 버튼을 눌러 동영상을 재생하면서 검토할 수도 있습니다.

05 iPad 장비에서 전체 화면 모드로만 재생하려면 [대화식 기능] 탭에서 [전체 화면만] 항목을 체크합니다. 페이지에 있는 미디어 대상체가 축소판 이미지 유형으로 전환됩니다.

> **Tip** 축소판 이미지 유형으로 표시된 미디어 대상체의 세부 사항을 변경하려면 HUD 패널의 [미디어 편집] 버튼을 클릭하고 다시 축소판 이미지로 복귀하려면 [완료] 버튼을 누릅니다.

06 책에서 재생하기 전에 미디어 대상체에 표시할 대표 장면(프레임)을 변경하려면 [대화식 기능] 패널의 [포스터 프레임] 슬라이더를 좌-우로 드래그하면서 원하는 장면을 결정합니다.

> **Tip** 미디어 파일의 재생이 완료되었을 때 다시 재생하도록 하려면 [대화식 기능] 탭의 [반복]의 팝업 메뉴에서 [반복]을 선택합니다.

07 미디어 대상체의 레이아웃, 제목, 설명 및 배경 색상을 편집하려면 [Widget] 패널에서 [레이아웃] 탭을 클릭하고 해당 사항을 변경합니다. 대상체 스타일 편집 방법은 208페이지의 '갤러리 대상체 스타일을 세부적으로 편집하기'를 참조합니다.

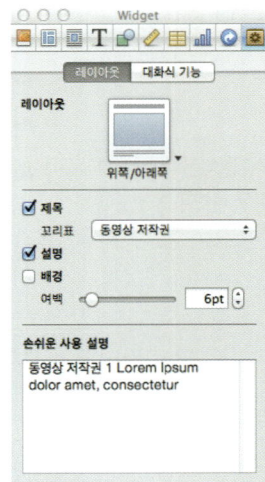

08 위 1번~7번에서 수행한 미디어 대상체의 동작 패턴을 미리 보려면 [파일] 메뉴 → [현재 섹션만 미리보기]를 선택하고 iPad 장비에서 올바르게 동작하는지 검토합니다. 자세한 사항은 63페이지의 '편집하는 동안 iPad에서 책 미리보기' 섹션을 참조합니다.

동영상 사용에 대한 참고 사항

멀티-터치 책을 풍부한 느낌으로 꾸며주는 동영상 대상체는 책의 용량을 차지하는 주요 요소입니다. 다음 사항을 리뷰합니다.

① iBooks Author에서 용량이 큰 동영상을 사용하려면 낮은 해상도 또는 비트율의 포맷을 사용합니다.
② 전체 동영상에서 일부 구간만 사용하려면 원하는 부분만 다듬은 다음 iBooks Author로 가져옵니다. 다듬는 방법은 이어서 나오는 226페이지의 'QuickTime 플레이어에서 동영상 트리밍하기'를 참조합니다.
③ iBooks Author에서 사용할 수 있는 동영상은 QuickTime 플레이어에서 재생할 수 있는 미디어에 한합니다. QuickTime에서 지원하는 포맷/코덱은 다음과 같습니다.

미디어 유형	파일 포멧	코덱 또는 구성요소
비디오	Quick Time 동영상(.mov) MPEG-2(OS X Lion 전용) 3GPP 3GPP2 AVI DV	MPEG-2(OS X Lion 전용) H.264 H.263 H.261 Apple ProRes Apple Pixlet Animation Cinepak DV DVC Pro 50 Graphics Motion JPEG(Mac OS X v10.6.x 전용) Photo JPEG Sorenson Video 2 Sorenson Video 3
오디오	MPEG-4(.mp4, .m4v) iTunes 오디오(.m4a, .m4b, .m4p) MP3 Core Audio(.caf) AIFF AU SD2 WAV SND AMR	MPEG-4(Part 2) AAC(MPEG-4 오디오) HE-AAC Apple Lossless MP3 AMR Narrowband MS ADPCM QDesign Music 2 Qualcomm PureVoice(QCELP) IMA 4:1 MACE 3:1(Mac OS X v10.6.x 전용) MACE 6:1(Mac OS X v10.6.x 전용) ALaw 2:1 ULaw 2:1 24비트 정수 32비트 정수 32비트 부동 소수점 64비트 부동 소수점

④ QuickTime에서 재생할 수 없다면 http://support.apple.com/kb/HT3526 공식 문서를 참조하여 3rd-party의 QuickTime 플러그인을 설치합니다.

트리밍

동영상의 전체 재생 구간 중 사용할 '일부' 구간만 추출하여 페이지에 추가합니다. 이 방식은 책의 파일 크기를 줄이는데 매우 유용합니다.

Exercise 02 QuickTime 플레이어에서 동영상 트리밍하기

01 QuickTime 플레이어에서 다듬을 동영상 파일을 엽니다. 동영상 파일이 열리면 [재생] 버튼을 눌러 정상적으로 플레이되는지 확인합니다.

02 동영상의 일부 구간을 추출하려면 [편집] 메뉴 → [다듬기]를 선택합니다. 화면 하단에 동영상의 전체 재생 구간을 필름 스트림 유형으로 표시합니다.

03 노란색 테두리선의 '시작' 또는 '끝' 지점에 있는 핸들을 좌-우로 드래그하여 동영상의 시작 장면과 끝 장면을 결정한 다음 [다듬기] 버튼을 클릭합니다.

04 다듬은 (무제) 동영상 화면으로 전환되며, 재생해 보면서 다시 한 번 검토합니다. 다시 다듬으려면 [편집] 메뉴 → [다듬기]를 선택하고 앞의 3번 과정을 다시 수행합니다.

05 [파일] 메뉴 → [보내기]를 선택합니다. [보내기] 패널이 나타나면 동영상 파일 이름을 입력하고 저장할 위치를 지정합니다. 단축키 Command + D 키를 누르면 저장 위치가 데스크탑으로 바뀝니다.

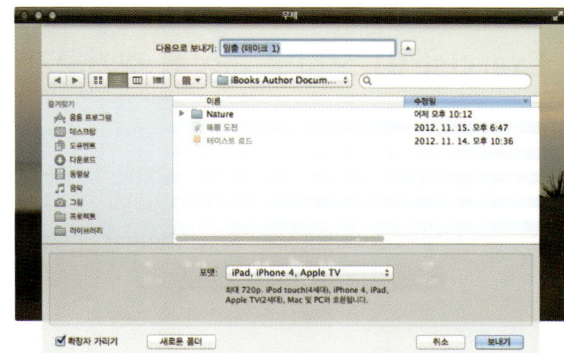

06 HD 고화질로 변환하려면 [포맷] 메뉴에서 [iPad, iPhone 4, Apple TV]를 SD 표준 화질로 변환하려면 [iPod touch 및 iPhone 3GS]를 선택한 후 [보내기] 버튼을 클릭합니다.

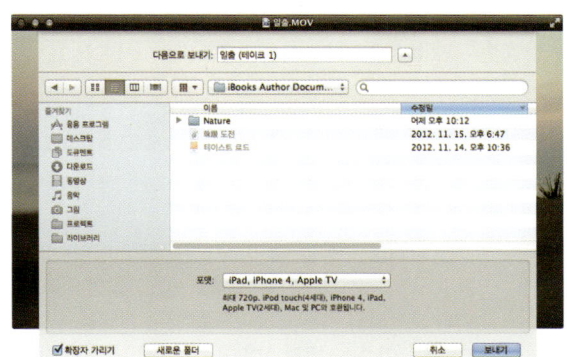

Tip 동영상 파일의 원본 규격이 1080p인 경우, [포맷]의 메뉴에서 [iPad, iPhone 4, Apple TV]로 선택하면 720p로, [iPod touch 및 iPhone 3GS]로 선택하면 SD(640x360) 규격으로 변환됩니다.

07 위 6번 과정을 수행하면 [보내기 진행 과정] 패널이 나타나며 변환 작업을 시작합니다. 변환 작업이 완료되면 저장한 경로에서 해당 동영상 파일을 찾아 미디어 Widget 영역 위로 드래그하여 추가합니다.

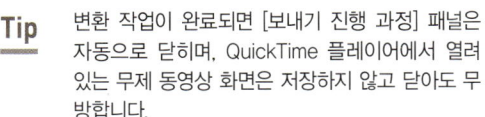

Tip 변환 작업이 완료되면 [보내기 진행 과정] 패널은 자동으로 닫히며, QuickTime 플레이어에서 열려 있는 무제 동영상 화면은 저장하지 않고 닫아도 무방합니다.

Lesson 07 오디오 : 음성 나레이션

멀티-터치 책에 오디오를 추가합니다. 오디오 대상체는 책에 추가한 이미지 또는 기타 대상체를 청각적으로 설명해 주는 음성 나레이션에 유용합니다. 편집하는 동안 실제 동작 패턴을 확인하려면 '편집하는 동안 iPad에서 책 미리보기'를 참조합니다.

Exercise 01 오디오 대상체 추가하기

01 Finder 또는 미디어 브라우저에서 오디오 파일을 페이지 위로 드래그합니다. 페이지에 미디어 대상체와 [Widget] 패널이 나타납니다.

> **Tip** 미디어 대상체는 미디어 위치 지정자로 정의되어 있습니다. 다른 오디오로 대치하려면 새로운 오디오 파일을 미디어 Widget 영역 위로 다시 드래그합니다.

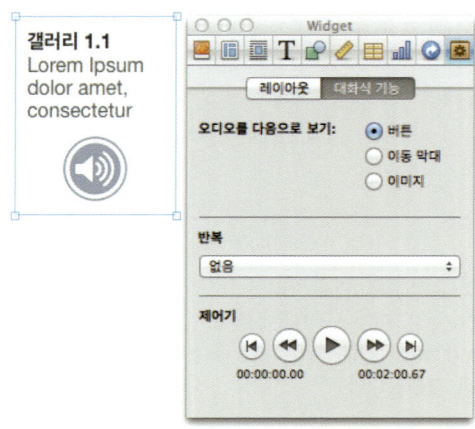

02 위 1번 과정을 수행할 때 미디어 대상체 아래에 다음 그림과 같이 [오디오 파일 최적화 중...] 창이 뜬다면, iPad와 호환되지 않는 포맷이므로 변환 작업을 수행하게 됩니다. 이 창은 변환 작업이 완료되면 사라집니다.

> **Tip** 오디오 포맷이 '.mp3', '.wav', '.aiff' 또는 기타 포맷인 경우 iBooks Author 2는 최적화 과정을 수행하여 '.m4p'로 변환합니다.

03 오디오를 미리 들어 보려면 미디어 대상체 안에 있는 [스피커] 아이콘을 한 번 클릭합니다. 다시 한 번 클릭하면 일시 정지됩니다.

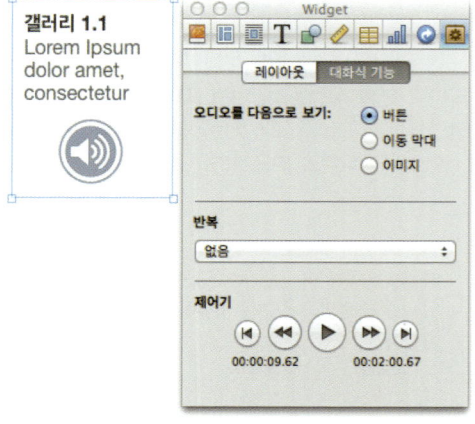

> **Tip** [대화식 기능] 탭 하단에 있는 [제어기([처음으로 이동], [되감기], [재생], [앞으로 빨리감기], [끝으로 이동])] 버튼을 눌러 재생할 수도 있습니다.

04 미디어 대상체의 모양을 변경하려면 [대화식 기능] 탭의 [오디오를 다음으로 보기] 섹션에서 [버튼], [이동 막대] 또는 [이미지] 중 하나를 선택합니다.

Tip [버튼] 유형으로 선택하면, iPad에서 해당 버튼을 클릭하여 재생하거나 중지합니다. 중지한 상태에서 다시 해당 버튼을 누르면 이어서 재생됩니다. [이동 막대] 유형으로 선택하면, 재생 제어기를 좌−우로 드래그하여 임의의 지점으로 건너 뛸 수 있습니다. [이미지] 유형으로 선택하면, 이미지를 클릭했을 때 처음부터 재생됩니다. 재생하고 있는 동안 이미지를 다시 클릭하면 다시 처음부터 재생됩니다.

05 위 4번 과정에서 미디어 대상체의 모양을 이미지로 선택한 경우, 빈 축소판 이미지 위로 이미지 파일을 드래그하여 추가합니다. 대상체 크기를 변경하려면 테두리에 있는 여덟 개의 크기 조절 핸들을 드래그합니다.

Tip 책에서 사용할 수 있는 단일 이미지 파일은 25,000,000 픽셀(5,000 x 5,000) 또는 50MB를 초과할 수 없습니다. 이 방식은 이미지와 함께 음성 나레이션으로 설명해 주는 콘텐츠에 유용합니다. 또는 기존 이미지 대상체 아래에 '이동 막대' 모양으로 오디오 대상체를 배치하여 구현할 수도 있습니다.

06 오디오 재생이 완료되었을 때 다시 재생하도록 하려면 [대화식 기능] 탭의 [반복] 섹션의 팝업 메뉴에서 [반복]을 선택합니다.

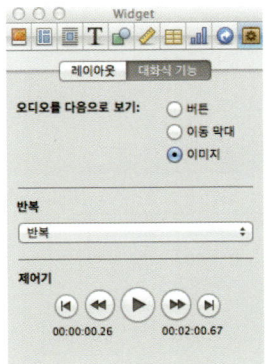

07 미디어 대상체의 레이아웃, 제목, 설명 및 배경 색상을 편집하려면 [Widget] 패널에서 [레이아웃] 탭을 클릭하고 해당 사항을 변경합니다. 대상체 스타일 편집 방법은 208페이지의 '갤러리 대상체 스타일을 세부적으로 편집하기'를 참조합니다.

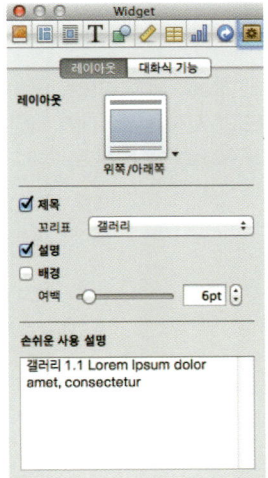

08 위 1번~7번에서 수행한 미디어 대상체의 동작 패턴을 미리 보려면 [파일] 메뉴 → [현재 섹션만 미리보기]를 선택하고 iPad 장비에서 올바르게 동작하는지 검토합니다. 자세한 사항은 63페이지의 '편집하는 동안 iPad에서 책 미리보기'를 참조합니다.

Exercise 02 QuickTime 플레이어에서 오디오 트리밍하기

01 QuickTime 플레이어에서 다듬을 오디오 파일을 열고 [재생] 버튼을 눌러 정상적으로 플레이되는지 확인합니다.

02 오디오의 일부 구간을 추출하려면 [편집] 메뉴 → [다듬기]를 선택합니다. [재생] 버튼 아래에 오디오의 전체 재생 구간을 파형으로 표시합니다. 노란색 테두리 선의 '시작' 또는 '끝' 지점에 있는 핸들을 좌-우로 드래그하여 구간을 결정합니다. 미리 들으려면 [재생] 버튼을 누릅니다. 완료되면 [다듬기] 버튼을 클릭합니다.

03 [파일] 메뉴 → [보내기]를 선택합니다. [보내기] 패널이 나타나며, 오디오 파일 이름을 입력하고 저장할 위치를 지정한 다음 [포맷]의 항목에서 [오디오만]을 선택합니다. 이어서 [보내기] 버튼을 클릭합니다.

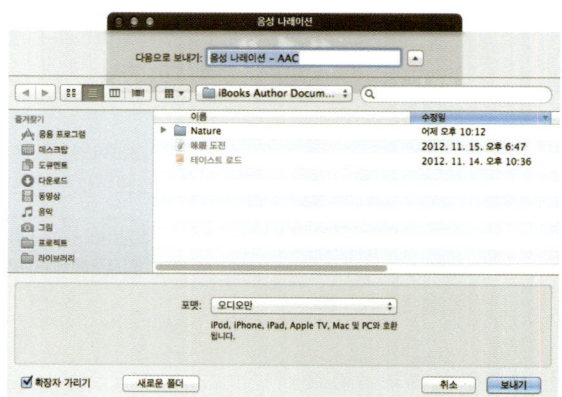

04 [보내기 진행 과정] 창이 나타나며 변환 작업을 시작합니다. 변환 작업이 완료되면 저장한 경로에서 해당 동영상 파일을 찾아 미디어 Widget 영역 위로 드래그하여 추가합니다.

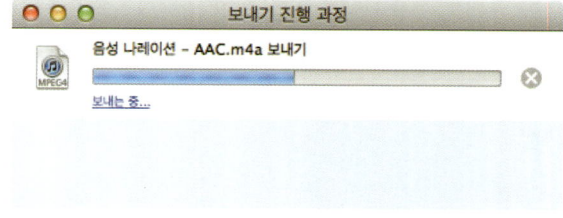

Tip 변환 작업이 완료되면 [보내기 진행 과정] 창은 자동으로 닫히며, QuickTime 플레이어에서 열려 있는 해당 오디오 파일은 저장하지 않고 닫아도 무방합니다.

Lesson 08 키노트 HTML

키노트 프레젠테이션 파일을 멀티-터치 책에 추가합니다. 키노트 HTML은 Widget 유형 중에 하나이며 iPad에서 완전하게 동작합니다. 편집하는 동안 실제 동작 패턴을 확인하려면 '편집하는 동안 iPad에서 책 미리보기'를 참조합니다.

Exercise 01 키노트 대상체 추가하기

01 도구 막대에서 [Widget] 아이콘을 클릭하고, 나타나는 팝업 메뉴에서 [Keynote]를 선택합니다. 페이지에 키노트 대상체와 [Widget] 패널이 나타납니다.

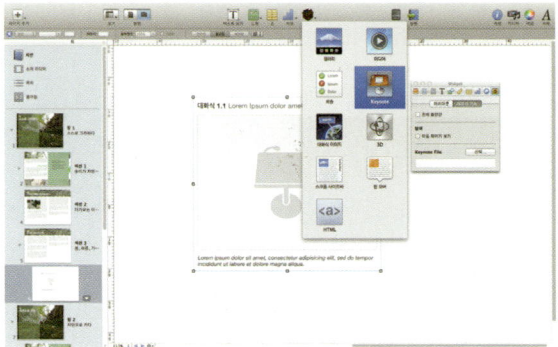

02 키노트 파일을 해당 Widget 영역 위로 드래그하거나 [대화식 기능] 탭의 [Keynote HTML] 섹션에서 [선택] 버튼을 클릭하고 키노트 파일을 찾아 선택한 다음 [삽입] 버튼을 누릅니다. 키노트 Widget 영역에 [Keynote 파일 로드 중]이 나타나며 가져오기가 완료되면 슬라이드가 나타납니다.

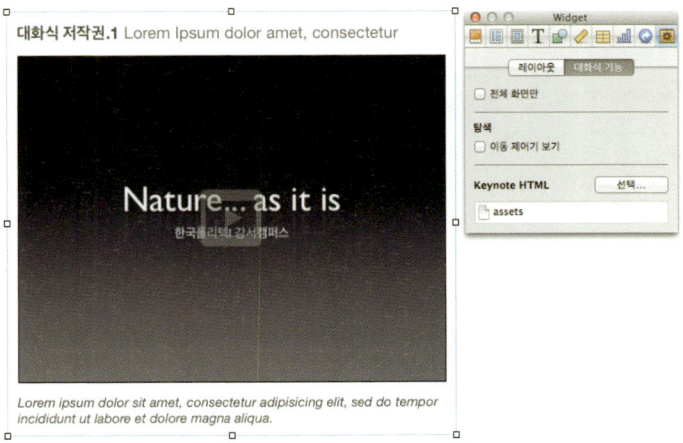

Tip 키노트 파일 용량이 큰 경우 슬라이드의 크기를 1024x768 해상도로 자동 조절하며 가져오는데 시간이 많이 소요될 수 있습니다. iBooks Author는 키노트 파일을 표준 HTML 포맷으로 변환하여 사용합니다.

03 iPad 장비에서 전체 화면 모드로만 재생하려면 [대화식 기능] 탭에서 [전체 화면만] 항목을 체크합니다. 페이지에 있는 키노트 대상체가 축소판 이미지 유형으로 전환됩니다.

Tip 축소판 이미지 유형으로 표시된 키노트 대상체의 세부 사항을 변경하려면 HUD 패널의 [Keynote 편집] 버튼을 클릭합니다. 다시 축소판 이미지로 복귀하려면 [완료] 버튼을 누릅니다.

04 슬라이드를 쉽게 탐색할 수 있도록 [대화식 기능] 탭에서 [탐색]의 [이동 제어기 보기] 항목을 체크하면 슬라이드 하단에 [네비게이터] 버튼이 나타납니다.

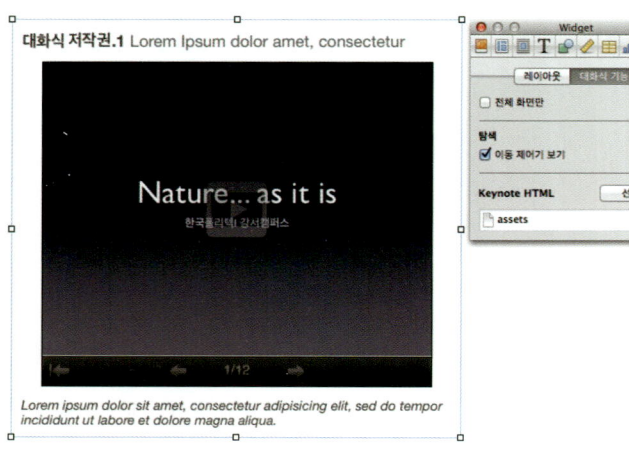

Tip 키노트 대상체는 미디어 위치 지정자로 정의되어 있습니다. 다른 키노트로 대치하려면 새로운 키노트 파일을 Widget 영역 위로 다시 드래그합니다.

05 미디어 대상체의 레이아웃, 제목, 설명 및 배경 색상을 편집하려면 [Widget] 패널에서 [레이아웃] 탭을 클릭하고 해당 사항을 변경합니다. 대상체 스타일 편집 방법은 208페이지의 '갤러리 대상체 스타일을 세부적으로 편집하기'를 참조합니다.

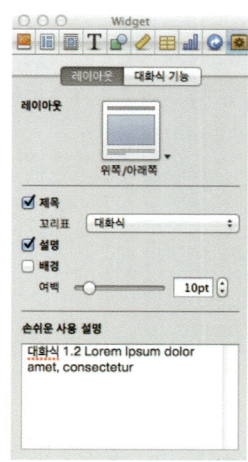

06 위 1번~5번에서 수행한 키노트 대상체의 동작 패턴을 미리 보려면 [파일] 메뉴 → [현재 섹션만 미리보기]를 선택하고 iPad 장비에서 올바르게 동작하는지 검토합니다. 자세한 사항은 63페이지의 '편집하는 동안 iPad에서 책 미리보기' 섹션을 참조합니다.

Keynote Widget 참고 사항

키노트 파일을 페이지에 추가하면 웹 표준 규격인 'HTML' 포맷으로 변환하여 가져옵니다. 그 과정에서 일부 화면 전환 또는 빌드 효과가 동작하지 않을 수 있습니다. Keynote Widget에서 지원되는 효과는 유형별로 다음과 같으며 그 외 효과는 모두 '디졸브'로 일괄 대치됩니다.

① 슬라이드 사이의 화면 전환 : 이동 마법사, 큐브, 디졸브, 드롭, 뒤집기, 모션 디졸브, 안으로 들어오기, 피벗, 푸시, 나타내기, 크기 조절, 소용돌이

② 대상체 빌드 : 나타남/사라짐, 큐브, 디졸브, 드롭, 안으로 이동/밖으로 이동, 피벗, 크기 조절, 소용돌이

Lesson **09** 3D 오브젝트

3D 오브젝트 파일을 멀티−터치 책에 추가합니다. 3D Widget을 추가하려면 '.dae' 확장자를 가진 COLLADA(콜라다, 3D 포맷의 일종) 파일이 필요합니다. 3D 대상체는 Widget 유형 중에 하나이며 iPad 에서만 대화식으로 동작합니다. 편집하는 동안 실제 동작 패턴을 확인하려면 '편집하는 동안 iPad에서 책 미리보기'를 참조합니다.

Exercise 01 3D 대상체 추가하기

01 도구 막대에서 [Widget] 아이콘을 클릭하고, 나타나는 팝업 메뉴에서 [3D]를 선택합니다. 페이지에 3D 대상 체와 [Widget] 패널이 나타납니다.

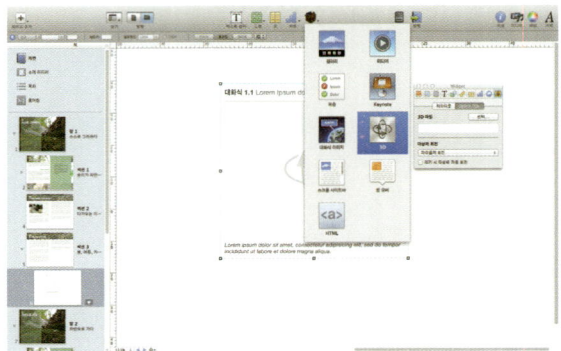

02 '.dae' 확장자를 가진 3D 파일을 해당 Widget 영역 위 로 드래그합니다. 또는 [대화식 기능] 탭의 [3D 파일] 섹션에서 [선택] 버튼을 클릭하고 3D 파일을 찾아 선 택한 다음, [삽입] 버튼을 누릅니다. 3D Widget 영역 에 3D 렌더링 이미지가 나타납니다.

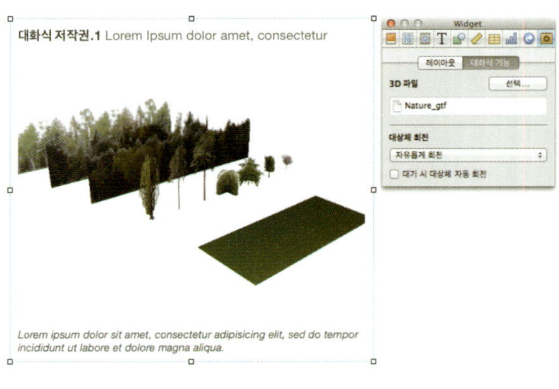

> **Tip** 3D 대상체는 미디어 위치 지정자로 정의되어 있습니다. 다른 3D로 대치하려면 새로운 3D 파일을 Widget 영역 위로 다시 드 래그하면 됩니다.

03 iPad 장비에서 독자가 조작하지 않는 대기 시간에 3D 대상체를 회전하도록 지정하려면 [대화식 기능] 탭에서 [대기 시 대상체 자동 회전] 항목을 체크합니다.

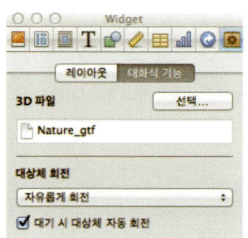

04 iPad 장비에 독자가 3D 대상체를 어느 방향으로든 회전할 수 있도록 하려면 [대상체 회전]의 목록에서 [자유롭게 회전]을, 3D 대상체의 회전 방향을 지정한 대로 제한하려면 [가로] 또는 [가로 및 세로] 중 하나를 선택합니다.

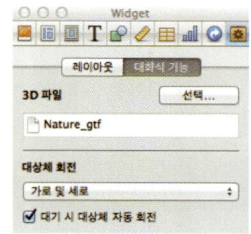

05 3D 대상체의 레이아웃, 제목, 설명 및 배경 색상을 편집하려면 [Widget] 패널에서 [레이아웃] 탭을 클릭하고 해당 사항을 변경합니다. 대상체 스타일 편집 방법은 208페이지의 '갤러리 대상체 스타일을 세부적으로 편집하기'를 참조합니다

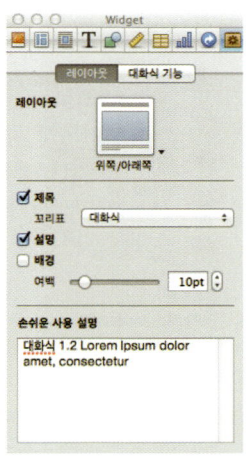

06 앞의 1번~5번에서 수행한 키노트 대상체의 동작 패턴을 미리 보려면 [파일] 메뉴 → [현재 섹션만 미리보기]를 선택하고 iPad 장비에서 올바르게 동작하는지 검토합니다. 자세한 사항은 63페이지의 '편집하는 동안 iPad에서 책 미리보기'를 참조합니다.

3D Widget 참고 사항

iPad(1세대)는 20,000개 미만의 다각형 및 텍스처가 포함된 3D 대상체에 최적화되어 있습니다. iPad(2세대)와 Retina 디스플레이가 장착된 iPad(3세대)에서는 최대 50,000개의 다각형 및 텍스처가 포함된 3D 대상체 최적화되어 있습니다.

3D 객체 속성인 다각형 수, 텍스처, 조명, 및 카메라는 iPad 장비 스펙에 따라 최적화 정도가 다릅니다. 3D 대상체의 속성 정보가 복잡할수록 로딩 시간이 늘어나거나 동작이 느려지고 이미지가 흐리게 보일 수 있습니다. 자세한 사항은 http://support.apple.com/kb/HT5093 공식 문서를 참조합니다.

3D 오브젝트 : 리소스

3D 오브젝트 파일은 일반 사용자보다는 전문가 그룹에서 사용되고 있는 Maya 또는 Shade 3D 등의 모델링 응용 프로그램에서 제작합니다. 무료로 제공하는 3D 위젯 파일을 사용하려면 구글에서 제공하는 3D Warehouse(http://sketchup.google.com/3Dwarehouse/)를 활용합니다. 3D 오브젝트를 검색한 후 아래에 위치한 [다운로드] 버튼을 클릭하고 '.dae' 확장자를 가진 COLLADA 포맷을 클릭하여 다운로드 받습니다.

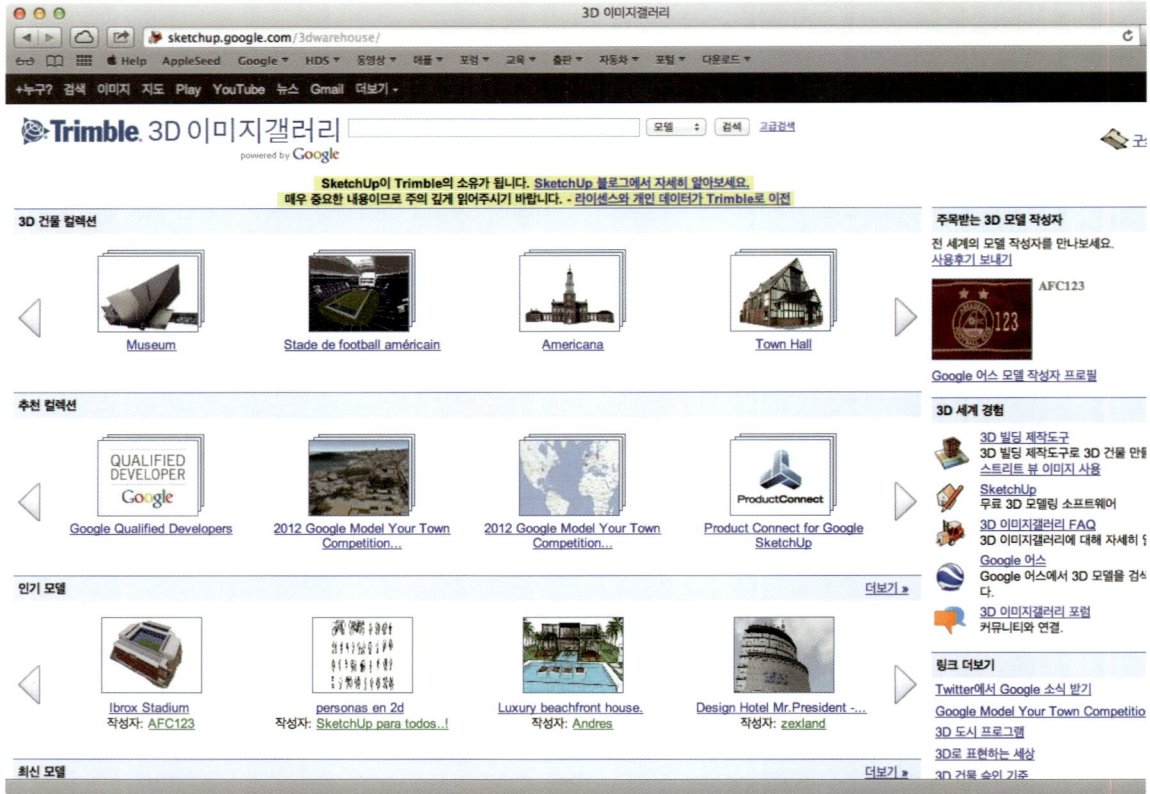

Lesson **10** 복습 : 문제 내기

교육용 멀티–터치 책에 유용한 복습(=문제 내기) 대상체를 책에 추가합니다. 복습 대상체는 네 가지 유형의 '다지선다형'과 '꼬리표' 또는 '축소판 이미지'를 드래그하여 맞추는 형식을 지원합니다. 복습 대상체는 Widget 유형 중에 하나이며 iPad에서만 대화식으로 동작합니다. 편집하는 동안 실제 동작 패턴을 확인하려면 '편집하는 동안 iPad에서 책 미리보기'를 참조합니다.

Exercise 01 복습 대상체에 다지선다형의 문제 추가하기

01 도구 막대에서 [Widget] 아이콘을 클릭하고, 나타나는 팝업 메뉴에서 [복습]을 선택합니다. 페이지에 복습 대상체와 [Widget] 패널이 나타납니다.

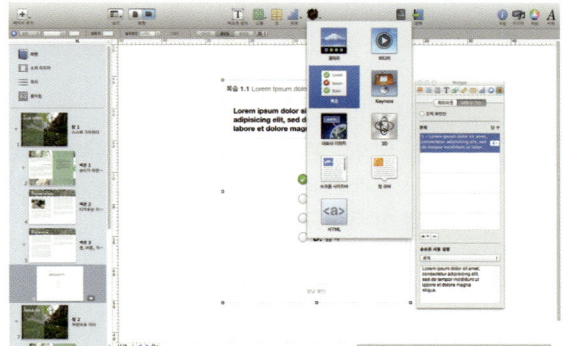

02 [질문(Lorem ipsum...)] 입력 필드에 질문 내용을 입력합니다. 답 예시를 입력하려면 [답] 섹션에서 각 필드(답 1, 답 2, 답 3,...)를 더블클릭하고 정답 또는 오답을 입력합니다.

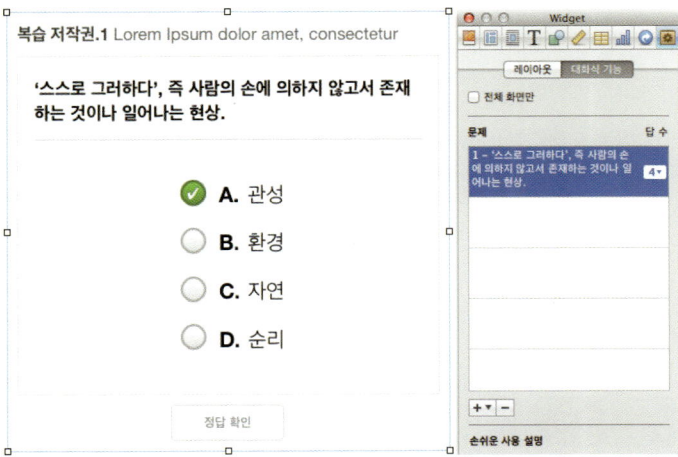

03 정답을 지정하려면 [답] 섹션에서 해당 항목 앞에 있는 라디오 박스를 클릭합니다. 정답으로 지정된 항목은 녹색 체크 표시가 나타납니다. 하나 이상의 정답을 지정하려면 Command 키를 누른 상태에서 다른 답 항목을 클릭합니다.

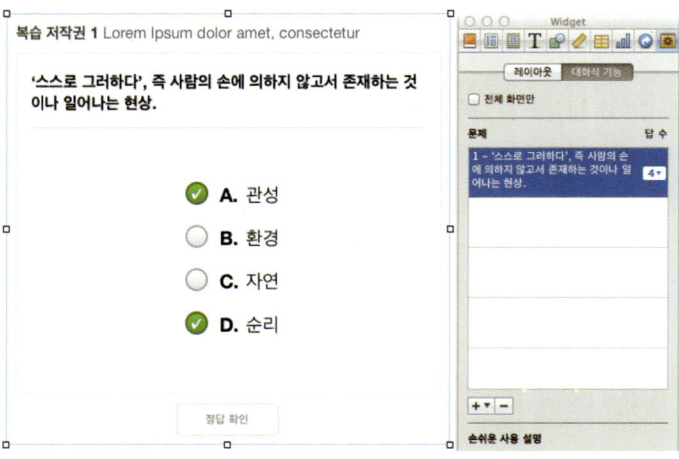

Tip 정답을 두 개 이상 지정한 후 Command 키를 떼고 임의의 정답을 클릭하면 해당 항목으로 정답이 바뀝니다.

04 답 개수를 변경하려면 [대화식 기능] 탭의 [문제] 목록에서 해당 문제의 [답 수]를 클릭한 다음 항목에서 원하는 수를 선택합니다.

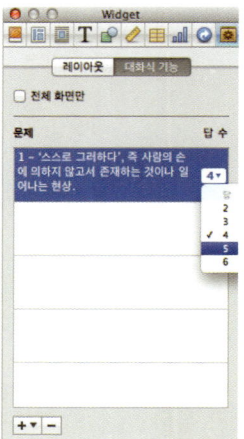

05 문제를 추가하려면 [문제] 목록 아래에 있는 [+] 버튼을 클릭하고 목록에서 다지선다형 중 하나를 선택합니다. 다음 그림은 이미지를 답 예시로 사용하는 네 번째 다지선다형을 선택한 예시입니다.

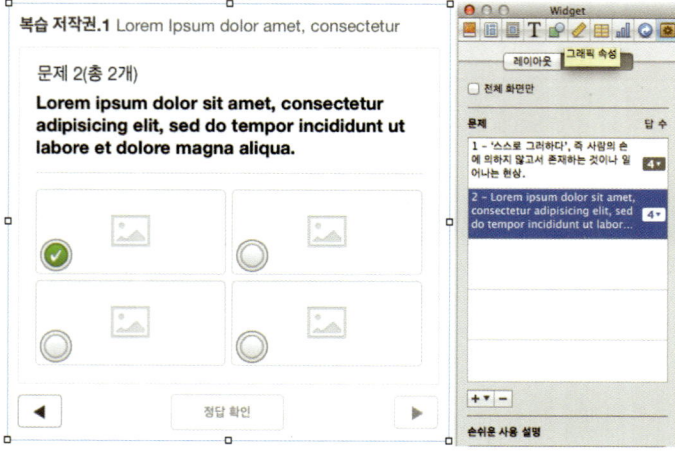

06 [질문(Lorem ipsum...)] 입력 필드에 질문 내용을 입력합니다. 이어서 순차적으로 이미지 파일을 답 필드 영역 위에 드래 그하여 추가합니다.

> **Tip** [답] 필드는 미디어 위치 지정자로 정의되어 있으므로 해당 영역 위로 이미지를 드래그하면 대치됩니다.

07 정답을 지정하려면 답 섹션에서 해당 항목 앞에 있는 라디오 박스를 클릭합니다. 정답으로 지정된 항목은 녹색 체크 표 시가 나타납니다. 하나 이상의 정답을 지정하려면 Command 키를 누른 상태에서 다른 답 항목을 클릭합니다.

> **Tip** 정답 확인은 iPad에서 동작합니다. 답을 선택한 후 아래에 있는 [정답 확인] 버튼을 누릅니다.

08 iPad 장비에서 전체 화면 모드로만 보려면 [대화식 기능] 탭에서 [전체 화면만] 항목을 체크합니다. 페이지에 있는 복습 대상체가 축소판 이미지 유형으로 전환됩니다.

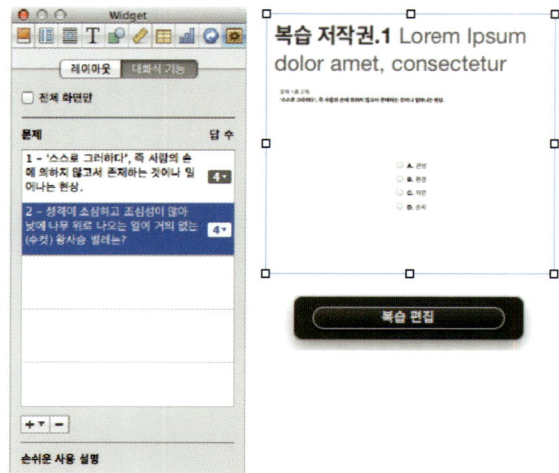

Tip 축소판 이미지 유형으로 표시된 복습 대상체의 세부 사항을 변경하려면 HUD 패널의 [복습 편집] 버튼을 클릭합니다. 다시 축소판 이미지로 복귀하려면 [완료] 버튼을 누릅니다.

Exercise 02 대상체에 꼬리표 드래그하기 유형의 문제 추가하기

09 이어서 [대화식 기능] 패널의 [문제] 목록 아래에 있는 [+] 버튼을 클릭하고 목록에서 [대상체에 꼬리표 드래그하기]를 선택합니다.

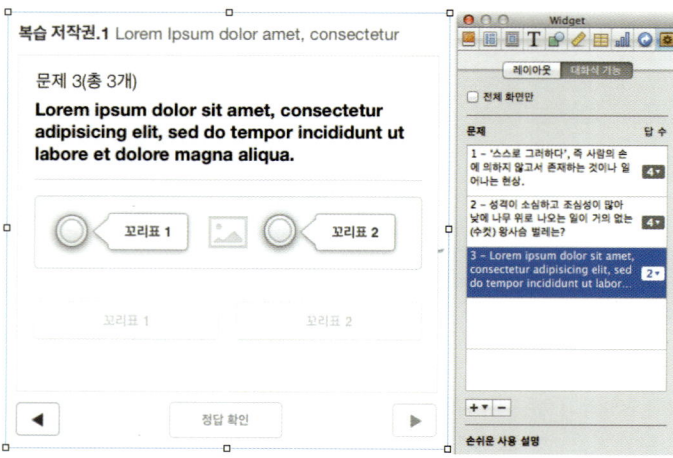

10 [질문(Lorem ipsum...)] 입력 필드에 질문 내용을 입력합니다. 이어서 문제의 예시로 사용할 이미지 파일을 빈 축소판 이미지 위로 드래그합니다.

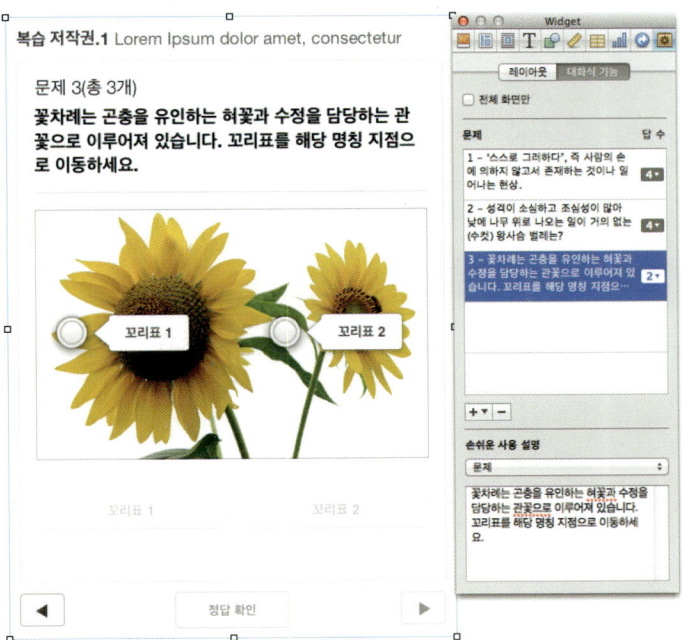

> **Tip** 빈 축소판 이미지는 미디어 위치 지정자로 정의되어 있습니다. 다른 이미지로 대치하려면 새로운 이미지 파일을 해당 영역 위로 다시 드래그합니다.

11 꼬리표 이름 필드를 더블클릭하고 내용을 입력합니다. 이어서 꼬리표에 연결된 원형 핸들을 드래그하여 이미지의 정답 지점으로 이동합니다.

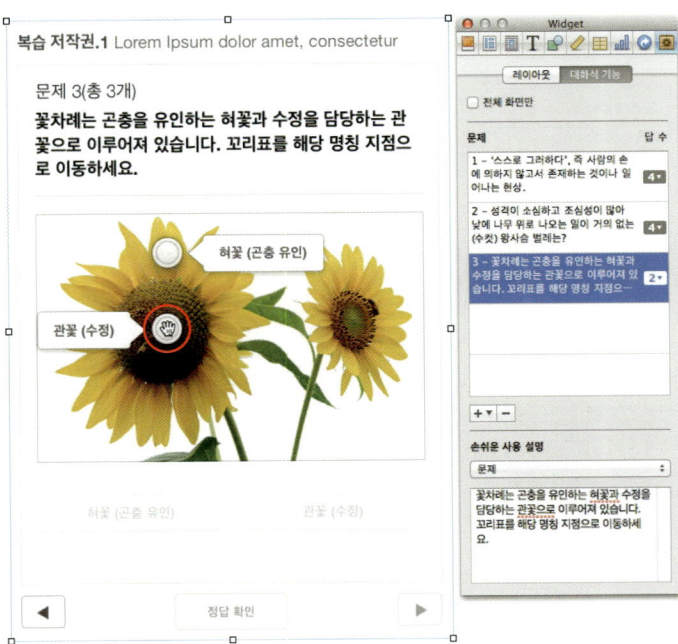

12 꼬리표 개수를 변경하려면 [대화식 기능] 탭의 문제 목록에서 해당 문제의 [답 수]를 클릭한 다음 목록에서 원하는 수를 선택합니다.

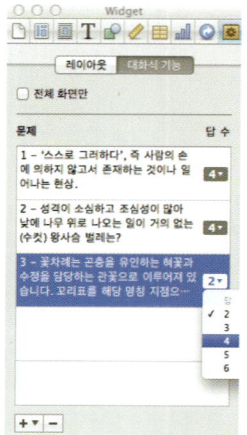

Tip 정답 확인은 iPad에서 동작합니다. 이미지 아래에 있는 각 꼬리표를 이미지의 답 지점으로 드래그하고 [정답 확인] 버튼을 누릅니다.

Exercise 03 대상체에 축소판 이미지 드래그하기 유형의 문제 추가하기

13 대상체에 이미지 꼬리표 드래그하기 유형의 문제를 추가하려면 문제 목록 아래에 있는 [+] 버튼을 클릭하고 목록에서 [대상체에 축소판 드래그]를 선택합니다.

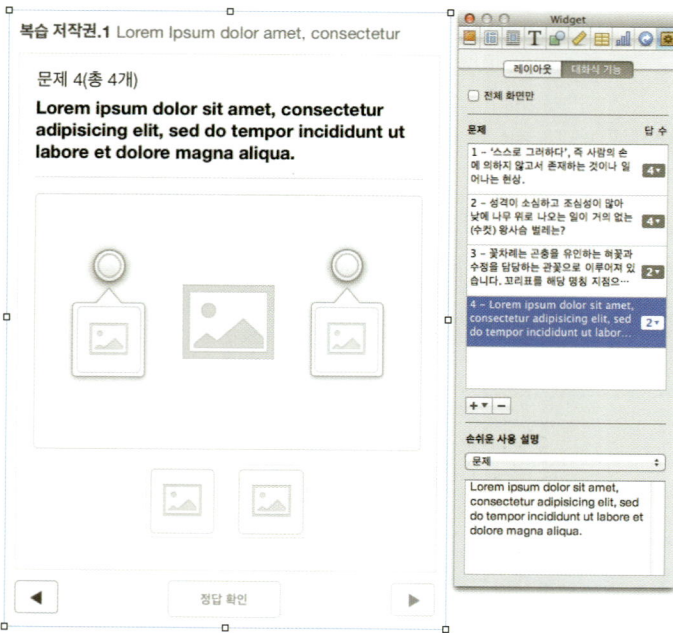

14 [질문(Lorem ipsum...)] 입력 필드에 질문 내용을 입력합니다. 이어서 문제에 사용할 이미지 파일을 빈 축소판 이미지 위로 드래그합니다. 그리고 각 꼬리표 위로 이미지를 드래그하여 추가하고 해당 꼬리표에 연결된 원형 핸들을 드래그하여 이미지의 정답 지점으로 이동합니다.

Tip iPad에서 정답 확인은 iPad에서 동작합니다. 이미지 아래에 있는 각 꼬리표를 이미지의 답 지점으로 드래그하고 정답 확인] 버튼을 누릅니다.

15 복습 대상체에 추가된 문제를 탐색하려면 복습 대상체 하단 양쪽 끝에 위치한 [뒤로 가기] 버튼 또는 [앞으로 가기] 버튼을 누릅니다. 문제 순서를 변경하려면 [대화식 기능] 탭의 [문제] 목록에서 각 항목을 위–아래로 드래그하여 우선순위를 정렬합니다. 문제를 제거하려면 [문제] 목록에서 해당 항목을 선택하고 [–] 버튼을 누릅니다.

16 복습 대상체의 레이아웃, 제목, 설명 및 배경 색상을 편집하려면 [Widget] 패널에서 [레이아웃] 탭을 클릭하고 해당 사항을 변경합니다. 대상체 편집 방법은 208페이지의 '갤러리 대상체 스타일을 세부적으로 편집하기'를 참조합니다.

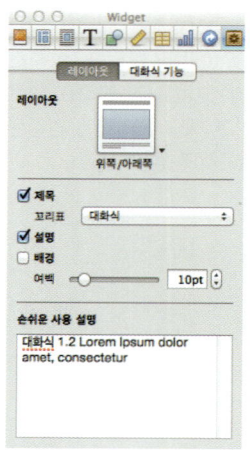

17 위 1번~16번에서 수행한 복습 대상체의 동작 패턴을 미리 보려면 [파일] 메뉴 → [현재 섹션만 미리보기]를 선택하고 iPad 장비에서 올바르게 동작하는지 검토합니다. 자세한 사항은 63페이지의 '편집하는 동안 iPad에서 책 미리보기' 섹션을 참조합니다.

Lesson **11** HTML Dashcode

이미지 갤러리, 대화식 이미지, 스크롤 사이드바, 팝 오버, 복습 등 iBooks Author에서 지원하는 정형화된 대상체 이외에 보다 다양한 패턴의 대화 방식을 가진 HTML 파일을 멀티−터치 책에 추가합니다. HTML 리소스는 'Interactive Timeline Images Sequence'와 같은 웹 서비스 채널을 통해 다운로드 받거나, Hype 또는 Adobe Edge와 같은 애니메이션 도구 및 개발자 툴인 Dashcode를 사용하여 전문적으로 제작합니다.

Exercise 01 HTML5 Widget 추가하기

01 도구 막대에서 [Widget] 아이콘을 클릭하고, 나타나는 팝업 메뉴에서 [HTML]을 선택합니다. 페이지에 HTML 대상체와 [Widget] 패널이 나타납니다.

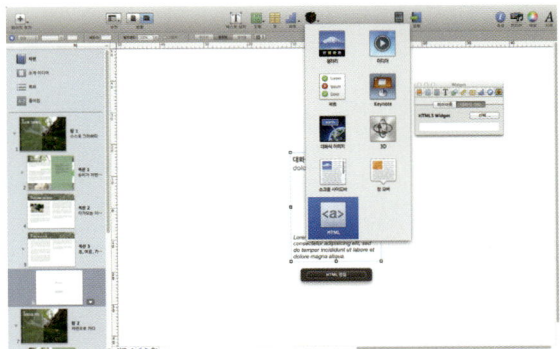

02 '.wdgt' 확장자를 가진 Widget 파일을 HTML 대상체 영역 위로 드래그합니다. 또는 [대화식 기능] 패널의 [Dashcode HTML 파일] 섹션에서 [선택] 버튼을 클릭하고 '.wdgt' 파일을 찾아 선택한 다음 [삽입] 버튼을 누릅니다.

> **Tip** HTML 대상체는 전체 화면에서 동작되도록 설정됩니다. 책에서 해당 대상체는 축소판 이미지 형태로 표시됩니다.

03 HTML 대상체의 레이아웃, 제목, 설명 및 배경 색상을 편집하려면 [Widget] 패널에서 [레이아웃] 탭을 클릭하고 해당 사항을 변경합니다. 대상체 편집 방법은 208 페이지의 '갤러리 대상체 스타일을 세부적으로 편집하기'를 참조합니다.

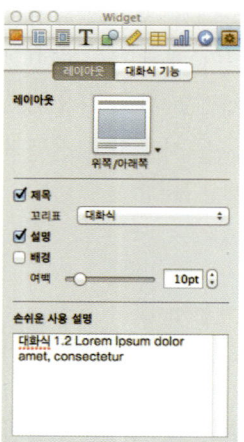

04 위 1번~3번에서 수행한 HTML 대상체의 동작 패턴을 미리 보려면 [파일] 메뉴 → [현재 섹션만 미리보기]를 선택하고 iPad 장비에서 올바르게 동작하는지 검토합니다. 자세한 사항은 63페이지의 '편집하는 동안 iPad 에서 책 미리보기' 섹션을 참조합니다.

Lesson 12 HTML5 리소스 소개 : 웹 서비스, Hype 및 Dashcode

이미지 갤러리, 대화식 이미지, 스크롤 사이드바, 팝 오버, 복습 등 iBooks Author에서 지원하는 정형화된 대상체 이외에 보다 다양한 패턴의 대화 방식을 지원하는 대상체이며 웹 서비스 또는 HTML5 애니메이션 도구, Dashcode 개발자 툴의 도움을 받아 iBooks Author에서 대화식 미디어의 기능을 무한대로 확장합니다.

Interactive Timeline Images Sequence

Class Widgets에서 제공하는 Timeline Widget입니다. 여러 개의 이미지를 순차적으로 추가한 다음, 시간 순서에 따라 서서히 변화되는 유형의 템플릿 Widget을 제공합니다. Class Widgets 사이트에 접속한 다음 온라인 상태에서 Widget의 Title과 Subtitle, Timeline Slider Position, 슬라이더를 이동할 때 각 이미지에 표시할 값인 Slider Value를 입력하고 Timeline 순서에 따라 사용할 이미지를 필요한 만큼 연속적으로 업로드한 다음 [Download this Widget] 버튼을 클릭하여 Widget 파일을 다운로드 받습니다.

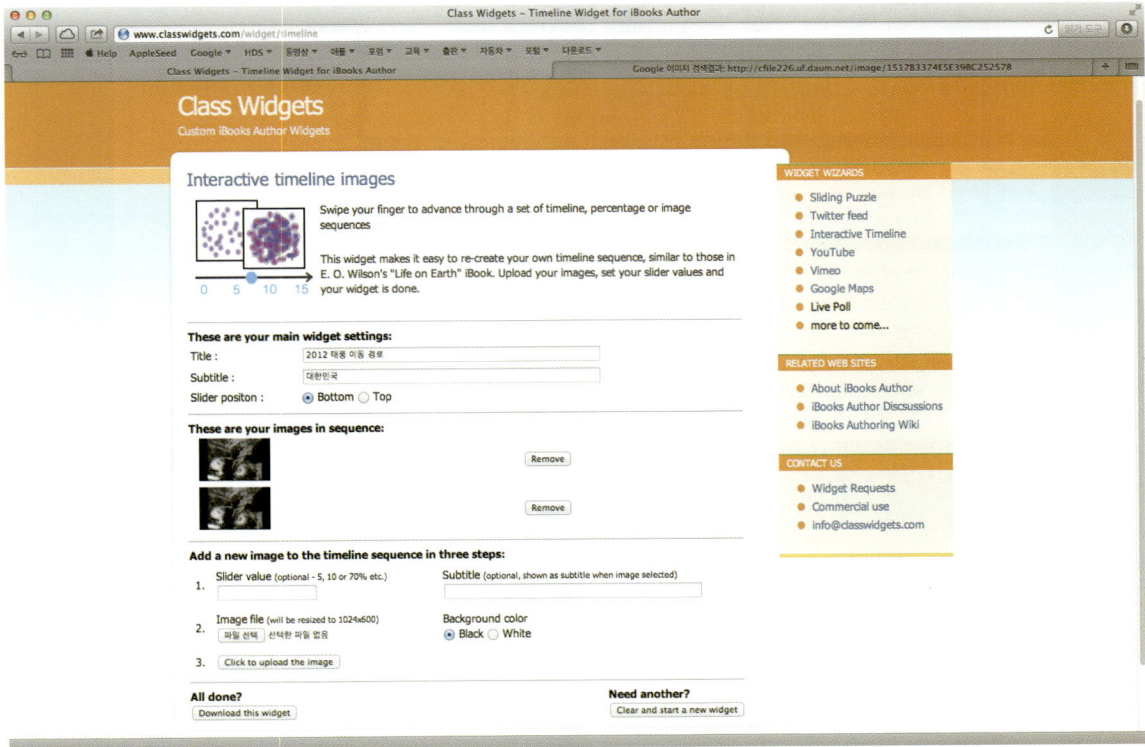

● 웹 사이트 주소 : http://www.classwidgets.com

다운로드가 완료되면 'Timeline-Widget' 위젯 파일을 OS X에 설치할 것인지 묻는 창이 나타날 수 있습니다.(Timeline Widget은 OS X 10. 8에서도 동작합니다. [설치] 버튼을 누르면 해당 파일이 ~/Library/Widgets 폴더로 이동하므로 찾기 번거로울 수 있습니다.) 패널에서 [취소] 버튼을 누른 다음 다운로드 폴더에서 해당 Widget 파일을 HTML 대상체 위로 드래그하여 추가한 다음 편집 작업을 수행합니다.

Class Widgets 웹 사이트 WIDGET WIZARDS 섹션에 [Sliding Puzzle], [Twitter Feed], [YouTube], [Vimeo], [Google Maps], [Live Poll] 등 다양한 패널의 Widget 서비스를 제공합니다.

iBooks Generator

Youtube 또는 Vimeo 동영상 및 Google 지도를 HTML Widget으로 만들어 주는 온라인 서비스입니다. 로그인한 후 화면 지침에 따라 Widget 생성 단계를 진행하고 다운로드 받습니다.

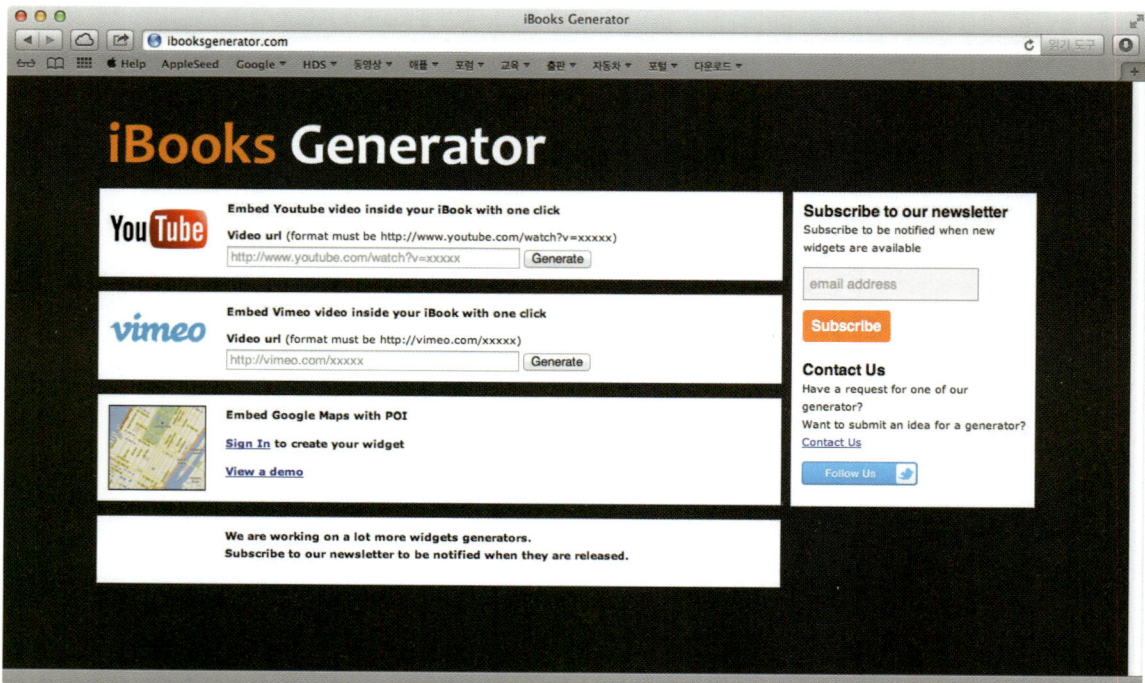

● 웹 사이트 주소 : http://ibooksgenerator.com   ● Generator 동영상 튜토리얼 : http://vimeo.com/36685283

HTML5 애니메이션 도구 : Hype

애플 모바일 플랫폼의 기반인 HTML5 기술을 사용하여 애니메이션을 만드는 Hype를 사용하면 iBooks Author에서 사용할 수 있는 HTML Widget 파일로 변환하여 가져올 수 있습니다. Hype는 Mac App Store에서 유료로 구입할 수 있으며 사용 방법은 Hype 응용 프로그램의 도움말을 참조합니다.

Dashcode Development Tool

Dashcode Development Tool은 애플의 개발자 툴인 Dashcode의 템플릿 화면입니다. 이 툴은 지도, RSS,(Video) Podcast, 등 광범위한 유형의 Widget을 만들 수 있도록 지원합니다.(http://developer. apple.com) 이 도구를 사용하여 동영상, 오디오 및 이미지가 포함된 다양한 대화식 Widget을 제작하려면 별도의 개발 인력이 필요합니다.

Theme 06

책 마무리

책 편집의 후반과정으로 책 표지, 소개 미디어, 목차, 용어집 용어, 텍스트 하이퍼링크 및 시각 장애인용 콘텐츠를 위한 VoiceOver에 대하여 학습합니다.

Lesson 01 책 표지

멀티−터치 책 표지의 배경 이미지 또는 책 제목, 저자 이름 및 기타 정보를 변경합니다. 책 표지는 미리 정의된 텍스트 위치 지정자 및 미디어 위치 지정자를 포함하고 있으므로 텍스트 내용 또는 이미지만 대치 하여 손쉽게 편집할 수 있습니다.

Exercise 01 책 표지 레이아웃 변경하기

01 책 제목을 변경하기 위 해 [책] 패널에서 [책 제 목] 필드를 더블클릭하 고 새로운 제목을 입력 하면 페이지 편집 영역 하단에 있는 '책 제목' 필드가 자동으로 업데 이트됩니다.

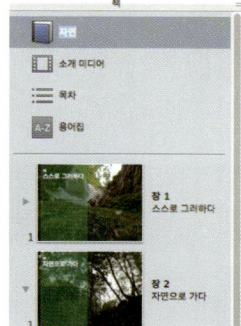

02 [책] 패널에서 책 제목을 선택합니다. 페이지 편집 영 역에 책 표지가 나타납니다. 책 표지는 배경 이미지, 제목 및 저자 이름 등의 텍스트 입력 필드를 포함하고 있습니다.

03 배경 이미지를 변경하려면 새로운 이미지 파일을 책 배경 이미지 위로 드래그합니다. 배경 이미지는 미디 어 위치 지정자로 정의되어 있으므로 새로운 이미지 파일로 대치됩니다.

Tip 다른 페이지에 있는 이미지 대상체로 대치하려면 해당 대상체를 선택하고 복사한 다음 책 표지에서 배경 이미지를 선택한 다음, 단축키 Command + V 키를 눌러 붙여 넣습니다.

04 텍스트 상자 안에 미리 입력되어 있는 저자 이름 및 기타 텍스트 정보를 변경하거나 새로 추가합니다. '책 제목'은 자동 업데이트 필드이므로 가능하다면 위 2번 과정을 수행하여 변경합니다.

05 책 제목, 저자 이름 및 기타 텍스트 정보의 텍스트 포맷(글자 크기, 글자 색상, 정렬 방식 등)을 변경하려면 텍스트를 블록 방식으로 선택하고 포맷 막대에서 원하는 스타일을 지정합니다. 원한다면 해당 대상체를 드래그하여 레이아웃을 보정합니다.

06 새로운 이미지 또는 도형(선)을 추가하여 다시 편집 작업을 수행할 수도 있습니다. 새로운 이미지를 책 표지에 추가할 때 배경 이미지 위로 드래그하면 대치되므로 다음 그림과 같이 보기 방법을 [페이지에 맞추기]로 지정한 후 페이지 바깥 영역에 먼저 추가한 다음 해당 대상체를 페이지 안쪽 영역으로 드래그하여 적절히 배치합니다.

Lesson **02** 소개 미디어

QuickTime과 호환되는 포맷의 동영상 또는 이미지 파일을 소개 미디어 섹션에 추가합니다. 독자가 책을 볼 때 책 표지 다음에 보이는 항목으로 이 영역을 비워 두면 목차로 바로 건너뜁니다.

Exercise 01 소개 미디어 섹션에 동영상 또는 이미지 추가하기

01 [책] 패널에서 [소개 미디어]를 선택하면 페이지 편집 영역에 동영상 또는 이미지 파일을 추가할 수 있는 드롭존이 나타납니다.

02 동영상 또는 이미지 파일을 드롭존 위로 드래그합니다. 동영상 파일을 추가한 경우 [재생] 버튼을 누르면 미리 볼 수 있습니다. 다른 동영상 또는 이미지 파일로 대치하려면 새로운 파일을 드롭존으로 다시 한 번 드래그합니다.

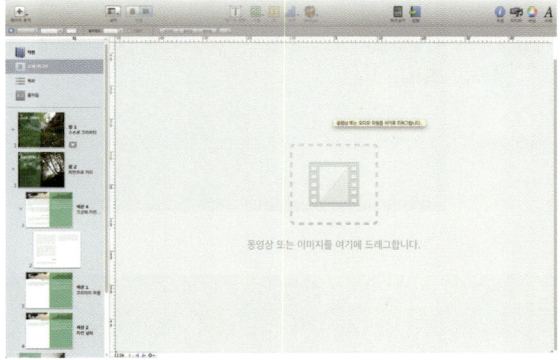

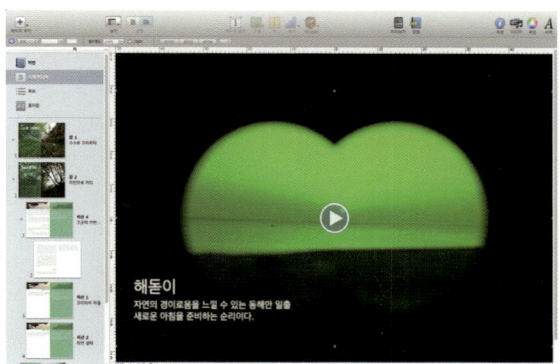

03 위 2번 과정을 수행할 때 동영상 화면이 나타나지 않고 다음 그림과 같이 [동영상 최적화 중...] 창이 뜬다면, iPad와 호환되지 않는 포맷이므로 변환 작업을 수행하게 됩니다. 변환 작업이 완료되면 동영상 화면이 나타납니다.

04 책에서 (재생하기 전에) 미디어 대상체에 표시할 대표 장면(프레임)을 변경하려면 도구 막대에서 [속성] 아이콘을 누르고 [Widget] 패널에서 [포스터 프레임] 슬라이더를 좌−우로 드래그하면서 원하는 장면을 결정합니다.

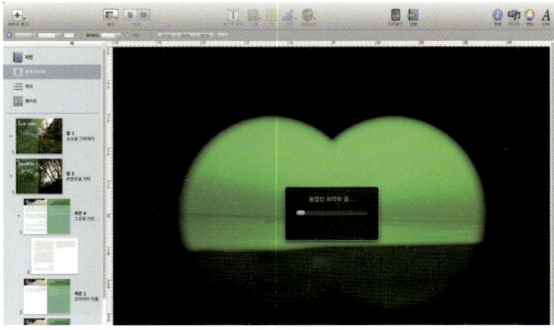

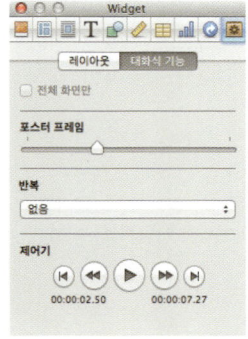

Lesson **03** 목차

목차의 배경 이미지 또는 장, 섹션 제목의 텍스트 포맷 등 일부 레이아웃 요소를 변경합니다. 책 패널에서 장 또는 섹션을 추가하면 목차에 자동으로 업데이트되며 책 보는 방향에 따라 다르게 표시됩니다. 가로 및 세로 방향 템플릿으로 제작한 책을 가로 방향 모드로 보면 장 단위로, 세로 방향 모드로 보면 책 전체의 장, 섹션 제목 및 목차로 지정한 단락 스타일 항목을 한 페이지에 표시합니다.

Exercise 01 가로 방향 모드에서 목차 레이아웃 변경하기

01 도구 막대에서 [가로 방향] 버튼을 클릭하고 [책] 패널에서 목차를 선택합니다. 목차가 '장' 단위로 나타나며 해당 장에 포함된 섹션 항목을 함께 보여줍니다.

> **Tip** 1번 그림은 가로 및 세로 방향 템플릿을 사용한 예시입니다. [세로 방향 전용] 템플릿을 사용하면, [가로 방향] 모드처럼 장 단위로 목차를 표시합니다.

02 다른 장의 목차를 보려면 페이지 중앙 하단에 위치한 장 탐색점을 클릭합니다. 장 탐색점은 장 개수만큼 표시됩니다.

03 목차 배경 이미지를 변경하려면 새로운 이미지 파일을 배경 이미지 위로 드래그합니다. 배경 이미지는 미디어 위치 지정자로 정의되어 있으므로 새로운 이미지 파일로 대치됩니다.

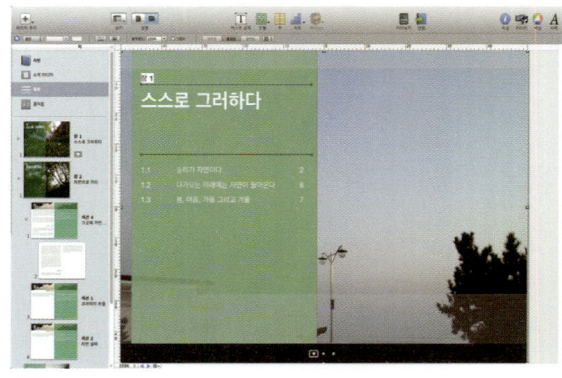

> **Tip** [가로 방향] 모드에서는 목차가 장 단위로 표시되므로 각 목차마다 다른 이미지를 사용하여 구성할 수 있습니다.

04 목차에 표시되는 제목 및 섹션 제목을 변경하려면 [책] 패널에서 해당 장 또는 섹션 제목 필드를 더블클릭하고 내용을 변경합니다. 목차 페이지에 있는 '장 또는 섹션' 제목이 자동으로 업데이트됩니다.

Tip 목차 페이지에 표시되는 장 또는 섹션 제목은 자동 업데이트 필드이므로 직접 수정할 수 없다는 점에 주의합니다.

05 장 제목 또는 섹션 제목의 스타일을 변경하려면 해당 텍스트를 블록 방식으로 선택하고 포맷 막대에서 원하는 텍스트 포맷을 지정합니다.

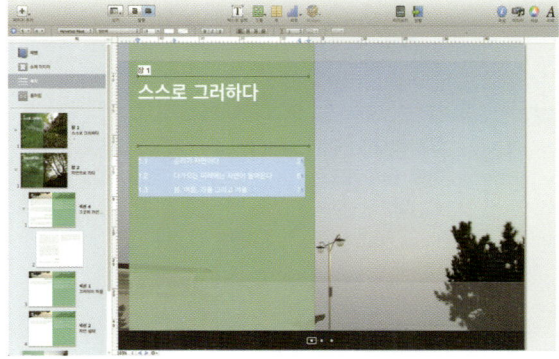

Tip 새로운 이미지 또는 도형(선)을 추가하여 다시 편집 작업을 수행할 수도 있습니다. 새로운 이미지를 책 표지에 추가할 때 배경 이미지 위로 드래그하면 대치되므로 보기 방법을 [페이지에 맞추기]로 지정한 후 페이지 바깥 영역에 먼저 추가한 다음 해당 대상체를 페이지 안쪽 영역으로 드래그하여 적절히 배치합니다.

| **Exercise 02 세로 방향 모드에서 목차 변경하기**

01 도구 막대에서 [세로 방향] 아이콘을 클릭하고 [책] 패널에서 [목차]를 선택합니다. 책에 구성되어 있는 장, 섹션(또는 사용자가 목차로 지정한 단락 스타일 항목)이 목차 페이지에 모두 나타납니다. 목록을 확장하거나 축소하려면 역삼각형(▼)을 클릭합니다.

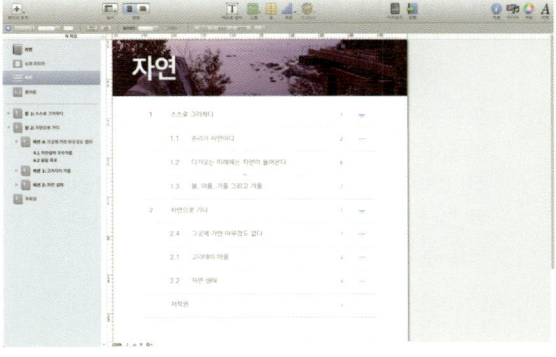

02 목차 배경 이미지를 변경하려면 새로운 이미지 파일을 배경 이미지 위로 드래그합니다. 배경 이미지는 미디어 위치 지정자로 정의되어 있으므로 새로운 이미지 파일로 대치됩니다.

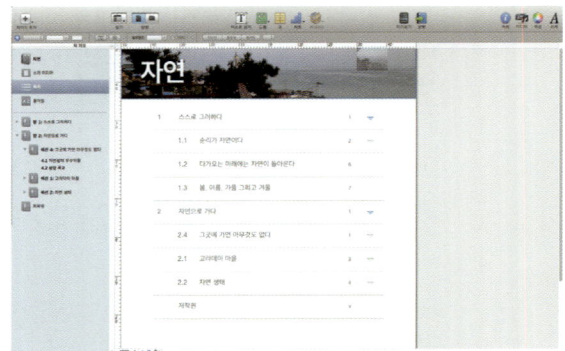

03 목차에 표시되는 제목 및 섹션 제목을 변경하려면 [책] 패널에서 해당 장 또는 섹션 제목 필드를 더블클릭하고 내용을 변경합니다. 목차 페이지에 있는 '장 또는 섹션' 제목이 자동으로 업데이트됩니다.

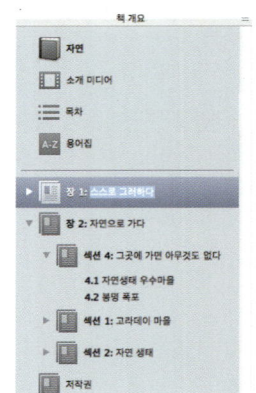

> **Tip** 목차에 표시되는 장 또는 섹션 제목은 자동 업데이트 필드이므로 직접 수정할 수 없는 점에 주의합니다.

단락 스타일을 목차 표시 항목으로 지정

세로 방향 모드에서 단락 스타일 중 목차에 표시할 항목을 사용자가 지정합니다. 가로 방향 모드에서는 장 및 섹션 제목만 나타나지만, 세로 방향 모드에서 장, 섹션 제목 및 사용자가 지정한 단락 스타일 항목을 함께 표시할 수 있습니다.

Exercise 03 세로 방향 모드에서 목차 항목 추가 또는 제거하기

01 도구 막대에서 [세로 방향] 아이콘을 클릭하고 [책] 패널에서 목차를 선택합니다. 이어서 도구 막대에서 [속성] 아이콘을 클릭합니다. 나타난 [속성] 패널에서 [도큐멘트] 아이콘을 클릭한 다음 [목차] 탭을 다시 한 번 누릅니다.

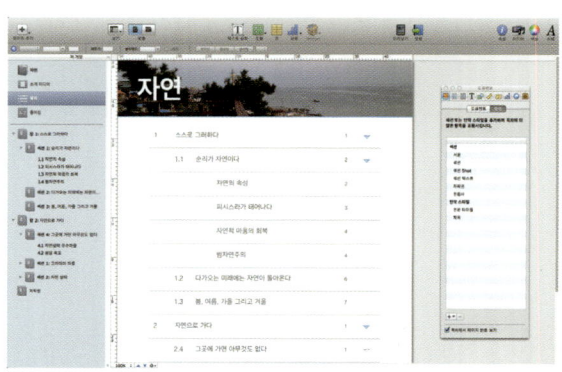

02 단락 스타일을 목차 항목에 추가하려면 목록 하단에 있는 [+] 버튼을 클릭하고 [단락 스타일 추가]를 선택한 후 하위 목록에서 원하는 단락 스타일 유형을 선택합니다.

> **Tip** 단락 스타일은 텍스트 위주의 책 작업에 있어서 필수 사항입니다. 자세한 사항은 106페이지의 '텍스트 스타일'을 참조합니다.

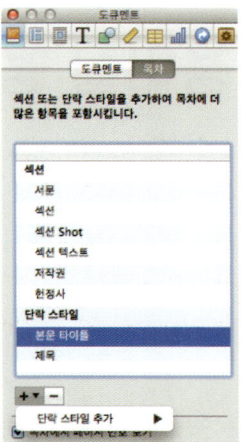

03 위 2번 과정에서 추가한 스타일 항목이 [단락 스타일] 섹션에 추가됩니다. 목록에서 섹션 또는 단락 스타일 일부 항목을 제거하고 목차에 표시될 항목을 변경합니다.

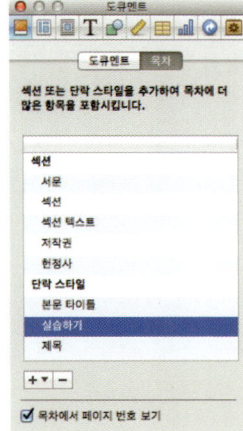

04 목차 항목을 제거하려면 목록에서 제거할 항목을 선택하고 [–] 버튼을 클릭합니다. 목차 페이지에서 페이지 번호를 표시하려면 [목차에서 페이지 번호 보기] 항목을 체크합니다.

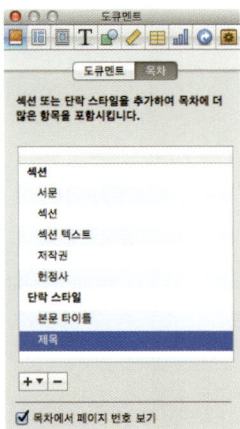

Lesson 04 용어집 용어

독자가 책을 보는 동안 모르는 단어가 나오면, 해당 단어를 선택하여 정의된 내용을 볼 수 있도록 용어집 목록을 추가합니다. 또 본문 내용에 있는 텍스트는 물론 이미지, 동영상 및 기타 미디어 대상체를 용어집 항목에 추가할 수도 있습니다.

Exercise 01 텍스트를 용어집에 추가하고 제거하기

01 [보기] 메뉴 → [용어집 도구 막대 보기]를 선택하거나 단축키 Shift + Command + E 키를 누릅니다. 포맷 막대 아래에 용어집 도구 막대가 나타납니다.

02 [책] 패널에서 장 또는 섹션 페이지를 선택하고 용어집에 추가할 텍스트 단어를 한 번 클릭합니다. 해당 단어가 [새로운 용어집 용어] 입력 필드에 나타나면 [용어 추가] 버튼을 클릭합니다.

> **Tip** 일반 텍스트 포맷을 변경하는 것과 달리 용어집에 추가할 때 텍스트를 블록 방식으로 선택하지 않는 것에 주의합니다.

03 페이지에서 해당 텍스트가 하이라이트됩니다. 이어서 [책] 패널에서 용어집을 선택합니다. 용어집 페이지 목록에 해당 단어가 나타납니다.

04 목록에서 해당 용어를 선택하고 오른쪽 용어 편집 영역에서 용어 이름을 수정하거나 정의할 내용을 입력합니다. 텍스트 스타일을 변경하려면 해당 텍스트를 블록 방식으로 선택하고 포맷 막대에서 원하는 텍스트 포맷(글자 크기, 글자 색상 등)을 지정합니다.

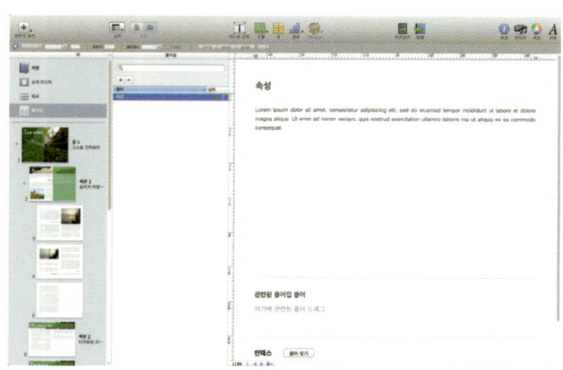

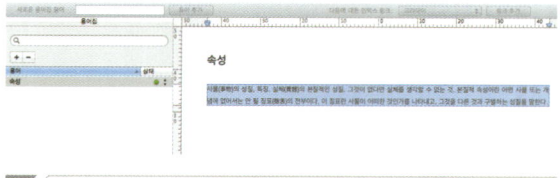

> **Tip** iPad에서 책을 볼 때 용어집에 인덱스된 텍스트는 볼드체로 표시되며, 해당 텍스트를 탭하면 용어집 오버레이 메뉴가 나타납니다.

05 해당 용어가 있는 페이지로 다시 이동하려면 [용어집] 패널 하단에 위치한 [인덱스] 섹션의 장 제목 앞에 마우스 커서를 위치시킵니다. 역삼각형 표시가 나타나면 클릭한 후 나타나는 목록에서 [링크로 이동]을 선택합니다.

06 [용어집]에 추가한 용어를 제거하려면 목록에서 해당 용어를 선택하고 [−] 버튼을 누르거나 Delete 키를 누릅니다.

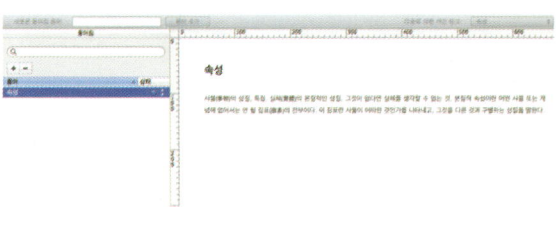

Exercise 02 용어집에 추가한 용어를 페이지에서 찾아 연속적으로 연결하기

01 [책] 패널에서 [용어집]을 선택합니다. [용어집] 목록에서 용어를 선택하고 [인덱스] 섹션에서 [용어 찾기] 버튼을 클릭하면 [찾기 및 대치] 패널이 나타나며 해당 용어가 있는 페이지로 이동합니다.

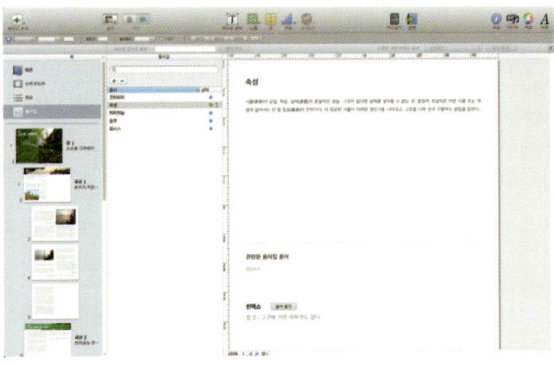

02 검색된 용어가 노란색으로 하이라이트되어 표시되며, 이 텍스트를 기존 용어에 연결하려면 용어집 막대 오른쪽 끝에 위치한 [링크 추가] 버튼을 누릅니다.

03 이어서 다음 텍스트를 찾아 선택한 용어에 연결하려면 [찾기 및 대치] 패널에서 [다음] 버튼을 누르고 용어집 막대에서 [링크 추가] 버튼을 다시 한 번 클릭합니다. 이 과정을 반복하여 검색된 텍스트를 해당 용어에 연속적으로 연결합니다.

04 [책] 패널에서 [용어집]을 선택하고 위 1번~3번 과정에서 연결한 용어를 목록에서 선택합니다. 하단에 있는 [인덱스] 섹션에 해당 용어가 있는 장 또는 섹션 정보가 나타납니다.

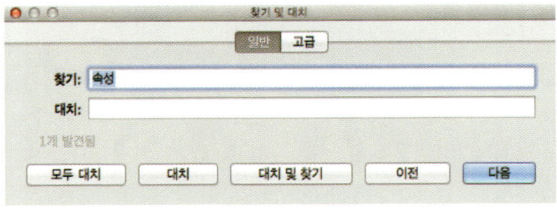

Exercise 03 텍스트 또는 단락을 기존 용어에 연결하기

01 [용어집]에 용어를 추가하고 용어집 막대에서 [다음에 대한 색인 링크]의 팝업 메뉴를 클릭하면 추가된 용어 목록이 나타납니다.

02 책에서 텍스트 또는 단락을 기존 용어에 연결하려면 페이지에서 연결할 텍스트 또는 단락을 블록 방식으로 선택하고, [다음에 대한 색인 링크] 팝업 메뉴에서 해당 용어를 선택한 다음, [링크 추가] 버튼을 클릭합니다.

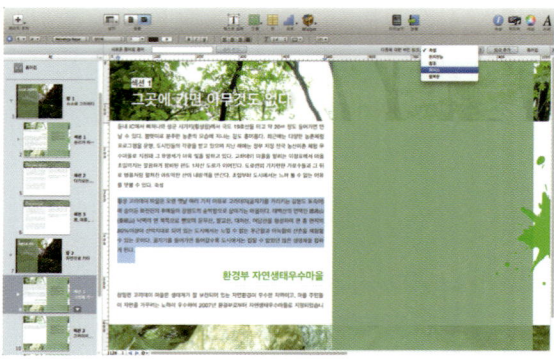

Exercise 04 용어집 페이지에서 용어 추가, 변경, 링크 및 세부 사항 지정하기

01 [책] 패널에서 [용어집]을 선택합니다. 용어를 추가하기 위해 [+] 버튼을 클릭하면 목록에서 [무제] 항목이 나타납니다. 해당 용어는 아직 색인 링크 정보가 없는 상태입니다.

02 용어 목록에서 '무제'를 원하는 용어 이름으로 변경하고, 오른쪽 패널의 정의 입력 필드에 정의할 내용을 입력합니다.

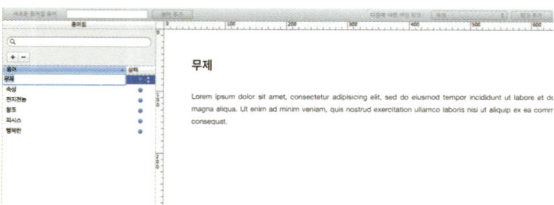

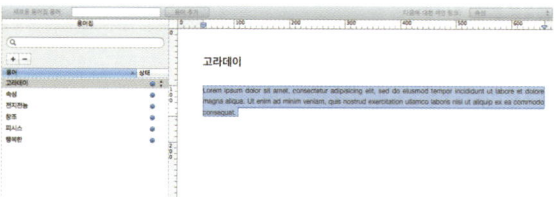

03 [용어집] 목록에서 현재 선택한 용어에 다른 용어를 참조 형태로 연결하려면 목록에서 원하는 용어를 [관련된 용어집 용어] 섹션으로 드래그합니다.

> **Tip** 새로 추가한 용어를 페이지에서 찾아 연속적으로 연결하려면 전자에서 학습한 259페이지 '용어집에 추가한 용어를 페이지에서 찾아 연속적으로 연결하기'를 수행합니다.

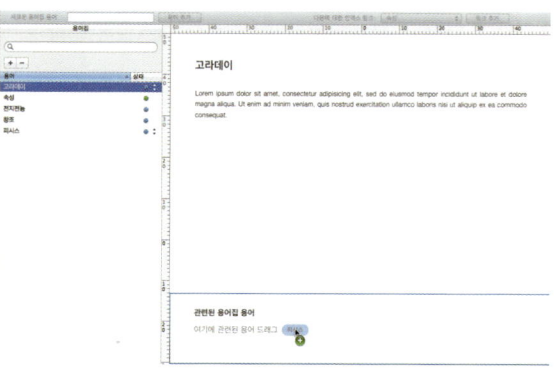

04 관련된 용어집 용어 섹션에 추가한 참조 링크를 제거
하려면 해당 용어를 [관련된 용어집 용어] 섹션 바깥
영역으로 드래그하면 풍선 터지는 애니메이션과 함께
사라집니다.

05 [용어집] 목록에서 특정 용어를 다른 용어 위로 드래
그하면, 두 개의 용어는 서로 관련된 용어집 용어에
참조 링크로 추가됩니다.

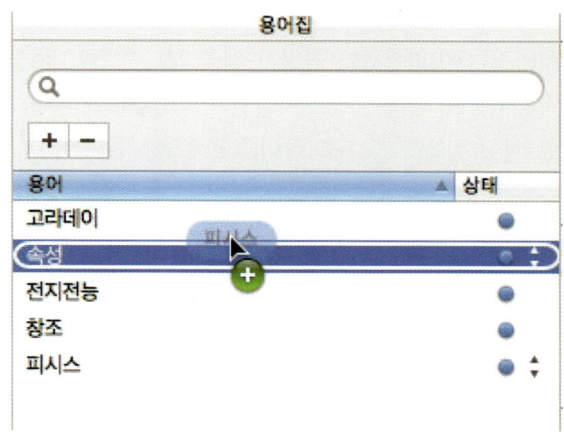

06 용어에 연결된 인덱스 정보를 제거하려면 [용어집] 패널
하단에 위치한 [인덱스] 섹션의 장 제목 앞에 마우스 커
서를 위치합니다. 역삼각형 표시(▼)가 나타나면 클릭
하고 나타나는 목록에서 [링크 제거]를 선택합니다.

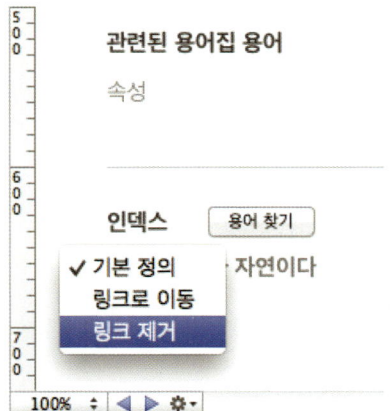

07 특정 용어에 두 개 이상의 인덱스 정보가 연결되었을
때 특정 페이지의 용어를 기본 값으로 지정하기 위해
[용어집] 패널 하단에 위치한 [인덱스] 섹션의 장 제목
앞에 마우스 커서를 위치합니다. 역삼각형 표시(▼)가
나타나면 클릭해 목록에서 [기본 정의]를 선택합니다.

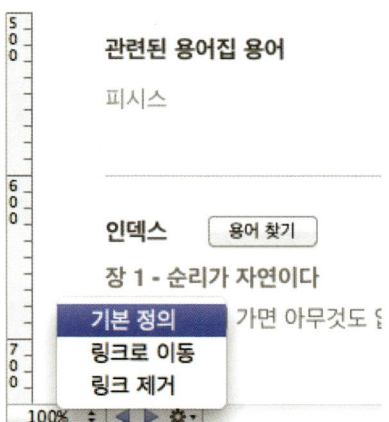

08 [용어집] 목록에서 각 용어에 대하여 식별띠 색상을
지정하려면 해당 용어 끝에 있는 색상 아이콘을 클릭
하고 파란색, 주황색, 녹색 중 하나를 선택합니다.

Tip 식별띠 색상은 [용어집] 목록에 많은 용어들을 추
가했을 때 유형별로 분류하고 관리하는데 유용합
니다.

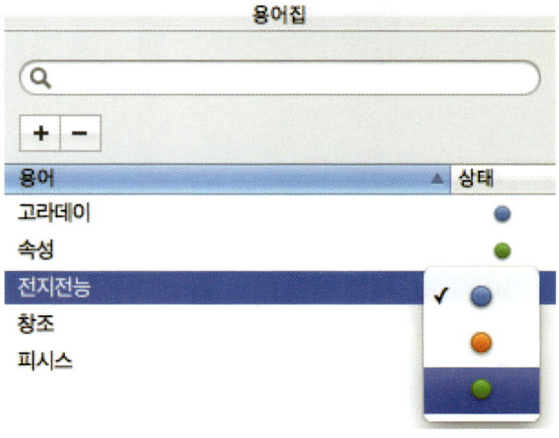

Lesson 05 텍스트 하이퍼링크

텍스트 하이퍼링크는 독자가 책을 보다가 '텍스트'를 선택하면, 책갈피 또는 특정 대상체가 있는 페이지로 이동하거나 웹사이트로 이동할 수 있도록 도와줍니다. 하이퍼링크로 인덱스된 텍스트는 페이지에서 지정한 색상 및 밑줄로 하이라이트되어 표시됩니다.

Exercise 01 책갈피 생성하기

01 도구 막대에서 [속성] 아이콘을 누릅니다. [속성] 패널이 나타나면 [링크] 아이콘을 클릭하고 [책갈피] 탭을 다시 한 번 누르면 빈 책갈피 목록이 나타납니다.

02 페이지에서 텍스트 단어 또는 단락을 블록 방식으로 선택하고 [링크] 패널의 책갈피 목록 하단에 있는 [+] 버튼을 클릭하면 목록에 책갈피가 추가됩니다. 책갈피 이름을 변경하려면 이름 영역을 더블클릭하고 내용을 입력합니다.

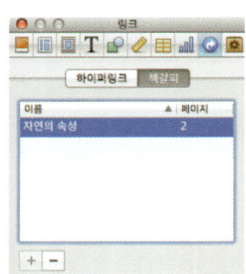

03 위 2번 과정을 반복하여 책에 책갈피를 추가합니다. [책갈피] 목록에서 이름 순 또는 페이지 번호 순으로 정렬하려면 [이름] 또는 [페이지]의 컬럼 막대를 클릭합니다. 책갈피를 제거하려면 목록에서 해당 책갈피를 선택하고 [−] 버튼을 클릭하거나 Delete 키를 누릅니다.

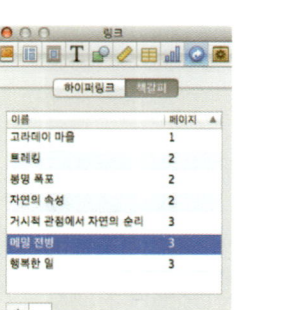

04 책갈피 단위로 탐색하려면 페이지 편집 영역 하단에 있는 톱니바퀴 모양의 [동작] 아이콘을 클릭하고 나타난 목록에서 [책갈피]를 선택합니다.
톱니바퀴 모양의 [동작] 아이콘 왼쪽에 있는 [뒤로 가기] 또는 [앞으로 가기] 버튼을 눌러 책갈피 단위로 탐색합니다.

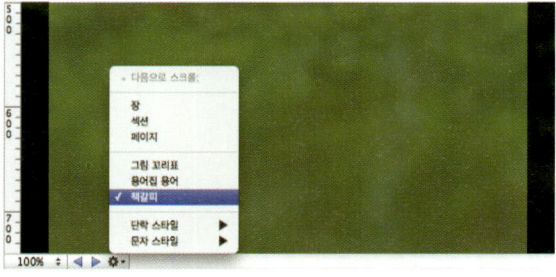

Exercise 02 텍스트 하이퍼링크 생성하기

01 페이지에서 텍스트 단어 또는 단락을 블록 방식으로 선택하고 도구 막대에서 [속성] 아이콘을 누릅니다. [속성] 패널이 나타나며, [링크] 아이콘을 클릭하고 [하이퍼링크] 탭을 다시 한 번 누른 다음 [하이퍼링크로 활성화] 항목을 체크합니다.

02 책에 추가한 이미지 갤러리, 그림, 대화식 이미지, 동영상, 복습, 삽화 또는 이미지 대상체가 있는 페이지로 이동하려면 [링크]에서 [그림]을 선택한 다음, [위치]와 [스타일]에서 범위와 유형을 지정합니다. 해당 범위와 유형에 부합되는 대상체가 목록에 나타나며 하이퍼링크로 지정할 항목을 선택합니다.

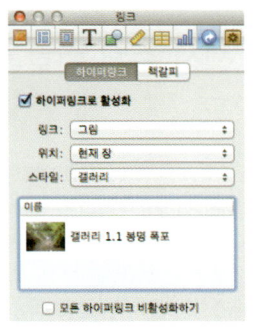

03 iPad에서 텍스트를 탭 했을 때 웹사이트로 이동하려면 [링크]에서 [웹 페이지]를 선택한 다음, [URL] 입력 필드에 사이트 주소를 입력합니다.

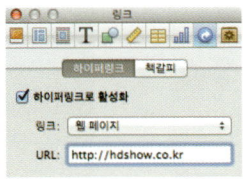

04 iPad에서 텍스트를 탭 했을 때 메일을 보내려면 [링크]에서 [이메일 메시지]를 선택한 다음, [받는 사람] 입력 필드에 이메일 주소, [제목] 입력 필드에 메일 제목을 입력합니다.

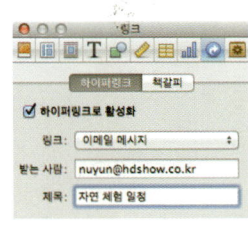

05 iPad에서 텍스트를 탭 했을 때 책갈피 지점으로 이동하려면 [링크]에서 [책갈피]를 선택한 다음, [이름]에서 이동할 책갈피 이름을 선택합니다.

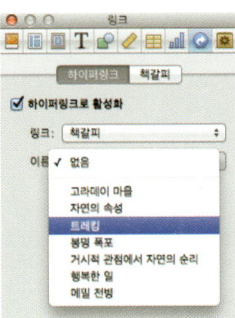

06 텍스트 하이퍼링크 정보를 제거하려면 페이지에서 하이퍼링크가 지정된 텍스트를 선택하고 [하이퍼링크로 활성화] 항목을 체크 해제합니다. 만약 텍스트 하이퍼링크 정보를 한시적으로 모두 무시하려면 [모든 하이퍼링크 비활성화하기] 항목을 체크합니다.

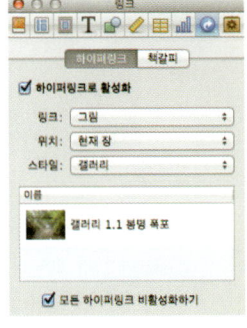

Tip 이 옵션은 텍스트 하이퍼링크 정보 편집 작업 시, 유용하며 텍스트에 지정된 하이퍼링크 정보는 유실되지 않습니다.

Lesson 06 장, 섹션 및 페이지 번호

책 전체에서 장 또는 섹션의 순서 번호를 변경합니다. iBooks Author에서 해당 번호 정보는 재정렬 순서에 따라 자동으로 매겨지며 다양한 방법으로 사용자화할 수도 있습니다.

Exercise 01 장 또는 섹션 순서 번호 변경하기

01 다음 그림은 두 개의 장으로 구성된 책이며 첫 번째 [장 1]은 세 개의 섹션, 두 번째 [장 2]는 하나의 섹션으로 구성되어 있는 예시입니다. 각 축소판 이미지 오른쪽에 표시된 장 1, 섹션 1, 섹션 2, 섹션 3, 장 2, 섹션 1은 목차에서 자동으로 매겨지는 순서 번호입니다.

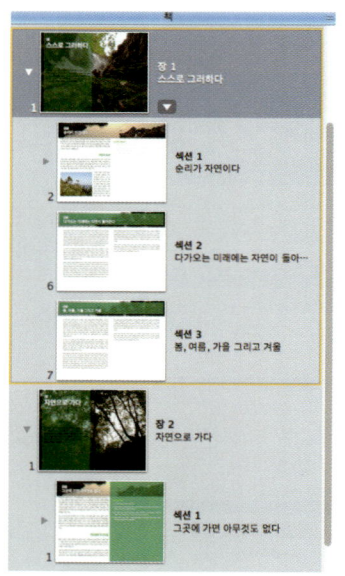

02 도구 막대에서 [속성] 아이콘을 누릅니다. [속성] 패널이 나타나며 [레이아웃] 아이콘을 클릭하고 [번호 매기기] 탭을 다시 한 번 누릅니다.

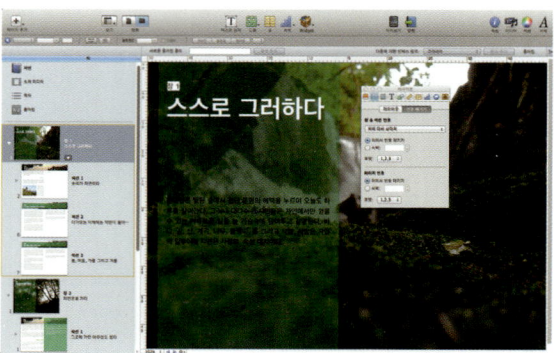

03 책 안에 포함된 장의 순서에 따라 자동으로 번호를 매기려면 [책] 패널에서 장을 선택하고 [레이아웃] 패널의 [섹션 번호]의 팝업 메뉴에서 [책에 대해 상대적]과 [이어서 번호 매기기] 항목을 체크합니다.

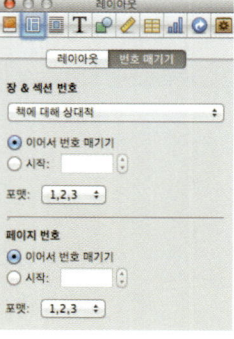

> **Tip** 책은 하나 이상의 장으로, 장은 하나 이상의 섹션으로 구성된 계층 구조를 연상하면 쉽게 이해할 수 있습니다.

04 장에서 순서 번호를 이어 매기지 않고 특정 번호로 시
작하려면 [번호 매기기] 탭에서 [시작] 항목을 체크하고
입력 필드에 번호 값을 입력합니다. 번호 스타일을 변
경하려면 [포맷] 목록에서 원하는 패턴을 선택합니다.

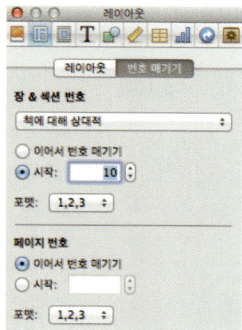

Tip 4번 그림과 같이 [책] 패널에서 '장 1'을 선택하고
[번호 매기기] 탭에서 [시작] 항목을 체크한 다음
10을 입력하면 '장 10'으로 번호가 바뀝니다.

05 책 안에 포함된 섹션의 순서에 따라 번호를 매기려면
[책] 패널에서 섹션을 선택하고 [레이아웃] 패널의 [장
& 섹션 번호] 팝업 메뉴에서 [장에 대해 상대적] 또는
[책에 대해 상대적] 중 하나를 선택합니다.

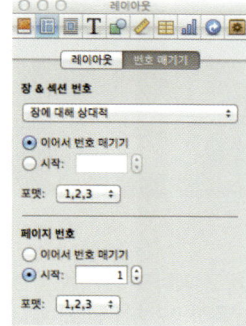

Tip [책] 패널에서 '장 2' 하위에 있는 첫 번째 섹션을 선택하고 [번호 매기기] 탭의 [장 & 섹션 번호] 목록에서 [장에 대해 상대
적]을 지정하면 '섹션 1'으로, [책에 대해 상대적]을 지정하면 장 1에 섹션 1, 섹션 2, 섹션 3가 있으므로 이어서 '섹션 4'로 번
호가 표시됩니다. 단, 장 1에 포함된 섹션 1, 섹션 2, 섹션 3의 번호 매기기 방식은 모두 [책에 대해 상대적]으로 지정이 되어
있어야 연속성을 갖습니다.

06 섹션에서 순서 번호를 자동으로 이어 매기지 않고 특
정 번호로 시작하려면 [레이아웃] 패널의 [번호 매기
기] 탭에서 [시작] 항목을 체크하고 입력 필드에 번호
값을 입력합니다. 번호 표시 유형을 변경하려면 [포맷]
목록에서 원하는 패턴을 선택합니다.

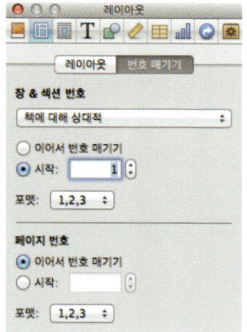

Exercise 02 장 또는 섹션 번호의 표시 유형 변경하기

01 [책] 패널에서 장을 선택하고 페이지에서 [장 번호(예: 장 1)] 필드를 더블클릭하면 [섹션 번호] 패널이 나타납니다. 이때 기본 표시 유형은 [앞 기호 및 숫자]입니다.

02 [섹션 번호] 패널에서 [앞 기호 및 숫자]의 목록을 클릭하고 [앞 기호만] 또는 [숫자 만] 중 하나를 선택합니다. 다음 그림은 [앞 기호만]을 선택한 예시입니다. '장 1'에서 '장'으로 표시 유형이 변경됩니다.

03 [책] 패널에서 [섹션]을 선택하고 페이지에서 [섹션 번호(예: 섹션 1)] 필드를 더블클릭하면 [섹션 번호] 패널이 나타납니다. 이때 기본 표시 유형은 [앞 기호 및 숫자]입니다.

04 [현재 섹션] 팝업 메뉴에서 [현재 장]을 선택하면 '섹션 1'에서 '장 1'로 변경됩니다. [섹션 번호] 패널에서 [앞 기호 및 숫자]를 클릭하고 [앞 기호만] 또는 [숫자 만] 중 하나를 선택합니다. 다음 그림은 [숫자 만]을 선택한 예시입니다. '1'로 표시 유형이 변경됩니다.

Exercise 03 페이지 번호 변경하기

01 다음 그림은 두 개의 장으로 구성된 책이며 첫 번째 [장 1]은 세 개의 섹션, 두 번째 [장 2]는 하나의 섹션으로 구성되어 있는 예시입니다. 각 축소판 이미지 왼쪽에 표시된 숫자 1, 2, 6, 7, 8는 페이지 번호입니다.

02 도구 막대에서 [속성] 아이콘을 누릅니다. 나타난 [속성] 패널에서 [레이아웃] 아이콘을 클릭하고 [번호 매기기] 탭을 다시 한 번 누릅니다. [책] 패널에 선택한 장 또는 섹션에 대한 페이지 번호 매기기 정보가 [번호 매기기] 탭 하단에 나타납니다.

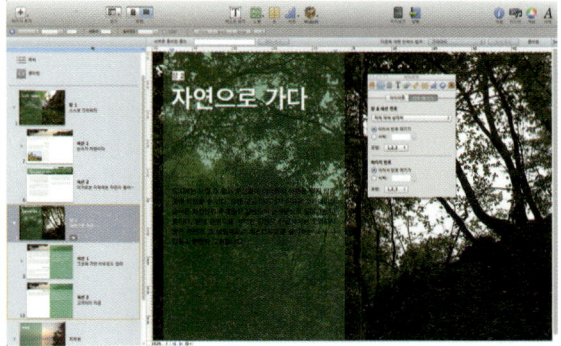

03 책 안에 정렬된 페이지의 순서에 따라 번호를 매기려면 [번호 매기기] 탭의 [페이지 번호] 섹션에서 [이어서 번호 매기기] 항목을 체크합니다. 이어서 매기지 않고 특정 번호로 시작하려면 [시작] 항목을 체크하고 입력 필드에 번호 값을 입력합니다.

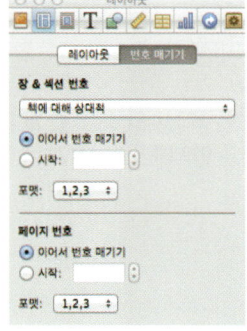

04 다음 그림은 [책] 패널에서 두 번째 장을 선택하고 [레이아웃] 패널의 [페이지 번호] 섹션에서 [시작]을 체크하고 입력 필드에 1을 입력한 예시입니다. 해당 장의 페이지 번호가 '7'에서 '1'로 변경됩니다. 번호 스타일을 변경하려면 [포맷]에서 원하는 패턴을 선택합니다.

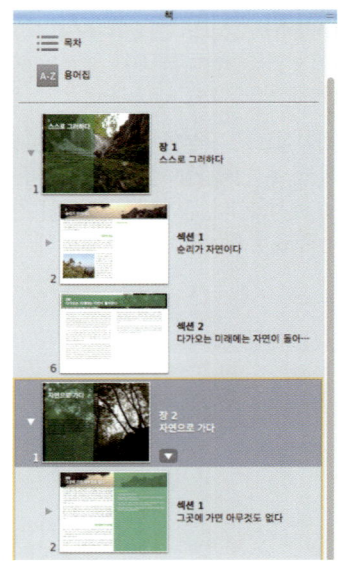

Exercise 04 페이지 번호의 텍스트 스타일 변경하기

01 도구 막대에서 [보기] 아이콘을 클릭하고 [레이아웃 보기]를 선택합니다. [책 패널] 영역에 [레이아웃 패널]이 나타납니다.

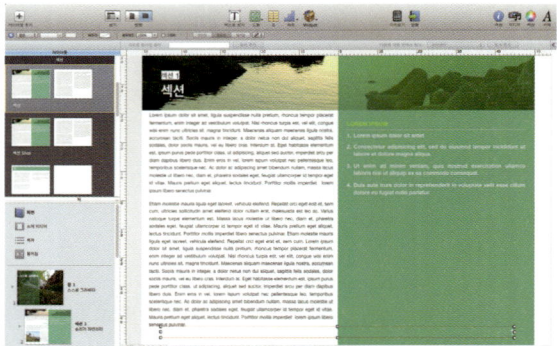

02 [레이아웃] 패널에서 섹션 또는 페이지의 축소판 이미지 중 하나를 선택하고 꼬리말 영역에 있는 페이지 번호를 더블클릭합니다.

Tip 페이지 번호는 자동 업데이트 필드이며 페이지 번호 대상체를 드래그하여 위치를 변경할 수 있습니다.

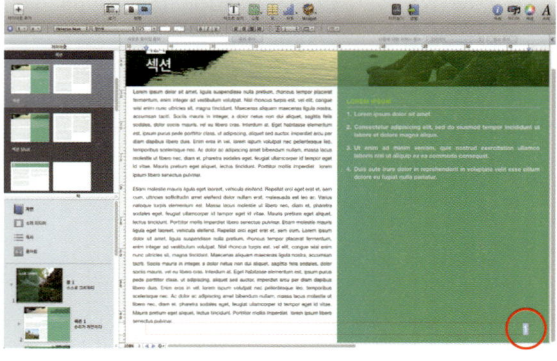

03 포맷 막대에서 [서체], [글자 크기], [글자 색상], [정렬 방식] 등 텍스트 포맷을 변경합니다. 이어서 [레이아웃] 패널에서 선택한 섹션 아래에 있는 [변경사항 적용] 버튼을 클릭합니다.

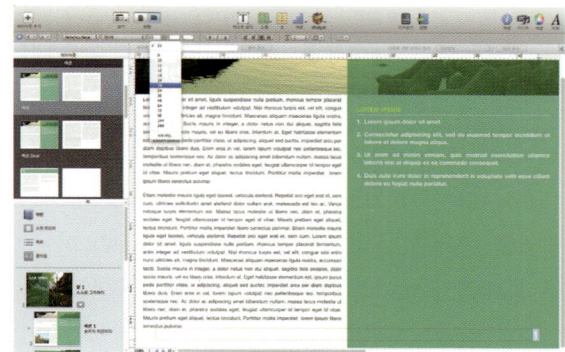

Tip 페이지 번호는 모든 페이지에 사용되는 공통 요소입니다. [책] 패널이 아닌 [레이아웃] 패널에서 해당 섹션 또는 페이지를 선택하고 편집하는 것에 주의합니다.

Lesson 07 시각 장애자용 콘텐츠를 위한 VoiceOver

VoiceOver는 시각적으로 어려움이 있는 사용자가 iPad에서 특정 대상체를 탭할 때 손쉬운 사용 설명에 입력한 내용을 음성으로 소리내어 읽어주는 기능입니다. 모든 대상체가 손쉬운 사용 설명 필드를 포함하고 있으며 iPad에서 VoiceOver를 켜야 활성화됩니다.

Exercise 01 대상체에 VoiceOver 설명 추가하기

01 페이지에서 대상체를 선택하고 도구 막대에서 [속성] 아이콘을 클릭합니다. [속성] 패널이 나타나며 [Widget] 아이콘을 누른 다음 [레이아웃] 탭을 다시 한 번 클릭합니다.

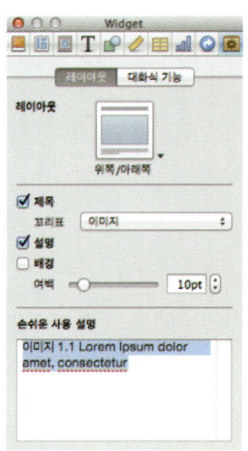

02 [레이아웃] 탭 하단에 있는 [손쉬운 사용 설명] 입력 필드에 음성으로 읽어 줄 내용을 입력합니다.

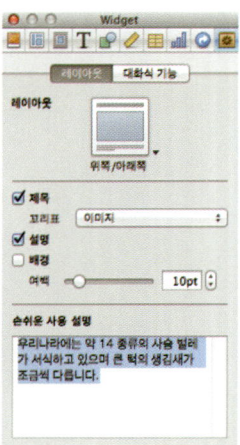

03 책을 iPad로 전송하고 iPad에서 VoiceOver를 켠 다음 해당 대상체를 탭하면 손쉬운 사용 설명 필드에 입력한 내용을 음성으로 소리내어 읽어줍니다.

Exercise 02 iPad에서 VoiceOver 켜고 음성 안내 체험하기

01 홈 화면에서 설정 앱을 탭합니다. [일반] → [손쉬운 사용] → [VoiceOver]를 탭한 다음 ON/OFF 스위치를 오른쪽으로 드래그하여 켭니다.

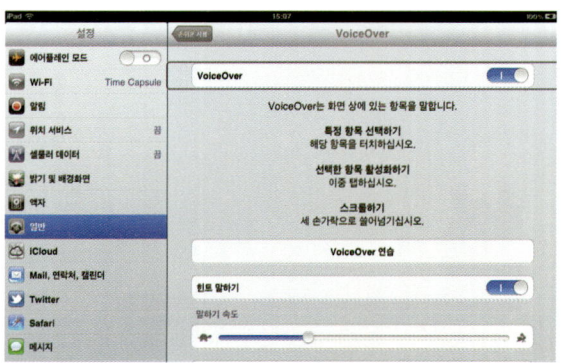

02 'VoiceOver 켬' 음성 안내가 들리며, 이제부터는 화면에 나타나는 메뉴 및 텍스트를 한 번 탭하면 해당 항목에 검은색 테두리선이 나타나며 동시에 음성 안내가 시작됩니다.

03 [홈] 버튼을 누르고 iBooks 앱을 더블-탭하면 책장이 열립니다. 이어서 iBooks Author 응용 프로그램의 [파일] 메뉴 → [현재 섹션만 미리보기]를 선택합니다. 전송이 완료되면 iPad에서 해당 섹션 페이지가 열립니다.

04 미디어 대상체를 한 번 탭합니다. 대상체 주변에 검은색 테두리선이 나타나며 '손쉬운 사용 설명' 필드에 입력한 내용과 대상체 유형을 음성으로 소리 내어 읽어줍니다. 보관함 또는 목차를 보려면 해당 버튼을 더블-탭하는 것에 주의합니다.

Exercise 03 iPad에서 VoiceOver 끄기

01 [홈] 버튼을 누르고 설정 앱을 더블-탭합니다. [일반] 항목을 한 번 탭하고 다시 [일반] 항목을 더블-탭합니다. 오른쪽 패널에 [일반] 하위 메뉴가 나타나며 [손쉬운 사용] 항목이 화면 아래에 가려져 보이지 않으므로 세 손가락으로 아래에서 위로 쓸어 넘깁니다.

02 [손쉬운 사용] 항목을 한 번 탭하고 이어서 다시 한 번 해당 항목을 더블-탭합니다. 보기 지원 섹션에서 [Voiceover] 항목을 한 번 탭하고 이어서 다시 한 번 해당 항목을 더블-탭합니다.

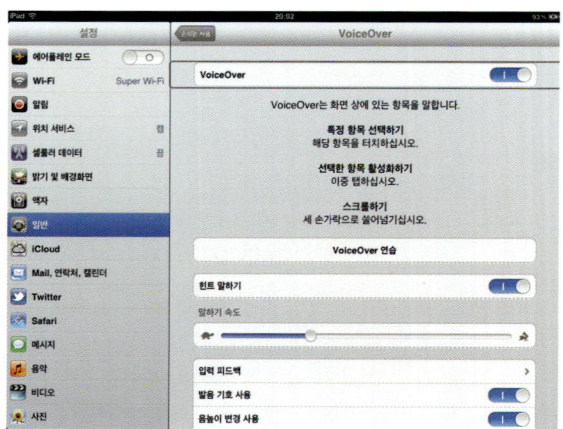

03 [VoiceOver] 항목을 더블-탭합니다. 'VoiceOver 끔' 음성 안내와 함께 해당 기능이 꺼지며 검은색 테두리 선도 함께 사라집니다.

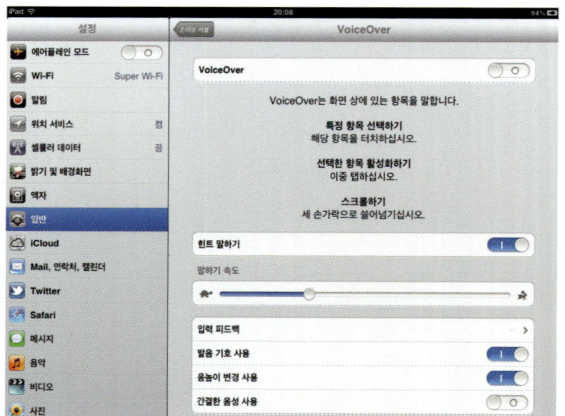

VoiceOver 리소스 : 시각 장애자를 위한 멀티-터치 책

시각 장애자를 위한 책을 제작하려면 먼저 iPad에서 VoiceOver가 어떻게 동작하는지 학습합니다. [VoiceOver] 패널에서 [VoiceOver 연습] 메뉴를 더블-탭하고 화면 지침에 따라 충분히 리뷰하고 더 자세히 알아보려면 다음 애플 리소스 사이트에서 확인합니다.

● 애플 리소스 사이트 : http://www.apple.com/kr/support/snowleopard/accessibility/

Lesson **08** 책 정보

책 파일에 저자 이름, 책 제목, 키워드 및 주석 정보를 추가합니다. 이 메타 정보(책 제목, 저자 이름 및 주석 등)는 Spotlight에서 검색할 때 사용하며, iTunes 보관함에 iBooks 책 파일을 추가하면 해당 정보가 포함됩니다.

Exercise 01 책 파일에 제목, 저자 및 기타 메타 정보 추가하기

01 책 파일을 열고 도구 막대에서 [속성] 아이콘을 누릅니다. [속성] 패널이 나타나며 [도큐멘트] 아이콘을 클릭하고 [도큐멘트] 탭을 다시 한 번 누릅니다. 이어서 [저자], [제목], [키워드] 또는 [주석] 입력 필드에 원하는 내용을 입력합니다.

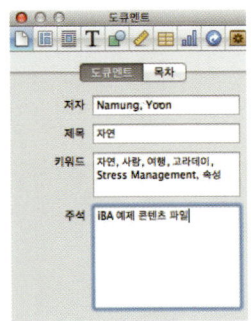

02 [저자] 및 [제목]은 iTunes에 함께 연동됩니다. iTunes에 추가하는 방법은 'Part 03. 멀티-터치 책 전송 및 보기 → Theme 01 iPad로 책 보내기' 섹션을 참조합니다. 책 전반 또는 선택한 부분의 단어, 페이지, 단락, 그래픽, 문자 개수를 정보를 보려면 [도큐멘트] 탭의 [범위] 섹션에서 [도큐멘트] 또는 [선택 부분] 중 하나를 선택하고 해당 정보를 확인합니다.

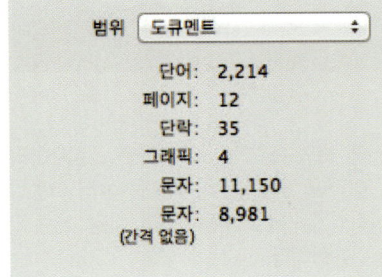

Lesson 09 책 인쇄

책을 프린트합니다. 책 전체(표지 및 용어집 포함) 또는 일부분만 선별적으로 인쇄하거나 PDF 파일로 추출하여 검토 또는 보관용으로 사용합니다.

Exercise 01 책 인쇄하기

01 책 파일을 열고 [파일] 메뉴 → [프린트...]를 선택하거나 단축키 Command + P 키를 누릅니다.

02 [프린트 패널]이 나타납니다. 만약 세부 사항이 모두 보이지 않는다면 하단에 있는 [세부사항 보기] 버튼을 클릭합니다. 다음 그림은 세부사항이 모두 표시된 경우입니다.

03 프린트하기 전에 책의 대략적인 레이아웃을 검토하려면 '미리보기' 아래에 있는 [탐색] 버튼을 눌러 이동합니다. 한 페이지씩 앞-뒤로 이동하거나 처음 또는 끝으로 한 번에 이동합니다.

04 프린트 범주(책 전체 또는 현재 선택 부분)를 선택합니다. 책 전체로 선택했을 때 표지 또는 용어집 용어 출력 여부를 결정할 수도 있습니다. 또는 [iBooks Author]의 팝업 메뉴에서 페이지 속성, 레이아웃, 용지 프린트 방식을 세부적으로 조절합니다.

05 프린트 범위를 변경하려면 [페이지] 섹션에서 [시작]과 [끝] 입력 필드에 페이지 번호를 각각 입력합니다. 한 부 이상 출력하려면 [매 수] 입력 필드에 원하는 부수 를 입력합니다.

06 [프린트] 버튼을 클릭합니다. 종이로 인쇄하는 대신에 미리보기 응용 프로그램에서 열어서 보거나 PDF 파 일로 추출하려면 [프린트] 버튼 대신에 [PDF] 버튼을 클릭하고 목록 메뉴에서 [미리보기에서 PDF 열기] 또 는 [PDF로 저장]을 선택합니다.

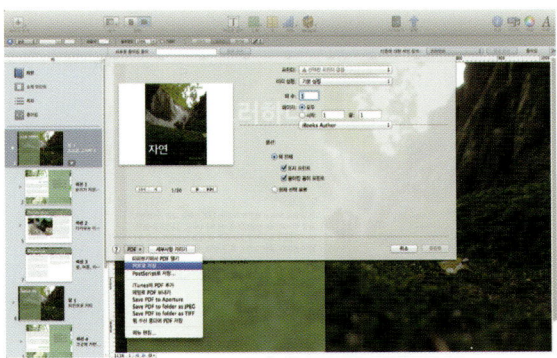

Part 03

멀티-터치 책 전송 및 보기

Theme 01

iPad로 책 보내기

iBooks Author에서 편집한 책을 iBooks 책 또는 PDF 파일로 추출하고 iPad로 보내는 방법에 대하여 학습니다.

Lesson **01**   iBooks 책 파일 추출하기

iBooks Author에서 완성된 책을 iPad에서 볼 수 있도록 '.iBooks' 확장자를 가진 포맷으로 추출하거나 참조용으로 사용할 수 있는 PDF 및 텍스트 포맷으로 변환합니다. iBooks 확장자를 책 파일은 iPad에서 만 볼 수 있습니다.

Exercise 01 iBooks 포맷으로 추출하기

01 책 파일을 열고, [공유] 메뉴 → [보내기...]를 선택합니다. [보내기] 패널이 나타나며 [iBooks] 아이콘을 선택하고 [다음...] 버튼을 클릭합니다.

02 [보내기] 패널에서 [iBooks] 아이콘을 선택하고 [다음으로 보내기] 팝업 메뉴에서 [iBooks용 표준 책] 항목을 선택합니다.

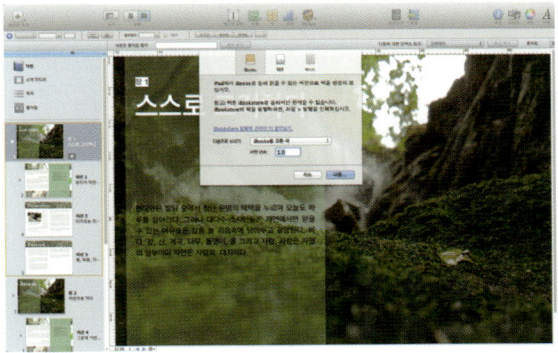

Tip 위 2번 과정에서 책을 iBookStore에 발행할 때 샘플 책을 생성하려면 [다음으로 보내기]의 팝업 메뉴에서 'iBookStore용 샘플 책'을 선택합니다.

03 [버전 번호] 입력 필드에 책에 대한 버전 정보를 입력합니다. 기본 버전은 '1'이며 책을 업데이트할 때마다 해당 정보를 새로 지정하고 발행합니다. iBookStore로 발행할 때 버전 정보는 필수 사항입니다. 이어서 [다음...] 버튼을 누릅니다.

04 [별도 저장] 패널이 나타나며, [별도 저장] 입력 필드에 책 파일 이름과 저장할 경로를 지정하고 [보내기] 버튼을 클릭합니다.

05 [진행] 패널이 나타나며 iPad 장비로 전송할 책 파일을 추출합니다. 작업이 완료되면 지정한 경로에 '.ibooks' 확장자를 가진 책 파일이 나타납니다.

Tip ibooks 확장자를 가진 책 파일은 iPad에서만 볼 수 있는 전용 포맷입니다. iBooks 책 파일을 iPad로 전송하려면 다음에 나오는 283페이지 'iPad로 책 파일 전송하기'를 수행합니다.

Lesson **02** PDF 또는 텍스트 파일 추출하기

iBooks Author에서 완성된 책을 PDF 또는 텍스트 포맷으로 추출합니다. PDF 포맷으로 추출한 파일은 책 내용 및 레이아웃 검토용으로 적절하며 하이퍼링크는 동작하지만 동영상, 오디오 및 모든 대화식 미디어는 이미지 형태로만 표시되며 대화식으로 동작하지 않습니다.

| Exercise 01 PDF 또는 텍스트 포맷으로 추출하기

01 책 파일을 열고, [공유] 메뉴 → [보내기...]를 선택합니다. [보내기] 패널이 나타납니다.

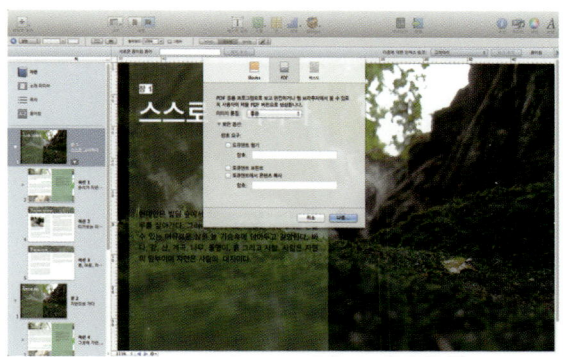

02 PDF 포맷으로 추출하려면 [보내기] 패널에서 [PDF] 아이콘을 선택하고 [이미지 품질], [보안 옵션(문서를 열 때 또는 콘텐츠를 복사할 때 암호를 요구하거나 프린트를 할 수 없도록 방지)]을 지정하고 [다음...] 버튼을 누른 다음 4번 과정으로 건너 뜁니다.

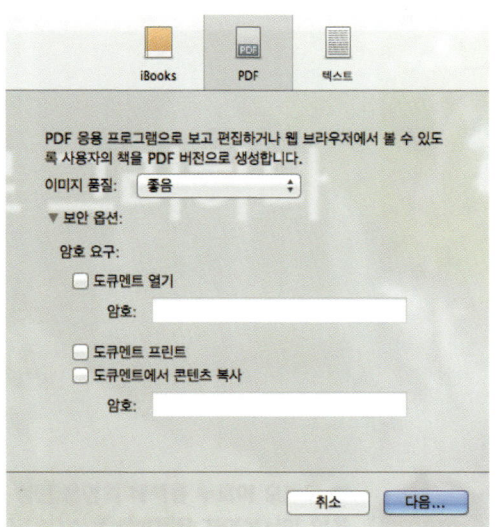

03 텍스트 포맷으로 추출하려면, [보내기] 패널에서 [텍스트] 아이콘을 선택합니다. 이 포맷으로 추출하면 책에서 작업한 대부분의 레이아웃 및 스타일 정보가 모두 유실됩니다. [다음...] 버튼을 누릅니다.

04 [별도 저장] 패널이 나타나며, [별도 저장] 입력 필드에 책 파일 이름과 저장할 경로를 지정하고 [보내기] 버튼을 클릭합니다.

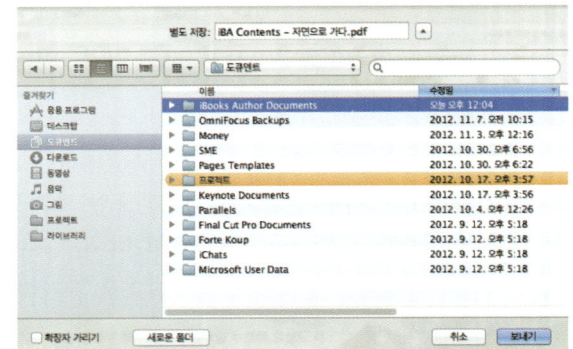

05 [진행] 창이 나타나며 PDF 또는 텍스트 책 파일을 추출합니다. 작업이 완료되면 지정한 경로에 PDF 또는 텍스트 파일이 나타납니다.

Lesson **03** iPad로 책 파일 전송하기

iBooks Author에서 '.iBooks' 또는 '.pdf' 포맷으로 추출한 책 파일을 iPad 장비로 전송합니다. iTunes 보관함에 있는 책, 음악 또는 동영상 콘텐츠를 iPad 장비로 전송하려면 '자동' 또는 '수동' 동기화 방식 중 하나를 사용합니다.

Exercise 01 iPad로 iBooks 책 파일 전송하기

01 iTunes 응용 프로그램을 실행하고 iBooks Author에서 추출한 '.ibooks' 책 파일을 iTunes 보관함 위로 드래그하여 추가합니다.

02 [iTunes 보관함] 목록에서 [책]을 선택합니다. 오른쪽 책 브라우저에 위 1번 과정에서 추가한 책 파일이 나타납니다.

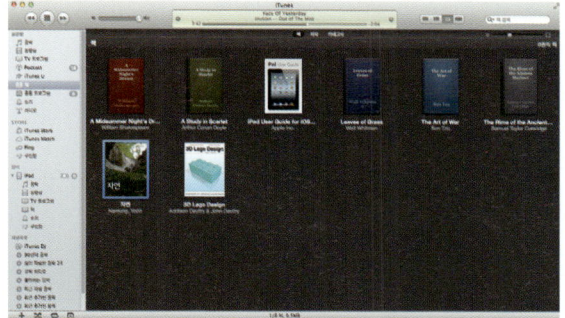

03 iPad 장비를 Mac 컴퓨터에 연결하고 자동 동기화 또는 수동 동기화 방식 중 하나를 사용하여 책 파일을 전송합니다. 다음 그림은 수동 동기화 방식으로 직접 드래그해 추가한 것입니다.

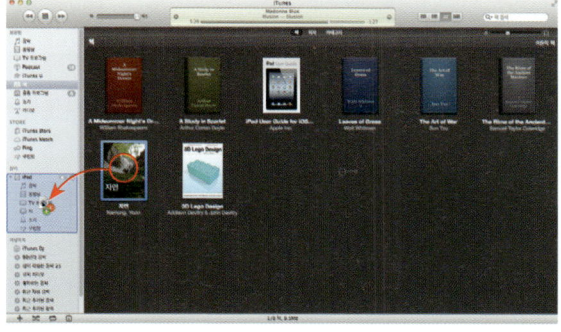

Tip 자동 동기화 방식은 iPad를 연결했을 때 iTunes 보관함에 새로 추가된 책이 발견되면 자동으로 전송합니다. 반면 수동 동기화 방식은 iTunes 보관함에 있는 '책' 파일을 장비 목록에 있는 iPad 아이콘 위로 드래그하여 추가하는 방식입니다. 자세한 사항은 iTunes 도움말을 참조합니다.

04 책 파일 전송이 완료되면 iPad 장비에서 [iBooks 앱]을 실행합니다. 책장에 [신규] 식별띠가 표시된 책이 나타납니다.

| Tip | iBooks 앱은 '.iBooks' 또는 '.pdf' 확장자를 가진 문서를 모두 볼 수 있습니다. iBooks 책을 보려면 책장 상단에 있는 [모음] 버튼을 탭하고 책을 선택합니다. PDF 문서를 보려면 [모음] 버튼을 탭하고 PDF를 선택합니다. |

Theme 02

iPad에서 책 보기

iBooks 앱에서 멀티-터치 책을 보는 기본적인 방법과 단어 사전, 텍스트 하이라이트, 메모 및 학습 카드를 활용하는 방법에 대하여 학습합니다.

Lesson **01** iBooks 앱에서 책 보기

iBooks 앱에서 완성된 책을 .ibooks 포맷으로 추출하고 iPad로 전송한 다음 iBooks 앱에서 가로 방향 또는 세로 방향 모드로 보는 방법에 대하여 학습합니다.

Exercise 01 iPad에서 가로 방향으로 책 보기

01 iPad를 가로 방향으로 돌리고 홈 화면에서 [iBooks] 앱을 탭합니다. 책장이 열리면 볼 책을 탭합니다. [Proof] 식별띠가 있는 책은 iBooks Author에서 책 미리보기 명령을 수행하여 전송한 견본 책입니다.

02 책 표지가 나타납니다. 스핀 기어가 돌아가며 책 파일 로딩을 시작합니다. 책 용량이 큰 경우 다소 시간이 소요될 수 있습니다.

> **Tip** 탭은 한 손가락으로 화면을 살짝 한 번 누르는 제스처입니다.

03 책 로딩이 완료되면 소개 미디어를 재생합니다. 미디어 재생을 건너뛰려면 오른쪽에서 왼쪽으로 쓸어 넘깁니다.

> **Tip** 쓸어 넘기기는 화면을 좌-우 또는 위-아래로 쓸어 넘기는 제스처입니다. 다음 또는 이전 화면으로 이동하거나 스크롤할 때 사용합니다.

04 첫 번째의 장의 목차가 나타납니다. 목차는 [가로 방향] 모드에서 '장' 단위로 보여줍니다. 목차 아래에 있는 축소판 이미지들은 현재 장에 포함된 장 및 섹션 페이지를 나타냅니다.

05 섹션 및 페이지 내용을 보려면 목차 목록에서 섹션 제목을 탭하거나 하단에 있는 축소판 이미지를 탭합니다. 페이지가 열리며 이전 또는 다음 페이지로 이동하려면 한 손가락으로 쓸어 넘깁니다. 목차 페이지로 다시 돌아오려면 화면을 두 손가락으로 오므립니다.

> **Tip** 오므리기 및 펴기는 두 손가락으로 오므리거나 펴서 페이지에 있는 대상체를 확대 또는 축소하는 제스처입니다.

06 다음 장의 목차를 보려면 두 손가락으로 오른쪽에서 왼쪽으로 쓸어 넘깁니다. 이전 장 목차로 이동하려면 두 손가락으로 왼쪽에서 오른쪽으로 쓸어 넘깁니다.

07 섹션 또는 페이지에 추가한 대상체(이미지, 동영상, 대화식 미디어)를 보거나 재생하려면 탭, 쓸어 넘기, 오므리기 및 펴기, 회전 등의 제스처를 사용합니다.

> **Tip** 이미지를 탭하면 전체 화면으로 동영상을 탭하면 재생됩니다. 텍스트 영역을 탭하면 화면 상단에 도구 막대(보관함, 목차, 메모, 화면 밝기, 검색 및 책갈피)가 나타납니다. 장 목차에서 쓸어 넘기면 다음 또는 이전 장 목차로, 페이지에서 쓸어 넘기면 다음 또는 이전 페이지로 넘어 갑니다. 3D 대상체를 회전할 때 사용합니다.
> 페이지에서 이미지를 두 손가락으로 펴면 전체 화면으로, 다시 오므리면 페이지로 돌아갑니다. 전체 화면에서 다시 이미지를 두 손가락으로 펴면 확대됩니다. 두 손가락으로 이미지 대상체를 시계 또는 반시계 방향으로 돌립니다. 오므리기 및 펴기 제스처와 동시에 사용할 수 있습니다.

08 책장으로 돌아가려면 페이지에서 이미지, 동영상, 대화식 미디어 대상체를 제외한 임의의 텍스트 영역을 한 번 탭합니다. 상단에 도구 막대가 나타나며 왼쪽 맨 끝에 있는 [보관함] 버튼을 탭합니다.

09 책장에서 책을 삭제하려면 먼저 오른쪽 상단 코너에 있는 [편집] 버튼을 탭하고 책장에서 제거할 책을 탭합니다. 선택된 책은 파란색 체크 표시가 나타납니다. [삭제] 버튼을 탭하고 다시 한 번 [삭제] 버튼을 탭합니다. 책장 오른쪽 상단 코너에 있는 [완료] 버튼을 탭합니다.

Tip 도구 막대에서 [화면 밝기], [검색] 또는 [책갈피] 아이콘을 탭하여 해당 사항을 조절하거나 검색할 수 있습니다.

10 책 배치를 재정렬하려면 이동할 책을 잠시 동안 탭하고 있습니다. 책이 조금 확대되면 원하는 지점으로 드래그합니다.

11 PDF 파일 책장을 보려면 도구 막대에서 [모음] 버튼을 탭하고 나타나는 팝업 메뉴에서 PDF 항목을 다시 한 번 탭합니다. 책장으로 좌-우로 쓸어 넘기면 책 유형별로 책장이 바로 전환됩니다.

iPad의 가로 vs 세로 방향 모드

iPad를 풍경화(가로) 또는 초상화(세로) 모드로 전환했을 때 화면이 해당 방향으로 회전됩니다. 대부분의 iPad용 앱이 이 기능을 지원하며 iBooks 앱 또한 두 방향에서 자유롭게 책을 볼 수 있습니다. [세로 방향] 모드에서 책을 보면 편집자가 의도한 레이아웃은 모두 무시되고 텍스트 위주의 비정형 패턴으로 보여집니다. 페이지에 추가한 대화식 대상체는 왼쪽 사이드에 축소판 이미지 형태로 나타납니다.

Exercise 02 iPad에서 세로 방향으로 책 보기

01 iPad를 세로 방향으로 돌리고 책장에서 볼 책을 탭합니다. 소개 미디어에 포함된 동영상 재생이 완료되면 목차 페이지가 나타납니다. [가로 방향] 모드와 달리 기존의 종이 책처럼 하나의 페이지에서 책 전체의 목차 항목이 나타납니다. 목차 목록에서 원하는 장, 섹션 또는 단락 스타일 항목을 탭합니다.

02 해당 페이지로 전환됩니다. 페이지를 스크롤하려면 아래에서 위로 쓸어 넘깁니다. 한 화면에서 책 전체를 볼 수 있습니다. [세로 방향] 모드에서는 텍스트 위주의 비형정화된 방식으로 표시되며 책에 추가한 이미지, 동영상 및 대화식 미디어들은 페이지 왼쪽 영역에 축소판 이미지 형태로 표시됩니다.

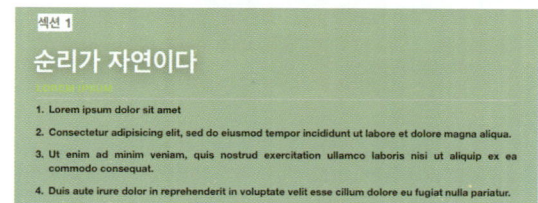

03 텍스트 위주의 레이아웃이므로 [세로 방향] 모드에서는 글자 크기를 조절할 수 있습니다. 글자 크기를 변경하려면 도구 막대에서 [AA] 버튼을 탭하고 [작게] 또는 [크게] 버튼을 탭하여 단계별로 글자의 크기를 조절합니다.

04 책을 볼 때 사용자가 iPad를 세로 방향으로 돌려도 여전히 [가로 방향] 모드를 유지하려면 62페이지의 'Exercise 01 책 방향 설정하기'를 참조합니다. iPad 자체에서 화면이 회전되는 것을 잠그려면 설정 앱 → [일반] → [회전 잠금]을 체크하고 [음량] 버튼 위에 있는 측면 스위치를 아래쪽으로 위치합니다. 가로 방향 또는 세로 방향에서 [회전 잠금]을 켜면, iPad를 돌려도 해당 방향으로 그대로 유지합니다.

Lesson 02 단어 사전, 하이라이트 및 메모

책을 보면서 단어에 대한 정의를 사전에서 찾아보고, 텍스트 단어 또는 단락을 형광색 펜으로 마킹하거나 메모를 추가합니다.

Exercise 01 단어의 정의 찾기, 하이라이트 및 메모하기

01 페이지에서 단어를 선택하려면 해당 텍스트를 더블 탭합니다. 팝업 메뉴와 함께 텍스트가 파란색으로 하이라이트됩니다. 양쪽 모서리 부분에 나타나는 이동점을 드래그하여 선택 부분을 확장하거나 축소합니다.

02 단어를 사전에서 찾아보려면 팝업 메뉴에서 [정의]를 탭합니다.(iOS는 한글 사전을 포함하고 있지 않으므로 웹 검색 또는 위키백과 검색을 사용합니다.) 단어가 용어집에 추가되어 있다면, 팝업 메뉴에 [용어집] 항목이 나타납니다. 팝업 메뉴에서 [용어집]을 탭하면 [용어집] 패널이 나타납니다.

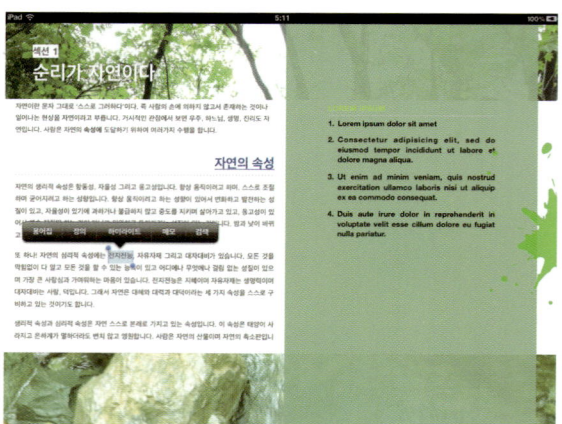

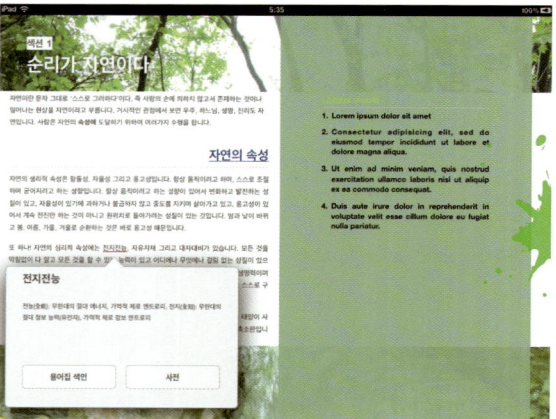

03 단어를 색상 또는 밑줄로 강조하려면 팝업 메뉴에서 [하이라이트]를 탭하고 [원하는 색상 또는 밑줄] 항목을 다시 한 번 탭합니다. 다른 색상으로 변경하려면 하이라이트된 텍스트를 탭하고 팝업 메뉴에서 원하는 항목을 탭합니다. 하이라이트를 취소하려면 하이라이트된 텍스트를 탭하고 빨간색 대각선이 그어진 [제거] 버튼을 탭합니다. 또는 탭하고 있는 상태에서 좌-우로 드래그하면 색상으로 강조됩니다.

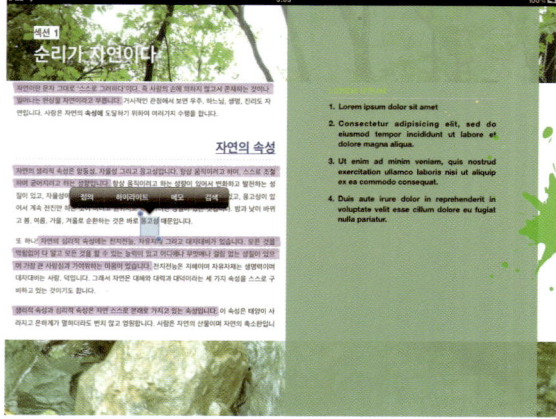

04 주석을 추가하려면 팝업 메뉴에서 [메모]를 탭합니다. 스티커와 함께 가상 키보드가 나타나며 메모 내용을 입력합니다. 완료하려면 메모 패널 바깥 영역을 한 번 탭합니다. 해당 텍스트 근처에 메모 표시기가 나타납니다. 메모 표시기를 탭하면 메모 내용이 나타납니다.

05 하이라이트 또는 메모를 제거하려면 강조된 텍스트를 탭하고 팝업 메뉴에서 빨간색 대각선이 그어진 [제거] 버튼을 탭합니다. 메모를 탭하고 제거한 경우 경고 창이 나타납니다.

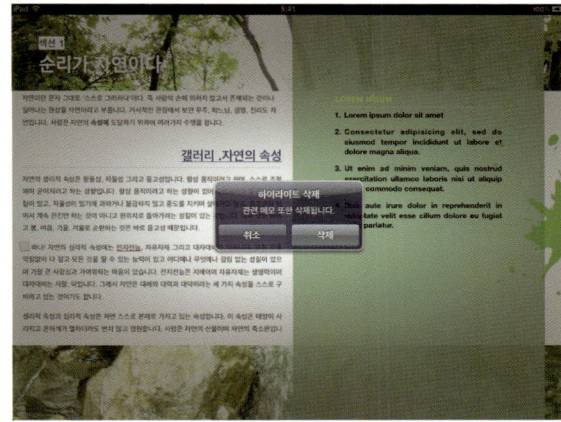

06 모든 하이라이트 또는 메모 사항을 보려면 도구 막대에서([목차] 버튼 오른쪽에 있는) [메모] 버튼을 탭합니다.

07 책에서 표시한 하이라이트와 메모 항목이 '나의 메모' 목록에 장 별로 나타납니다. 목록에서 항목을 탭하면 해당 페이지로 이동합니다.

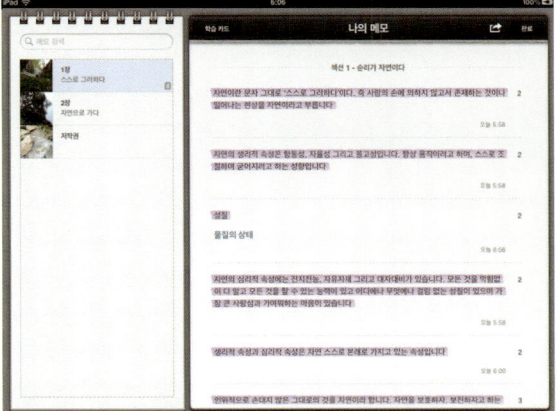

08 하이라이트 또는 메모 항목을 제거하려면 목록에서 해당 항목을 좌-우로 한 번 쓸어 넘깁니다. 빨간색 [삭제] 버튼이 나타나며 해당 버튼을 탭합니다. 이전 페이지로 돌아가려면 [완료] 버튼을 탭합니다.

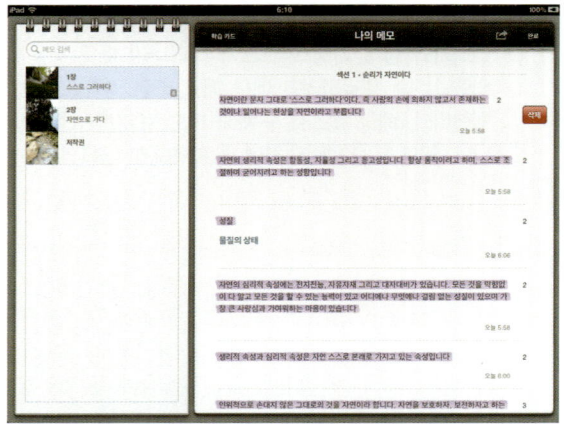

Lesson **03** 학습 카드

책에서 용어집에 인덱스한 용어, 하이라이트 및 메모 내용을 학습 카드 앞–뒤에 보여주므로 학습 내용 암기에 활용하면 매우 효과적입니다.

Exercise 01 용어집 용어, 하이라이트 및 메모를 학습 카드로 보기

01 도구 막대에서 [목차] 버튼 오른쪽에 있는 [메모] 버튼을 탭하고 나의 메모 창에서 [학습 카드] 버튼을 탭합니다.

02 책에 인덱스된 용어집 용어, 하이라이트 및 메모가 학습 카드 유형으로 표시됩니다. 다음 학습 카드로 전환하려면 좌–우로 쓸어 넘깁니다. 맨 뒤에 있는 학습 카드를 맨 앞으로 가져오려면 해당 카드를 화면 바깥쪽으로 쓸어 넘깁니다. 용어집 용어에 인덱스된 학습 카드를 한 번 탭하면 뒷면으로 전환되며 정의 내용을 보여줍니다. 다시 한 번 탭하면 용어 화면으로 다시 돌아옵니다.

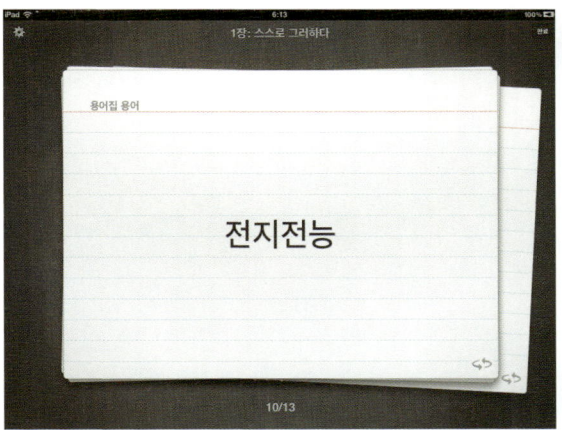

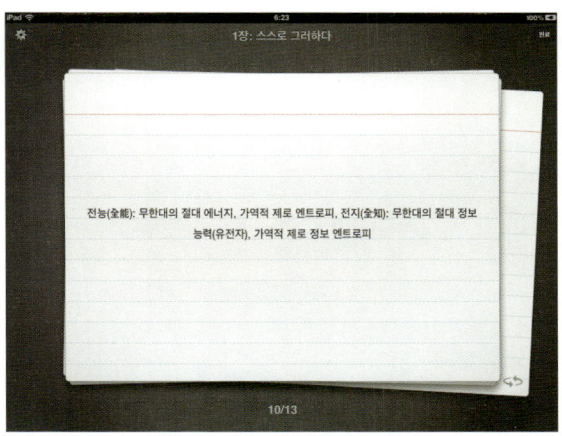

03 학습 카드로 사용할 대상 범위를 변경하려면 [동작] 아이콘을 탭하고 [학습 옵션] 팝업 메뉴에서 [하이라이트 및 메모] 또는 [용어집 용어]를 탭하여 학습 카드에 포함할 항목을 해제하거나 지정합니다. 임의의 순서로 카드를 섞으려면 [뒤섞기] 버튼을 탭합니다. 학습 카드를 닫으려면 [완료] 버튼을 탭하면 됩니다.

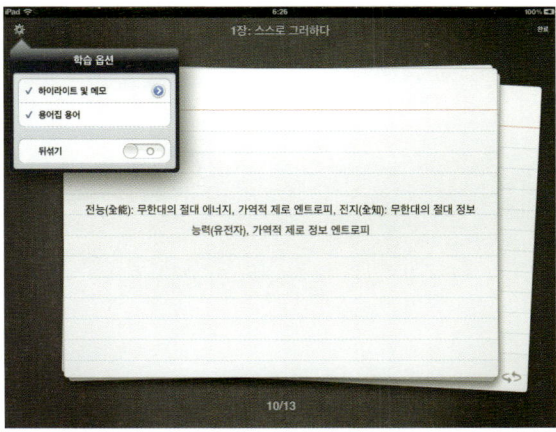

Part 04

 책 발행하기

Theme 01 | iBookStore에 책 발행하기

Theme **01**

iBookStore에 책 발행하기

iBookStore 발행에 대한 기본적인 사항을 살펴보고 Free/Paid 계약 생성, iTunes Producer 다운로드 및 설치, iTunes Producer에서 책 파일을 업로드하는 방법에 대하여 학습합니다.

Lesson **01** 발행 개요

iBooks Author에서 만든 멀티-터치 책을 iBookStore에 발행하려면 애플 iBooks(Free Account 또는 Paid Account) 계약을 생성하고 활성화한 다음 iTunes Producer를 다운로드 받아 설치한 후 책 파일을 업로드합니다. iBookStore로 발행하기전에 다음 사항을 리뷰합니다.

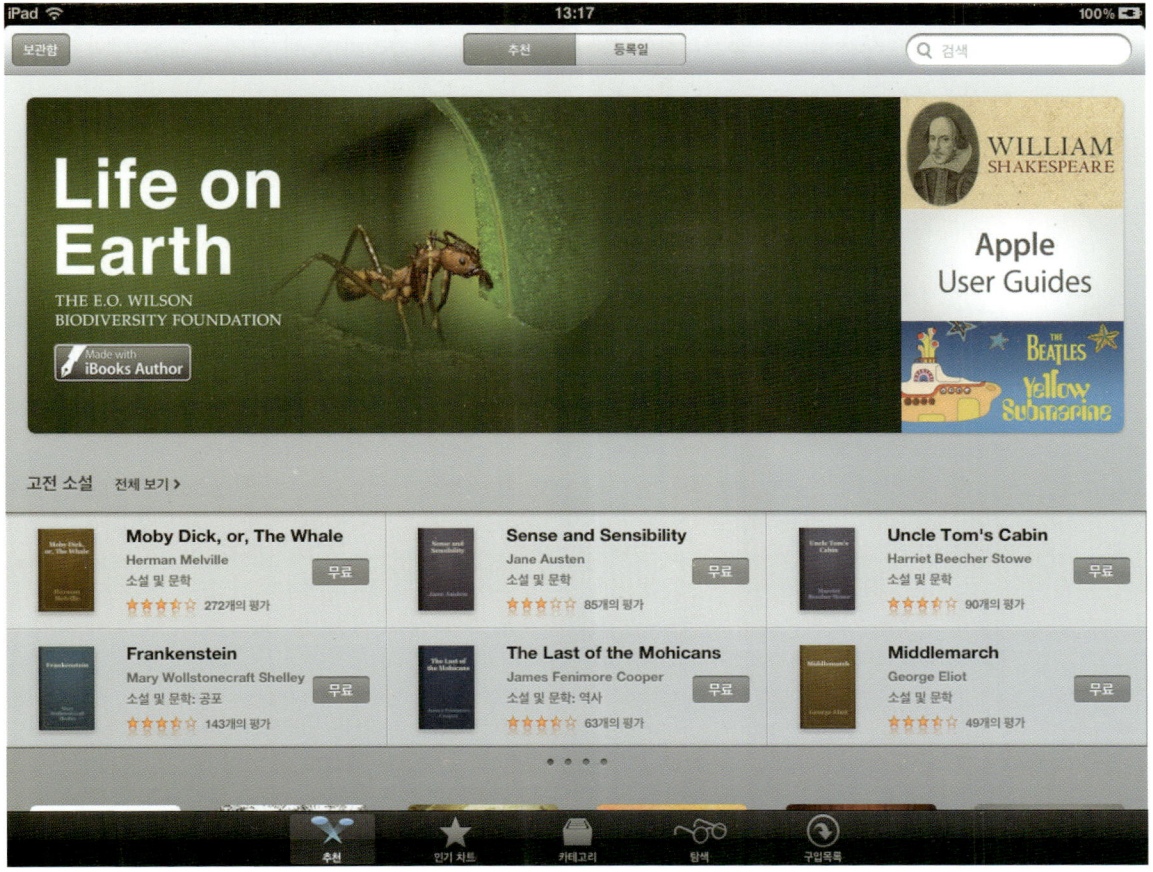

① 국내 iTunes Store를 통하여 iBooks 책을 판매할 수 없습니다. 애플과 계약된 국내 CA(Contents Aggregators, 콘텐츠 중계 역할을 하는 사업자)가 없는 상황이므로 부득이하게 미국 iBookStore 채널을 통해 판매합니다.

② 책을 무료로 배포하려면 Free Account 계약을, 유료 또는 무료로 배포하려면 Paid Account 계약을 생성합니다. Free Account 계약을 생성하고 활성한 이후에는 Paid Account 계약으로 전환할 수 없으므로 계약을 생성하기 전에 충분히 검토해야 합니다.

③ Free Account 계약을 생성하려면 신용 카드 정보가 등록된(국내 iTunes Store 또는 Mac Store에서 사용하는) Apple ID, 이메일 주소 정보가 요구됩니다.

④ Paid Account 계약을 생성하려면 신용 카드 정보가 등록된 Apple ID, 이메일 주소 정보 이외에 EIN(납세 번호), ISBN(국제표준 도서번호), Bank Account(은행 계좌) 정보가 요구됩니다.

⑤ EIN(납세 번호)와 ISBN(국제표준 도서번호) 정보는 Paid Account 계약에만 요구되는 사항이며, Free Account 계약에서는 해당 사항 없습니다. ISBN은 새로운 책을 발행할 때마다 발급받아야 합니다. 시중에 판매 중인 종이 서적을 iBooks 전자책으로 제작한 후 발행할 경우, 기존 서적에 부여되었던 ISBN과 별도로 새로운 ISBN을 발급 받아야 합니다.

⑥ iBooks 책에 수록된 콘텐츠는 모두 작가 또는 발행인 소유입니다. iBooks 책은 iBookStore 채널을 통해서만 유료로 판매할 수 있습니다. iBooks 책을 무료로 배포하는 경우에는 iBookStore 또는 다른 채널(웹 사이트)을 사용할 수 있습니다.

⑦ iBooksStore로 발행하는 경우 파일 크기는 최대 2GB를 초과할 수 없습니다. 무료로 책을 배포하거나 독자의 다운로드 시간 및 iPad에서 책을 볼 때 성능 문제를 고려하면 책 크기는 1GB 내외로 유지할 것을 권장합니다.

Lesson **02** 신용 카드 정보가 등록된 Apple ID

Free 또는 Paid Account를 생성하려면 신용 카드 정보가 등록된 Apple ID가 필요합니다. Apple ID를 신규 생성하거나 기존의 Apple ID에 신용 카드 정보를 등록하려면 iTunes 응용 프로그램에서 진행합니다.

Exercise 01 Apple ID에 신용 카드 정보 등록 또는 변경하기

01 iTunes 응용 프로그램을 실행하고 [STORE] 목록에서 [iTunes Store]를 선택합니다. iTunes Store가 열리면 오른쪽 상단 코너에 있는 '로그인' 항목을 클릭합니다.

Tip iTunes Store는 로컬 서비스이므로 해당 국가 지역마다 지원되는 음악, 책, 게임, 앱 등 콘텐츠 유형이 다를 수 있습니다.

02 [Apple ID] 및 [암호] 입력 필드에 해당 정보를 입력하고 [로그인] 버튼을 클릭합니다. Apple ID가 없다면, [Apple ID 생성] 버튼을 누르고 화면 지침에 따라 계정을 생성합니다. Apple ID 생성 단계에서 신용 카드 정보를 요구합니다.

03 Apple ID에 연동된 해당 국가의 iTunes Store가 열리며 오른쪽 상단 코너에 있는 본인의 계정 옆에 있는 역삼각형 버튼을 누르고 팝업 메뉴에서 [계정]을 선택합니다.

04 [계정 정보] 패널이 나타납니다. 신용 카드 정보를 등록하거나 변경하려면 [지불 정보] 섹션에 있는 [수정] 항목을 클릭합니다.

05 [지불 정보 편집] 패널이 나타납니다. [지불 방법] 섹션에서 본인의 신용 카드 정보를 등록하거나 변경하고 [완료] 버튼을 누릅니다.

Lesson **03** iBookStore 무료/유료 계약 생성

책을 무료로 배포하려면 Free Account 계약을, 유료 또는 무료로 판매하거나 배포하려면 Paid Account 를 생성합니다. Free Account 계약을 생성한 다음에는 Paid Account 계약으로 전환할 수 없으므로 충 분히 검토한 다음 결정합니다.

iBookStore 무료 계정 생성

책을 무료로 배포하려면 애플 iBookStore에 Free Account 계약을 생성합니다. 이 계약은 신용 카드 정 보가 등록된 Apple ID와 유효한 이메일 정보가 필요합니다.

Exercise 01 Free Account 계약 생성하기

01 웹 브라우저를 실행하고 http://www.apple.com/ itunes/sellcontent 사이트에 접속합니다. [Sell Your Books] 섹션에서 [Online Application] 링크를 클릭합 니다.

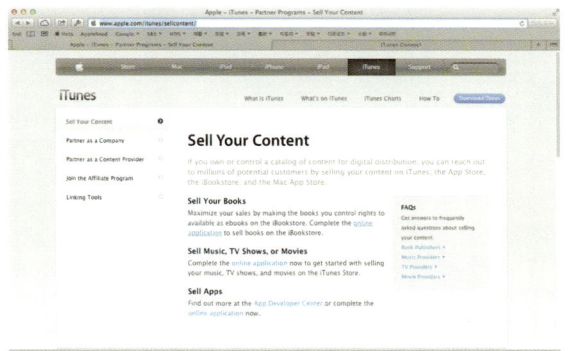

02 iTunes Connect 사이트로 전환됩니다. 책 발행에 대 한 웍 플로우 정보를 리뷰하고 [Get Started] 버튼을 누릅니다.

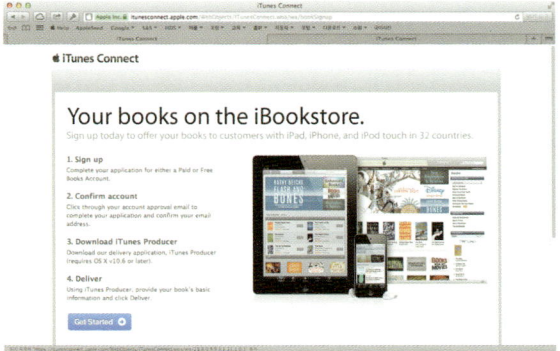

03 Create an Account 사이트로 전환됩니다. 무료 계정을 생성하려면 [Free Books Account] 섹션에서 [Create a Free Books Account] 버튼을 클릭합니다.

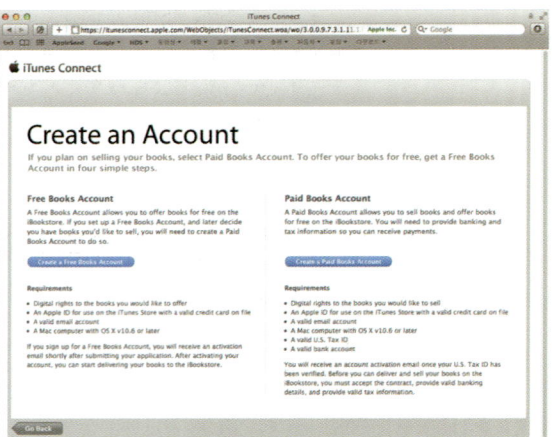

04 [Free Books Account: Authenticate(인증)] 사이트로 전환되며, [Your First Name(이름)], [Your Last Name(성)], [Apple ID] 및 [Password] 입력 필드에 해당 정보를 입력한 다음 하단에 있는 계약 동의를 체크하고 [Continue] 버튼을 클릭합니다.

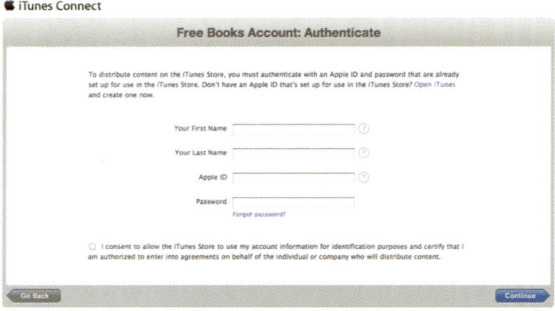

> **Tip** [Your First Name]과 [Your Last Name]은 Apple ID 생성 시 등록한 것과 동일한 이름과 성을 사용해야 하며, [Apple ID]는 신용 카드 정보가 등록되어 있어야 합니다. 해당 정보를 확인하려면 https://appleid.apple.com 사이트에 접속합니다.

05 [Free Books Account: Seller Info(판매자 정보)] 사이트로 전환되며, [About Seller], [Contact Information] 섹션에 요구하는 정보를 입력하고 [Terms of Use] 섹션에서 계약 동의를 체크하고 [Submit] 버튼을 누릅니다.

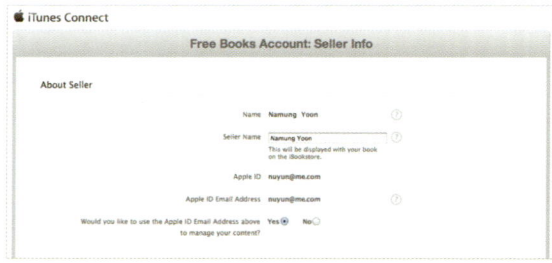

> **Tip** 위 5번 그림은 [About Seller] 섹션만 캡처한 화면입니다. 판매자 정보 아래에 나오는 [Contact Information]과 [Terms of Use] 섹션은 개인 정보 차원에서 생략하였으며 특이 사항은 없습니다.

06 [Free Books Account Created] 사이트로 전환되며, 계약이 완료되었음과 다음 절차(등록한 이메일로 Free Books Account 정보를 보냈고, iTunes Connect 사이트에 접속해서 생성한 계정을 활성화하고 iTunes Producer를 다운로드 받아 설치하고 책을 업로드하는 과정입니다.)를 안내합니다. 이 부분을 확인했다면 [Done] 버튼을 누릅니다.

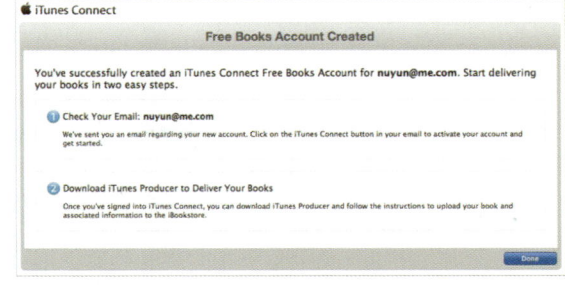

07 iBookStore 팀에서 보낸 메일 내용을 확인한 다음 본문 안에 있는 [Activate your account] 링크를 클릭합니다.

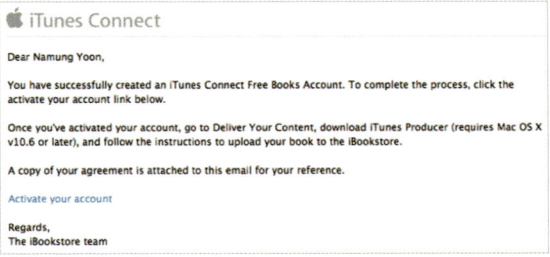

08 [iTunes Connect]의 로그인 페이지가 열리며 [Apple ID]와 [Password]를 입력하고 [Sign In] 버튼을 클릭합니다.

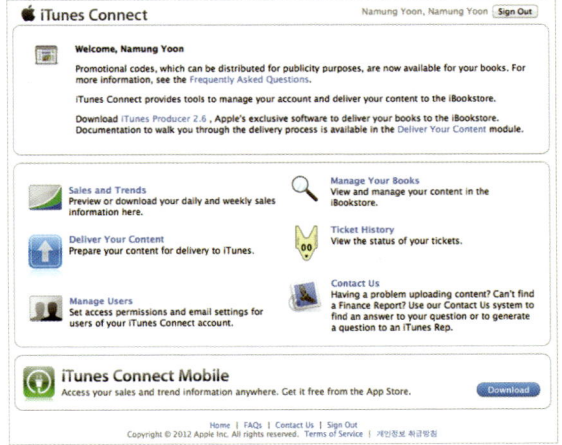

09 Free Account 계약 생성이 완료됩니다. iTunes Connect 메인 사이트는 일 또는 주간 단위의 책 판매 정보, 발행 준비 사항, iTunes Connect 접속 계정 권한, 책 관리, 티켓 발행을 통한 문제 해결 요청 및 메일 문의 등의 책 발행 후 관리에 필요한 서비스를 지원합니다.

iBookStore 유료 계약 생성

책을 유료로 판매하거나 무료로 배포하려면 애플 iBookStore에 Paid Account 계약을 생성합니다. 이 계약은 신용 카드 정보가 등록된 Apple ID, 유효한 이메일 주소와 미국 국세청에 발급해 주는 EIN 및 은행 계좌 정보가 요구됩니다.

Exercise 02 EIN(Employer Identification Number, 납세 번호) 발급 받기

01 다음은 Paid Account 계약 생성 시 필요한 Tax 정보입니다. EIN을 발급받으려면 미국 국세청(한국어 지원) 사이트인 http://www.irs.gov/Korean에 접속하고 세무 관련 정보를 살펴본 다음 SS-4 양식(www.irs.gov/pub/irs-pdf/fss4.pdf)을 작성하여 신청합니다. 신청 절차에 대하여 알아보려면 www.irs.gov 사이트에 접속하고 검색 필드에 'How to Apply for an EIN'으로 검색하여 해당 문서를 확인합니다. EIN 발급은 인터넷, 전화, 팩스 또는 메일로 진행할 수 있습니다. 다음 그림은 SS-4 서류 양식 예입니다.

Form **SS-4**
(Rev. January 2010)
Department of the Treasury
Internal Revenue Service

Application for Employer Identification Number
(For use by employers, corporations, partnerships, trusts, estates, churches, government agencies, Indian tribal entities, certain individuals, and others.)
▶ See separate instructions for each line. ▶ Keep a copy for your records.

OMB No. 1545-0003
EIN

Type or print clearly.

1 Legal name of entity (or individual) for whom the EIN is being requested

2 Trade name of business (if different from name on line 1)
3 Executor, administrator, trustee, "care of" name

4a Mailing address (room, apt., suite no. and street, or P.O. box)
5a Street address (if different) (Do not enter a P.O. box.)

4b City, state, and ZIP code (if foreign, see instructions)
5b City, state, and ZIP code (if foreign, see instructions)

6 County and state where principal business is located

7a Name of responsible party
7b SSN, ITIN, or EIN

8a Is this application for a limited liability company (LLC) (or a foreign equivalent)? . . . . ☐ Yes ☐ No
8b If 8a is "Yes," enter the number of LLC members . . . . ▶

8c If 8a is "Yes," was the LLC organized in the United States? . . . . ☐ Yes ☐ No

9a **Type of entity** (check only one box). **Caution.** If 8a is "Yes," see the instructions for the correct box to check.

☐ Sole proprietor (SSN) ______
☐ Partnership
☐ Corporation (enter form number to be filed) ▶ ______
☐ Personal service corporation
☐ Church or church-controlled organization
☐ Other nonprofit organization (specify) ▶ ______
☐ Other (specify) ▶
☐ Estate (SSN of decedent) ______
☐ Plan administrator (TIN) ______
☐ Trust (TIN of grantor) ______
☐ National Guard ☐ State/local government
☐ Farmers' cooperative ☐ Federal government/military
☐ REMIC ☐ Indian tribal governments/enterprises
Group Exemption Number (GEN) if any ▶

9b If a corporation, name the state or foreign country (if applicable) where incorporated | State | Foreign country

02 EIN 발급 절차에 대한 세부적인 컨설트를 받으려면 미국 현지의 한인 세무사에게 컨택하거나 국내 대행사로 문의할 것을 권장합니다.

Exercise 03 Paid Account 계약 생성하기

01 웹 브라우저를 실행하고 http://www.apple.com/itunes/sellcontent 사이트에 접속합니다. [Sell Your Content] 항목에서 [Sell Your Books] 섹션의 [Online Application] 링크를 클릭합니다.

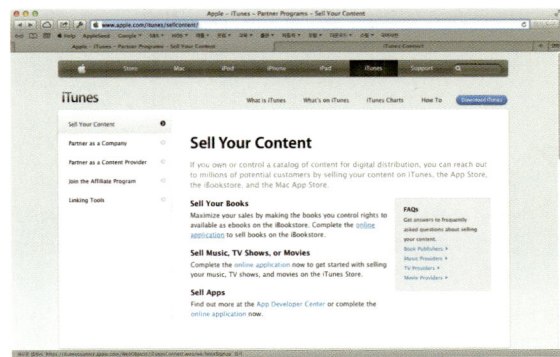

02 [iTunes Connect] 사이트로 전환됩니다. 책 발행에 대한 워 플로우 정보를 리뷰하고 [Get Started] 버튼을 누릅니다.

03 [Create an Account] 사이트로 전환됩니다. 유료 계정을 생성하려면 [Paid Books Account] 섹션에서 [Create a Paid Books Account] 버튼을 클릭합니다.

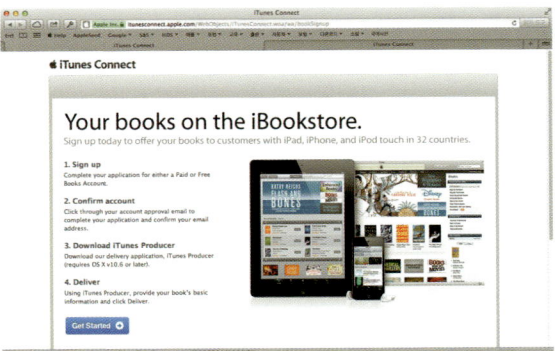

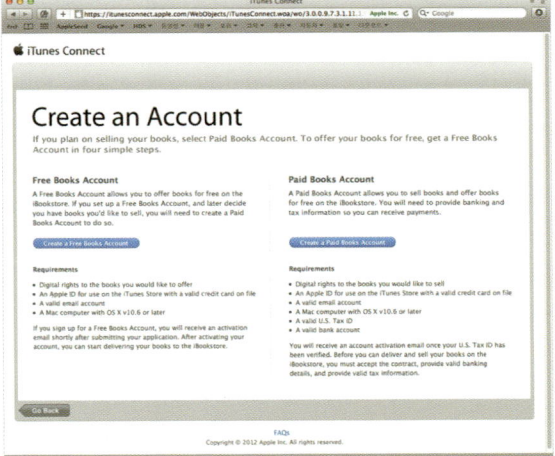

04 [iTunes Store Account] 사이트로 전환되며, [Your First Name(이름)], [Your Last Name(성)], [Apple ID] 및 [Password] 입력 필드에 해당 정보를 입력한 다음 하단에 있는 계약 동의를 체크하고 [Continue] 버튼을 클릭합니다.

Tip [Your First Name]과 [Your Last Name]은 Apple ID 생성 시 등록한 것과 동일한 이름과 성을 사용해야 하며, [Apple ID]는 신용 카드 정보가 등록되어 있어야 합니다.

05 [Seller Information(판매자 정보)] 사이트로 전환되며, [About Seller] 섹션과 [Physical Address and Contact Information] 섹션에 요구하는 정보를 입력한 다음 [Territory Right] 섹션에서 책을 판매 지역을 모두 선택하고 [Continue] 버튼을 누릅니다. 다음 화면에서 [Bank Account] 정보를 입력하고 [Submit] 버튼을 누릅니다.

Tip 미국 국세청에서 발급 받은 EIN은 [About Seller] 섹션의 [U.S. Tax ID] 팝업 메뉴에서 [EIN]을 선택한 다음, 해당 필드에 입력합니다.

06 Paid 계약이 완료되었음과 다음 절차(등록한 이메일로 Paid Books Account 정보를 보냈고, iTunes Connect 사이트에 접속해서 생성한 계정을 활성화하고 iTunes Producer를 다운로드 받아 설치하고 책을 업로드하세요.)를 안내합니다. [Done] 버튼을 누릅니다. iBookStore 팀에서 보낸 메일 내용을 확인한 다음 본문 안에 있는 [Activate your account] 링크를 클릭합니다.

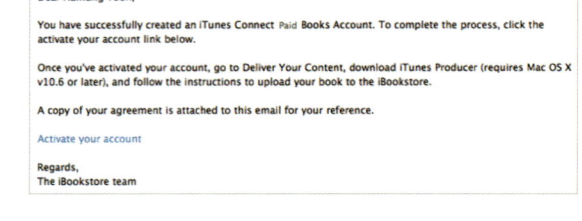

07 [iTunes Connect] 로그인 페이지가 열리며 [Apple ID]와 [Password]를 입력하고 [Sign In] 버튼을 클릭합니다.

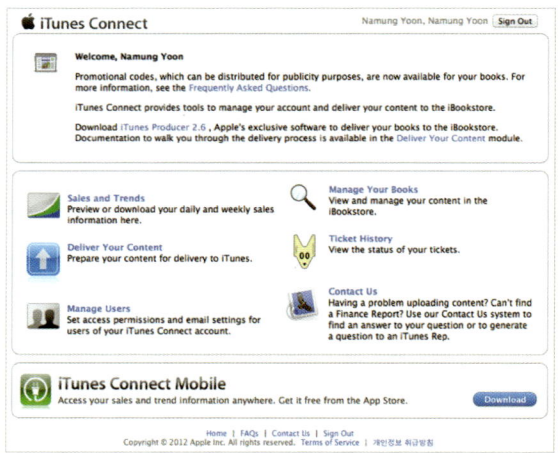

08 Paid Account 계약 생성이 완료됩니다. iTunes Connect 메인 사이트는 일 또는 주간 단위의 책 판매 정보, 발행 준비 사항, iTunes Connect 접속 계정 권한, 책 관리, 티켓 발행을 통한 문제 해결 요청 및 메일 문의 등의 책 발행 후 관리에 필요한 서비스를 지원합니다. 웹 상에서 Paid 계정 등록 과정은 애플 정책에 따라 일부 내용 및 절차가 변동될 수 있습니다. 해당 지침을 확인하고 진행합니다.

Lesson **04** iTunes Producer 다운로드 및 설치

iTunes Producer는 책을 업로드하는 응용 프로그램입니다. iTunes Connect 사이트에 접속한 다음 iTunes Producer 응용 프로그램을 다운로드하고 Mac 컴퓨터에 설치합니다. 이 과정을 진행하려면 이전 단계에서 학습한 303페이지 'iBookStore 무료/유료 계약 생성'을 먼저 수행합니다.

Exercise 01 iTunes Producer 다운로드하고 설치하기

01 웹 브라우저를 실행하고 iTunes Connect 사이트 https://itunesconnect.apple.com에 접속한 다음 [Apple ID]와 [Password]를 입력하고 [Sign In] 버튼을 클릭합니다. iTunes Connect 사이트가 열리며, [Welcome] 섹션에서 파란색 [Deliver Your Content] 링크를 클릭합니다.

02 [Delver Your Content] 사이트로 전환되며, [iTunes Producer 2. x] 섹션에서 [Download] 버튼을 클릭합니다. iTunes Producer 설명서를 얻으려면 [iTunes Producer User Guide 2. x] 항목을 클릭하여 다운로드 받습니다.

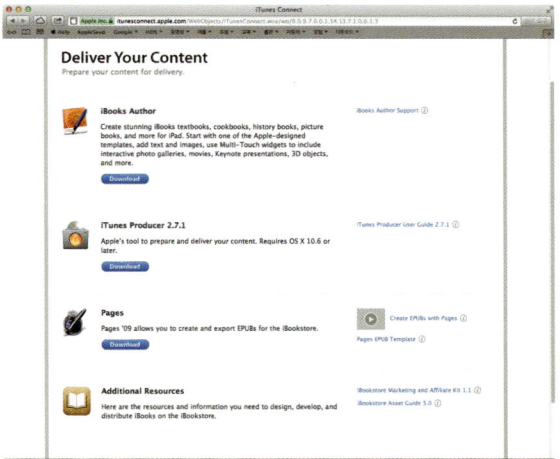

03 다운로드가 완료되면 다운로드 폴더에서 [iTunes Producer_2.x.dmg] 파일을 열고 [iTunesProducer. pkg] 파일을 더블클릭한 다음 화면 지침에 따라 iTunes Producer 설치합니다.

04 Launchpad에서 iTunes Producer 응용 프로그램을 실행합니다. 계약 조항을 리뷰하고 [Accept] 버튼을 누릅니다. 이어서 [Apple ID]와 [Password]를 입력하고 [Next] 버튼을 클릭합니다.

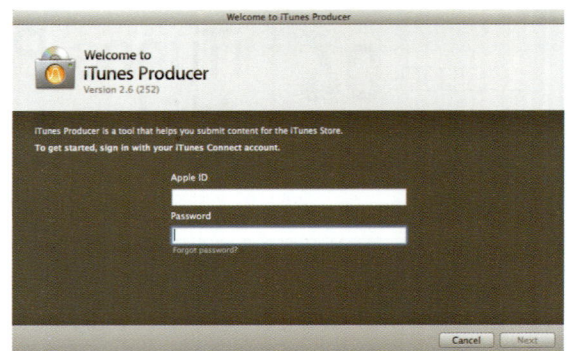

05 iTunes Producer 주 패널이 열립니다. 이미 저장되어 있는 iTP 패키지 파일을 열고 수정하거나 새로운 iTP 패키지 파일을 생성하고 업로드합니다. [Look Up Metadata]를 사용하면 iBookStore에 이미 발행한 책들을 패키지로 묶어 판매할 수도 있습니다.

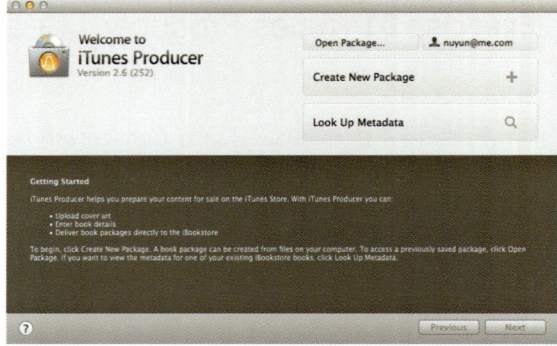

Lesson **05** | iTunes Producer 책 파일 업로드

Free 또는 Paid Account 계약을 생성하고 iTunes Producer를 설치한 다음 iBooks Author에서 책 파일을 추출하여 iBookStore로 업로드합니다. 이 과정을 진행하려면 이전 단계에서 학습한 309페이지 'iTunes Producer 다운로드 및 설치'를 먼저 수행합니다.

> **Tip** 다음에 나오는 책 발행하기 예제는 'Free Account' 계약으로 책을 업로드하는 과정입니다. Paid Account 계약으로 진행하는 경우 ISBN, EIN, Bank Account 등 일부 정보가 추가적으로 요구됩니다.

| Exercise 01 책 발행하기

01 iBooks Author에서 발행할 책 파일을 열고, [파일] 메뉴 → [발행...]을 선택하면 [발행] 패널이 나타납니다. 이어서 [계속] 버튼을 누릅니다.

02 [미리 발행 확인] 창으로 전환되며, 책의 발행 여부를 검사합니다. 왼쪽 사이드 영역에 책 발행 절차를 순차적으로 보여줍니다. [계속] 버튼을 누릅니다.

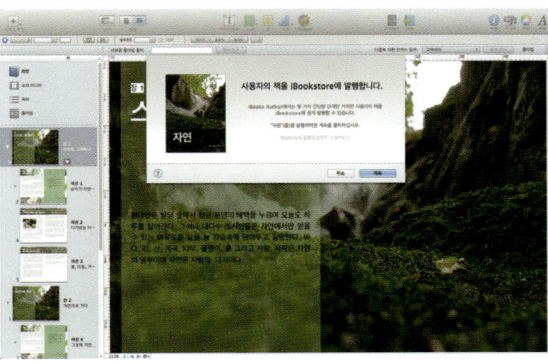

03 [로그인] 창이 나타나면 iTunes Connect에 접속할 [Apple ID]와 [암호]를 입력하고 [로그인] 버튼을 누릅니다. iTunes Connect용 Apple ID가 없다면 전자에서 학습한 계약 과정을 수행하여 Apple ID를 발급받습니다.

04 [버전 정보] 창으로 전환되며, 여기에서 버전 정보를 확인합니다. 책을 처음 발행하면 다음 그림과 같이 [새로운 책입니다.] 항목이 기본적으로 선택됩니다. 이전에 iBookStore에 발행한 책이라면, [이전에 발행한 책에 대한 업데이트입니다.] 항목을 선택해 버전 정보를 지정합니다. [계속] 버튼을 누릅니다.

Tip 버전은 기본적으로 1.0으로 지정되며 iBookStore 상에서 책과 함께 해당 정보가 게시됩니다. 버전 형식은 문자를 포함할 수 없습니다.

---

05 [샘플 책 생성] 창으로 전환되며, [장에서 샘플 생성]의 팝업 메뉴에서 원하는 항목을 선택합니다. 책을 유료로 판매할 경우 독자가 책을 구입하기 전에 미리 훑어 볼 수 있도록 샘플 책을 제공해야 합니다. [계속] 버튼을 누릅니다.

06 [책 보내기] 창으로 전환되며 하단에 있는 [보내기] 버튼을 누르면 책을 iTunes Producer로 보냅니다. [보내기] 버튼을 누릅니다.

---

07 책 보내기가 완료되면 [iTunes Producer로 발행을 완료하십시오.]라고 사용자에게 안내합니다. 해당 패널 하단에 있는 [iTunes Producer 열기] 버튼을 누릅니다.

Exercise 02 iTunes Producer에서 책 파일 업로드하기

08 iTunes Producer 응용 프로그램이 자동으로 실행되고 iBooks Author로부터 전송받은 책 정보를 각 패널을 보여줍니다. 다음 그림은 iTunes Producer 2.6 버전에서 진행한 예시입니다. 업데이트 버전의 경우 일부 사항이 변경될 수 있습니다.

09 [책 정보] 패널에서 [공급업체 ID]는 책 제목 정보를 가지고 iTunes Producer가 자동으로 생성합니다. 필수 입력 항목인 [책 유형], [언어], [제목], [발행인] 및 책 설명과 부가 입력 사항인 [부제목], [발행일], [시리즈 이름], [시리즈 수] 등의 정보를 입력한 후 [다음] 버튼을 클릭합니다.

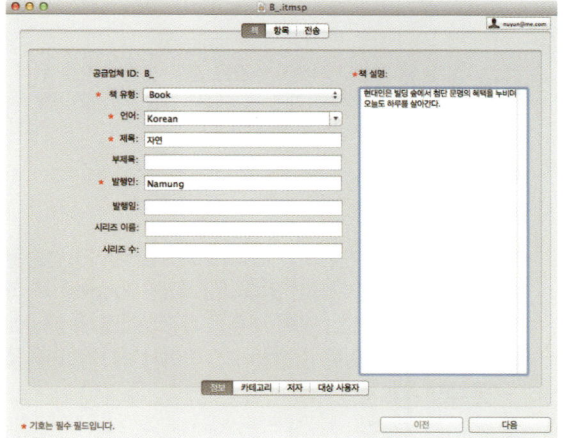

> **Tip**
>
> 책 유형은 Book으로 선택하는 것에 주의합니다. Textbook은 ePub 포맷의 책을 업로드할 때 지정합니다. 발행 날짜는 YYYY-MM-DD 포맷으로 입력합니다. 책 설명은 최대 550 바이트까지 입력할 수 있습니다. iTunes Producer는 제목에 입력한 내용을 기준으로 공급업체 ID를 생성합니다.

10 [카테고리] 패널로 전환되면 [카테고리 추가] 버튼을 클릭하고 [주제 카테고리] 팝업 메뉴에서 발행할 책의 주 카테고리와 부 카테고리를 선택합니다. [다음] 버튼을 클릭합니다.

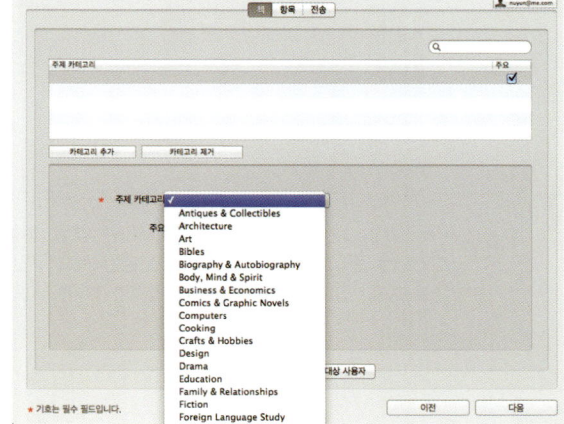

> **Tip**
>
> [주제 카테고리] 패널에서 여러 개의 카테고리를 추가할 수 있습니다. 특정 카테고리를 우선 항목으로 지정하려면 목록에서 해당 카테고리를 선택하고 [주요] 항목을 체크합니다.

11 [저자] 패널로 전환되면 [저자 추가] 버튼을 클릭하고 [이름] 입력 필드에 저자의 이름을 입력한 다음 [역할] 팝업 메뉴에서 하나의 롤을 선택합니다. 이어서 [다음] 버튼을 클릭합니다.

12 [대상 사용자] 패널로 전환되면 대상 사용자 기준을 지정하기 위해 [조건 추가] 버튼을 클릭하고 [대상 사용자 기준] 팝업 메뉴에서 [Interest Age]를 선택합니다. 이어서 [Target Age Range] 팝업 메뉴에서 대상 고객 연령 범위를 선택합니다. [다음] 버튼을 클릭합니다.

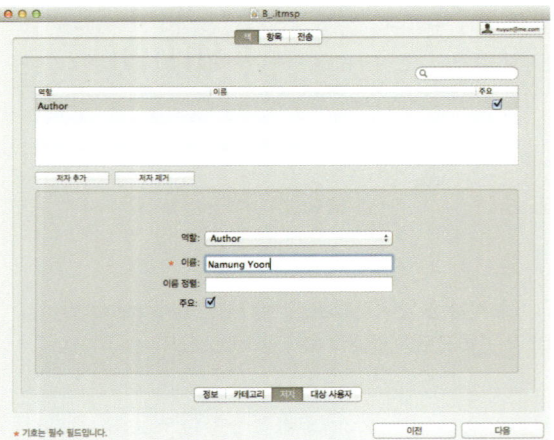

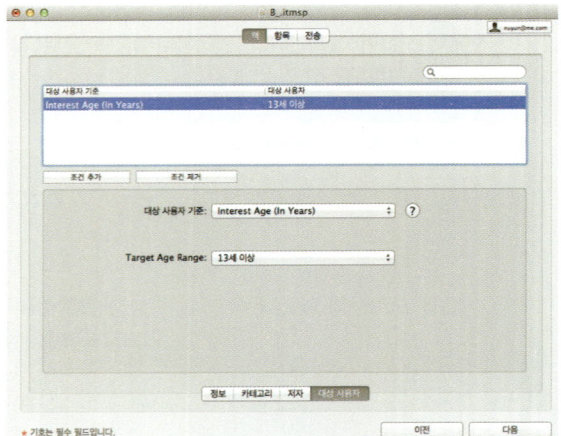

Tip 두 명 이상의 저자가 추가된 경우, 특정 저자를 우선순위로 지정하려면 목록에서 해당 저자를 선택하고 '주요' 항목을 체크합니다.

13 [발행] 패널로 전환되면 iBooks Author로부터 전송된 발행할 책이 추가되어 있습니다. 다른 '.ibooks' 책 파일로 대치하려면 [선택] 버튼을 누르고 [열기] 패널에서 다른 책 파일을 지정합니다. 이어서 [다음] 버튼을 클릭합니다.

Tip Paid Account 계약으로 책을 업로드하는 경우 [발행] 패널 오른쪽에 [발행 미리보기] 영역이 별도로 나타납니다. Paid Account 계약으로 책을 발행할 때 '판매본' 책과 구입 전 고객이 구입책의 내용을 미리 훑어 볼 수 있도록 '샘플' 책을 함께 업로드해야 합니다. 샘플 책을 생성하려면 318페이지의 '샘플 책 추출하기' 섹션을 참조합니다.

14 [표지 사진] 패널로 전환됩니다. 책 표지를 추가하려면 [항목] 탭의 [선택] 버튼을 누르고 [열기] 창에서 이미지 파일을 지정하거나 이미지 파일을 '표지 사진' 영역 위로 직접 드래그합니다. [다음] 버튼을 클릭합니다.

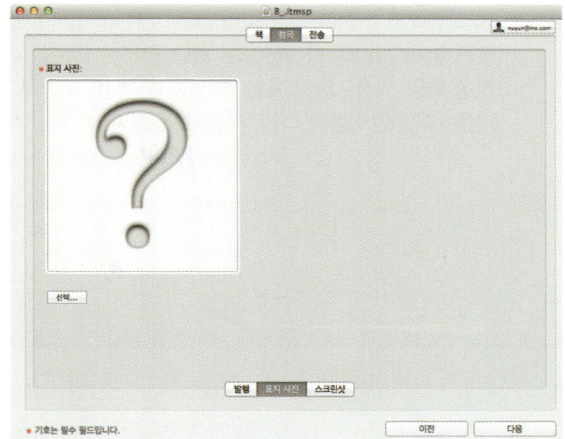

> **Tip** 책 표지 파일은 RGB 색상 모드의 TIFF, JPEG 또는 PNG 포맷으로 DPI는 인치당 72 픽셀이어야 합니다. 최소 크기는 400 x 600 픽셀이며, 최상의 결과를 얻으려면 1,200 x 1,200 픽셀 크기를 사용합니다.

15 [스크린샷] 패널로 전환되면 책의 레이아웃과 느낌을 소개하는 스크린샷 이미지 파일을 추가하기 위해 [스크린샷 추가] 버튼을 클릭합니다. 이어서 스크린샷 업로드 아래에 있는 [선택] 버튼을 다시 한 번 누른 다음 [열기] 창에서 이미지 파일을 지정합니다. 스크린샷 이미지 파일을 더 추가하려면 이 과정을 반복합니다. [다음] 버튼을 클릭합니다.

> **Tip** 스크린샷 이미지 파일은 RGB 색상 모드의 JPEG 또는 PNG 포맷이어야 하며 크기는 1,024 x 768, 1,024 x 748, 768 x 1,024 또는 768 x 1,004 픽셀 중에 하나를 사용합니다.

16 [전송] 패널로 전환됩니다. 앞의 과정에서 입력한 정보에 문제가 없다면 다음 그림과 같이 전송 대기 창이 나타납니다. iBookStore에 책을 업로드하려면 [전송] 버튼을 누릅니다.

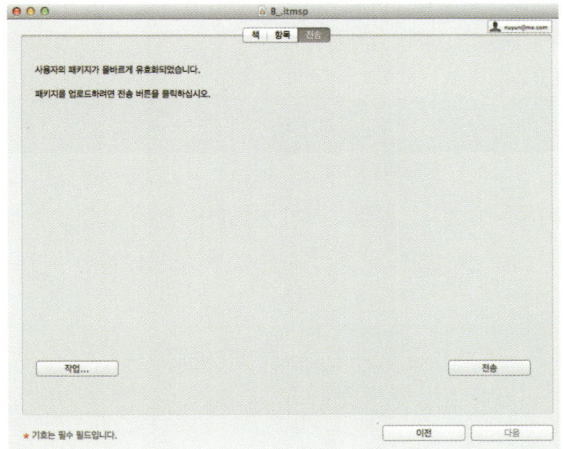

17 위 과정에서 입력한 정보 중 일부 문제가 발생되면 목록에 문제 사항이 나타납니다. 해당 항목을 더블클릭하여 해당 섹션으로 이동한 후 문제를 해결하고 다시 [전송] 패널로 이동한 다음 [전송] 버튼을 누릅니다.

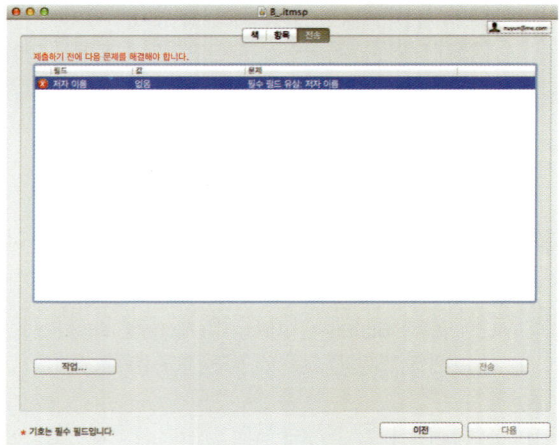

Tip 책이 정상적으로 발행되었는지 확인하려면 iTunes Connect 사이트(itunesconnect.apple.com)로 접속하고 [Manage Your Books] 링크를 클릭한 다음 [Recent Activity] 섹션에 등록한 책이 나타나는지 확인합니다. 해당 책을 클릭하면 상세 정보 항목 중에 Status가 Pending(승인 대기 중)인 것을 확인할 수 있습니다. 승인이 완료되는데 1~2주 정도 소요될 수 있습니다. iBooksStore에 발행한 책을 업데이트하려면 애플 공식 문서인 http://support.apple.com/kb/HT5213를 참조합니다.

Lesson **06** ISBN : 국제표준 도서번호 발급

책을 유료로 판매하려면 발행할 책마다 ISBN(International Standard Book Number)을 발급받아야 합니다. 이 정보는 iTunes Producer에서 책을 업로드할 때 사용합니다.

Exercise 01 국제표준 도서번호 발급 절차 리뷰하기

01 국내의 경우 ISBN를 발급받으려면 출판사 신고를 먼저 진행합니다. 먼저 원하는 출판사 이름을 결정하고 중복되는 상호가 있는지 확인하려면 대법원 인터넷 등기소(www.iros.go.kr)에 접속합니다. 이어서 [등기열람/발급] → [법인] → [상호찾기]를 클릭한 후 관할 등기소 검색 범위를 [전체 등기소]로 선택하고 결정한 출판사 상호를 검색합니다. 출판사 상호가 결정되면 거주하는 지역의 시청 / 군청 또는 구청으로 방문한 다음 출판사 신고를 하고 '출판사 신고필증'을 발급받습니다.

02 ISBN을 발급받으려면 한국문헌번호센터(www.nl.go.kr/isbn)에 접속하고 회원 가입을 한 후 ISBN 온라인 신청서를 접수합니다. 이 과정에서 출판사 신고필증을 지정된 팩스 번호로 전송해야 합니다. 자세한 사항은 해당 웹페이지의 [ISBN 신청절차] 섹션을 참조합니다.

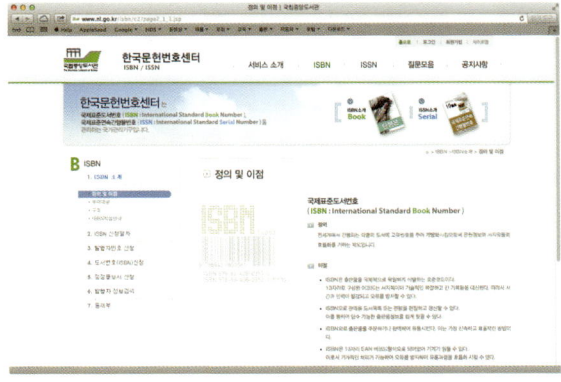

Tip 국제 표준 도서번호인 ISBN은 책에 부여된 고유번호(13자리)이며 새로운 책을 발행할 때마다 발급받습니다. ISBN 발급 절차에 대한 세부적인 컨설트를 받으려면 국제 ISBN 에이전시인 International ISBN Agency(http://www.isbn-international.org/agency)에 접속하고 [National Agencies] 팝업 메뉴에서 [Korea, Republic]을 선택합니다.

Lesson **07** 샘플 책 추출

책을 유료로 판매할 때 고객이 구입하기 전, 독자들이 미리 훑어 볼 수 있도록 샘플 책을 별도로 제공해야 합니다. 이 샘플 책 추출은 iBooks Author에서 추출한 다음 iTunes Producer에서 업로드할 때 사용합니다.

| Exercise 01 iBooks Author에서 샘플 책 생성하기

01 ▶ 책 파일을 열고, [공유] 메뉴 → [보내기]를 선택하면 [보내기...] 패널이 나타나며 [iBooks] 아이콘을 선택합니다.

02 ▶ 다음으로 [보내기] 패널의 [다음으로 보내기]의 팝업 메뉴 가운데 [iBookStore용 샘플 책] 항목을 선택한 다음, [다음] 버튼을 클릭합니다.

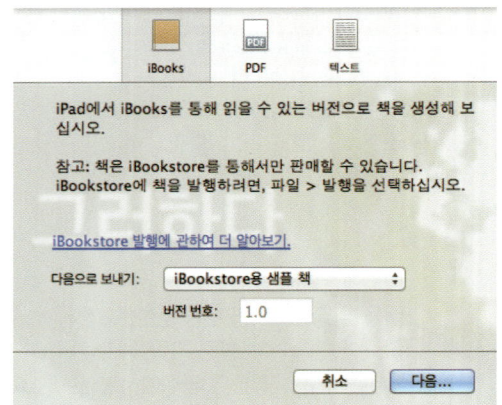

09 ▶ [별도 저장] 패널이 나타나며, [별도 저장] 입력 필드에 책 파일 이름과 저장할 경로를 지정하고 [보내기] 버튼을 클릭합니다.

04 ▶ [진행] 패널이 나타나며 iPad 장비로 전송할 책 파일을 추출합니다. 작업이 완료되면 지정한 경로에 '.ibooks' 확장자를 가진 책 파일이 나타납니다.

Lesson **08** 스크린샷 이미지 추출

책의 레이아웃과 느낌을 소개하는 이미지 파일을 iPad에서 추출합니다. 스크린샷 이미지 파일은 iTunes Producer에서 업로드할 때 사용합니다.

Exercise 01 iPad에서 스크린샷 저장하고 가져오기

01 책을 iPad로 전송하고 iBooks 책장에서 해당 책을 엽니다. 이어서 스크린샷으로 저장할 페이지로 이동한 다음 iPad의 [홈] 버튼과 [잠자기/깨우기] 버튼을 동시에 누릅니다.

02 카메라 셔터 효과음이 들리며 현재 iPad에 보이는 화면이 iPad 사진 앱에 저장됩니다. 위 1번 과정을 반복해서 다른 스크린샷을 저장합니다. iPad에 저장된 스크린샷을 가져오려면 iPad를 Mac 컴퓨터에 연결하고 응용프로그램/유틸리티 폴더에서 이미지 캡처 응용프로그램을 실행합니다.

03 목록에서 가져올 스크린샷을 선택하고 [다음으로 가져오기]의 팝업 메뉴에서 저장할 경로를 지정한 다음 [가져오기] 버튼을 누릅니다. 목록에서 여러 개의 스크린샷을 한 번에 선택하려면 Command 키를 누른 상태에서 해당 파일을 클릭합니다.

04 지정한 경로에 스크린샷 파일이 나타납니다. 이 스크린샷 이미지 파일은 iTunes Producer에서 책을 업로드할 때 '스크린샷' 단계에서에 사용됩니다. 해당 스크린샷 이미지 파일을 '스크린샷 업로드' 영역 위로 드래그하여 추가합니다.

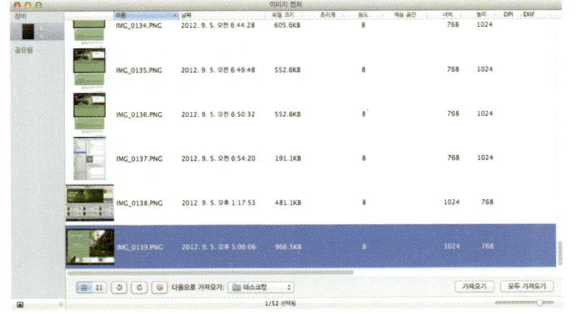

Part 05

템플릿 예제 콘텐츠 실습

Lesson 01 템플릿 디자인하기

나만의 콘텐츠 느낌에 맞는 장, 섹션, 페이지의 레이아웃을 디자인하고 사용자 템플릿으로 저장하여 사용합니다. 사용자 템플릿을 생성하는 가장 쉬운 방법은 애플에서 제공하는 템플릿 중 가장 유사한 레이아웃을 가진 템플릿을 열고 디자인하는 것입니다.

> **Tip** 템플릿 디자인 과정을 원활히 수행하려면 전자에서 학습한 모든 사항에 대하여 리뷰가 필요합니다. 일부 과정에서 이해되지 않는 부분이 있다면 해당 섹션을 참조합니다. 다음에 나오는 예시는 템플릿 편집에 필요한 기본 요소들만 포함시켰습니다.

Exercise 01 템플릿 디자인하고 나만의 템플릿 파일로 저장하기

01 iBook Author를 실행하고 [템플릿 선택 화면]에서 디자인할 레이아웃과 가장 유사한 템플릿을 선택한 후 [선택] 버튼을 누릅니다.

02 템플릿을 선택하면 메인 윈도우가 나타납니다. 도구 막대에서 [보기] 아이콘을 누르고 팝업 메뉴에서 [레이아웃 보기]를 클릭하거나 [윈도우] 메뉴 → [레이아웃 보기]를 선택합니다.

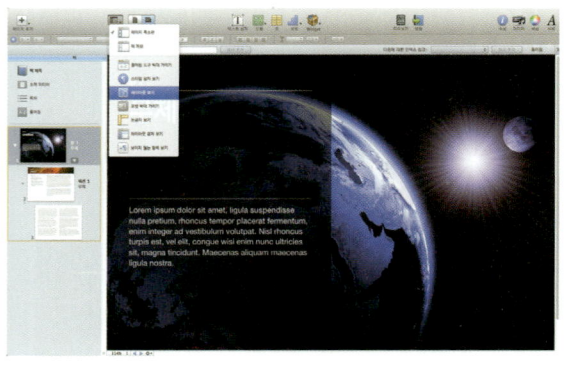

03 [레이아웃] 패널에서 변경할 장 레이아웃 유형 중 하나를 선택하고 단축키 Command + D 키를 누르거나 도구 막대에서 [레이아웃 추가] 아이콘을 클릭합니다. 선택한 장 레이아웃이 복제됩니다.

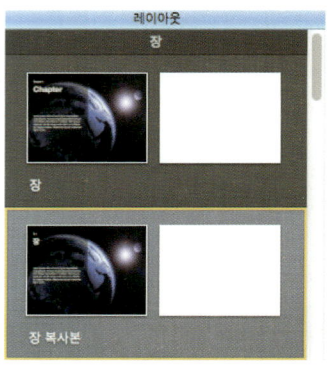

> **Tip** [레이아웃] 패널에서 복제하지 않고 원본 레이아웃을 직접 편집 작업을 수행할 수도 있습니다. 이 경우 다음 5번 과정으로 건너뜁니다.

04 복제한 장 레이아웃의 이름을 변경하려면 해당 이름 영역을 더블클릭하고 원하는 이름을 입력합니다.

06 페이지 상단에 굵은 선 모양을 추가하려면 도구 막대에서 [도형] 아이콘을 클릭하고 나타나는 팝업 메뉴에서 [직선]을 선택합니다.

08 Shift + Option 키를 누른 상태에서 마우스 커서를 직선의 한 쪽 끝 지점에 위치하고 페이지 바깥쪽으로 드래그합니다. 센터를 중심으로 좌-우 동일한 비율로 직선의 길이가 조절됩니다.

05 [레이아웃] 패널에서 복제한 장 레이아웃을 선택하고 페이지 편집 영역에서 디자인 작업을 시작합니다. 배경 이미지를 변경하려면 Finder에서 이미지 파일을 배경 이미지 위로 드래그합니다. 배경 이미지는 미디어 위치 지정자로 정의되어 있으므로 새로운 이미지로 대치됩니다.

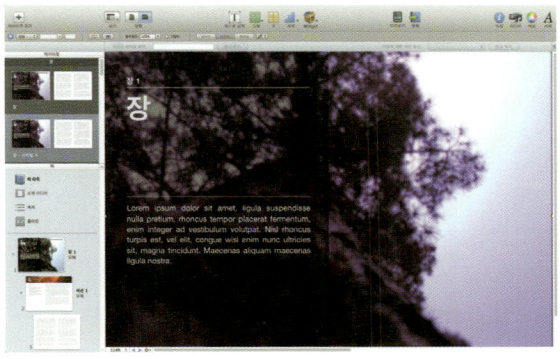

07 페이지 중앙에 직선 대상체가 나타납니다. Shift 키를 누른 상태에서 직선 대상체를 머리말 영역 부근으로 드래그합니다. Shift 키를 누르면서 대상체를 이동하면 수평 위치가 어긋나지 않고 고정됩니다.

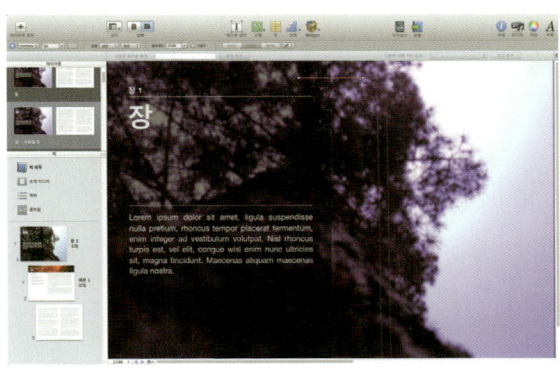

09 직선의 두께, 색상 및 불투명도를 조절하려면 직선 대상체를 선택하고 도구 막대에서 [속성] 아이콘을 클릭한 다음 [그래픽] 패널에서 선 스타일(직선, 점선), 선 두께, 선 색상, 불투명도를 변경합니다. 불투명도 효과를 사용하면 투명한 느낌의 매트를 연출할 수 있습니다.

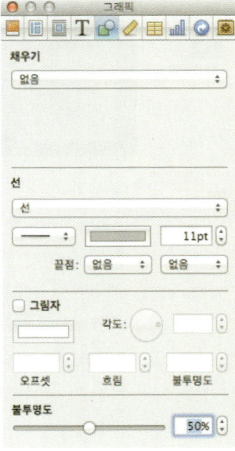

10 페이지에서 직선의 모양새가 변경됩니다. 직선 대상체를 1 포인트 단위로 세밀하게 재배치하려면 키보드의 방향키를 누릅니다. 직선 대상체가 움직이지 않도록 고정하려면 [정렬] 메뉴 → [잠금]을 선택합니다.

11 장 제목의 텍스트 포맷을 변경하려면 장 제목이 있는 텍스트 상자를 더블클릭하여 선택한 다음, 포맷 막대에서 [글자 크기], [글자 색상] 및 [배분 정렬]방식을 변경합니다. 장 번호 및 기타 다른 텍스트에 대해서도 동일한 방법을 수행하여 스타일을 변경합니다.

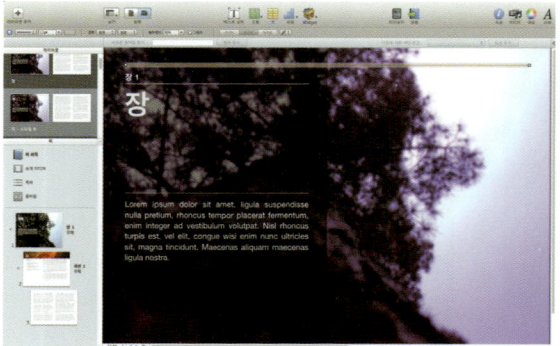

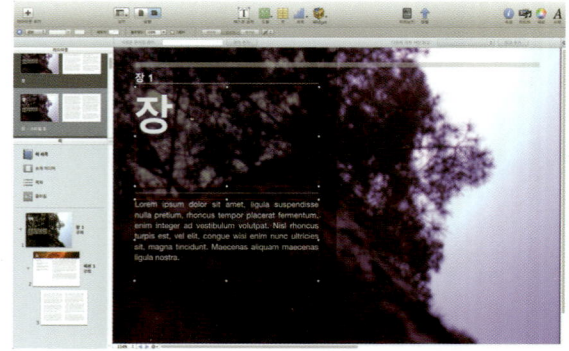

Tip 도형 대상체는 부가적인 요소로 책 전반에 걸쳐 다양한 대상체로 사용될 수 있습니다. 타이틀 막대, 페이지 분리선, 이미지 마스크 테두리선 등 해당 대상체의 풍부한 느낌을 도와줍니다.

Tip 위 11번 그림은 번호(장 1) 및 장 제목(장)의 글자 크기를 변경한 다음 아래에 있는 더미 텍스트 (Lorem...)의 정렬 방식을 왼쪽 정렬에서 배분 정렬로 변경한 예시입니다.

12 페이지에 이미지를 추가하고 미디어 위치 지정자로 정의하려면 Finder에서 이미지 파일을 페이지 위로 드래그하여 추가한 후 적절한 지점에 배치합니다. 테두리에 있는 선택 핸들을 드래그하여 크기를 조절하면서 키보드의 방향키를 눌러 세밀하게 위치를 보정합니다.

13 [포맷] 메뉴 → [고급] → [미디어 위치 지정자로 정의]를 선택하거나 단축키 Control + Option + Command + I 키를 누릅니다. 선택한 이미지가 미디어 위치 지정자로 정의됩니다. 새로운 이미지를 해당 이미지 위로 드래그하면 오버레이되지 않고 대치됩니다.

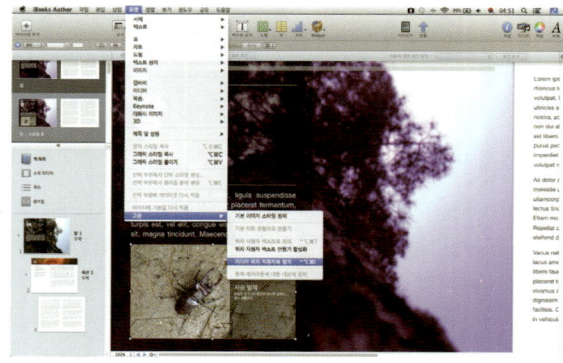

Tip 이미지 파일을 추가할 때 미디어 위치 지정자로 정의된 이미지 위로 드래그하면 대치되므로 페이지 레이아웃 패턴상 상황이 여유롭지 않으면 [삽입] 메뉴 → [선택] 명령을 사용하여 이미지 파일을 추가합니다.

14 해당 장 레이아웃으로부터 생성된 [책] 패널의 장 페이지에서도 동일하게 해당 이미지를 미디어 위치 지정자로 동작하도록 설정하려면 도구 막대에서 [속성] 아이콘을 클릭하고 [레이아웃] 패널에서 [레이아웃 대상체] 섹션의 [이 레이아웃을 쓰는 페이지에서 편집 가능] 항목을 체크합니다.

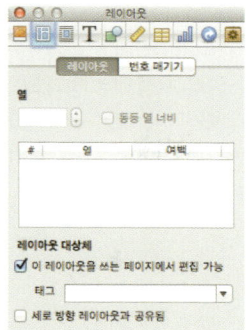

Tip 이 옵션을 켜지 않으면 마스터 레이아웃 페이지에서는 해당 대상체가 미디어 위치 지정자로 동작하지만, 이 마스터 레이아웃을 기반으로 생성된 페이지에서는 미디어 위치 지정자로 동작하지 않습니다. 자세한 사항은 183페이지의 '미디어 위치 지정자' 섹션을 참조합니다.

15 페이지 편집 작업을 수행하면서, 페이지의 전체 레이아웃이 보이도록 보기 방법을 변경하려면 메인 윈도우 하단에 있는 상태 바에서 [보기 확대/축소] 팝업 메뉴를 클릭하고 [페이지 맞추기]를 선택합니다.

16 레이아웃 변경 작업을 진행하면서 해당 장 레이아웃 축소판 이미지 아래에 있는 빨간색 [변경사항 적용] 버튼이 나타나면 수시로 클릭하여 저장합니다.

17 [레이아웃] 패널에서 변경할 섹션 레이아웃을 선택합니다. 레이아웃의 이름을 변경하려면 해당 이름 영역을 더블클릭하고 원하는 이름을 입력합니다.

18 [레이아웃] 패널에서 [섹션] 레이아웃을 선택하고 페이지 편집 영역에서 디자인 작업을 시작합니다.

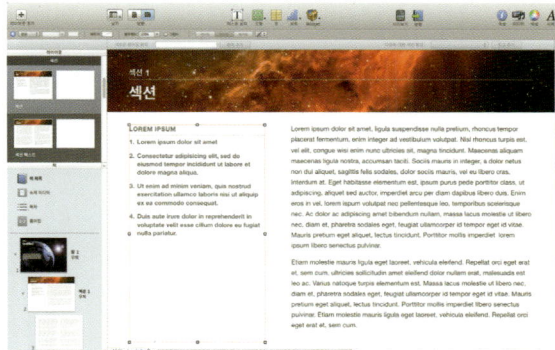

19 섹션 제목 지점에 있는 배경 이미지를 변경하려면 Finder에서 이미지 파일을 배경 이미지 위로 드래그합니다. 배경 이미지는 미디어 위치 지정자로 정의되어 있으므로 새로운 이미지로 대치됩니다. 해당 이미지를 선택했을 때 [마스크 편집] 창이 나타나면 마스크가 적용된 이미지 대상체입니다.

20 마스크가 적용된 이미지를 더블클릭하면 다음 그림과 같이 마스크 편집을 할 수 있도록 이미지 전체가 나타납니다. 마스크 바깥 영역의 어둡게 된 이미지 부분을 드래그하여 보여질 부분을 조절합니다. Shift 키를 누른 상태에서 위-아래로 드래그하면 수평 위치가 고정됩니다. [마스크 편집] 창의 슬라이더를 드래그하여 이미지를 확대하거나 축소합니다. 작업을 완료하려면 창에서 [마스크 편집] 버튼을 누릅니다.

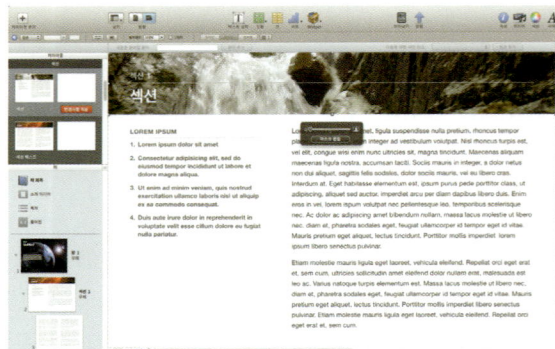

21 이미지 색상을 보정하려면 페이지에서 해당 이미지를 선택하고 [보기] 메뉴 → [이미지 조절 보기]를 선택합니다. [이미지 조절] 패널이 나타나면 각 슬라이더를 드래그하여 색상을 보정합니다. 다음 그림은 채도를 높이고 블러 효과를 주기 위하여 선명도를 줄인 예시입니다.

Tip iBooks Author에서 책에 추가한 모든 이미지를 보정하는 것은 권장하지 않습니다. 해당 이미지가 포함된 페이지를 열때마다 보정 연산을 수행하므로 책 편집 작업시 지연 현상이 자주 발생합니다. 그러므로 다른 응용프로그램에서 보정한 후 iBook Author로 가져올 것을 권장합니다.

22 텍스트 단락을 배분 정렬 방식으로 변경하려면 해당 텍스트 상자를 더블클릭합니다. 더미 텍스트가 파란색으로 하이라이트됩니다. 다음 그림은 텍스트 단락이 왼쪽 정렬 방식으로 지정된 예시입니다.

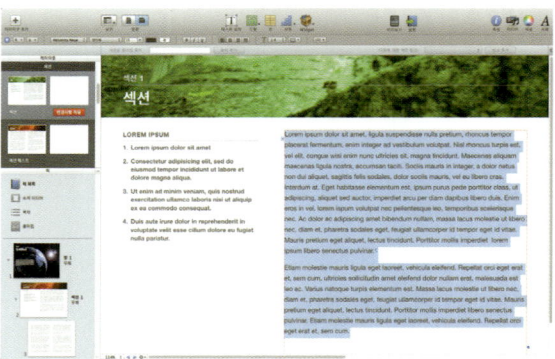

23 포맷 막대에서 네 번째에 있는 [배분 정렬] 버튼을 클릭합니다. 텍스트 단락의 오른쪽 끝 부분이 들쭉날쭉하지 않고 일렬로 가지런히 정렬됩니다.

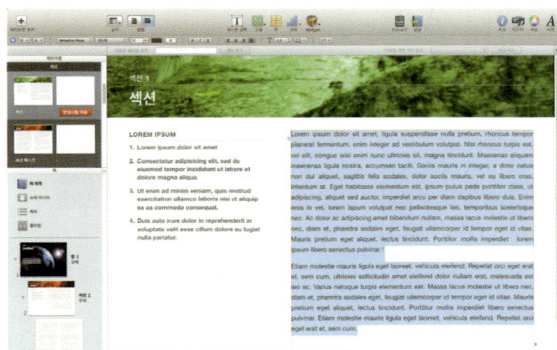

24 레이아웃 변경 작업을 진행하면서 해당 섹션 레이아웃 축소판 이미지 아래에 있는 빨간색 [변경사항 적용] 버튼이 나타나면 수시로 클릭하여 저장합니다.

25 텍스트 상자의 레이아웃을 변경하려면 해당 텍스트 상자를 다른 지점으로 드래그하거나 테두리에 있는 선택 핸들을 드래그하여 크기를 조절합니다. 파란색선은 텍스트 상자 링크 표시입니다. 현재 텍스트 상자에 내용을 입력하다가 해당 영역을 초과하면 다음에 연결된 텍스트 상자로 내용이 흐릅니다.

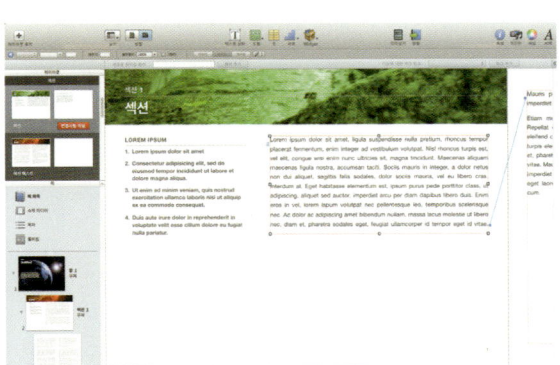

26 텍스트 상자를 연결하려면 먼저 텍스트 상자 모서리 지점에 있는 파란색 삼각형을 클릭한 다음 페이지의 빈 영역을 한 번 클릭합니다.

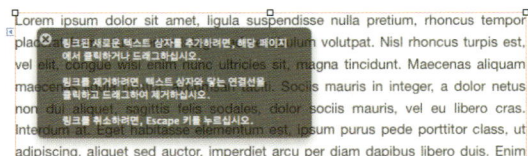

27 새로운 텍스트 상자가 추가되며 기존 텍스트 상자에 파란색선으로 연결됩니다. 새로운 텍스트 상자를 드래그하거나 테두리에 있는 선택 핸들을 드래그하여 레이아웃을 조절합니다.

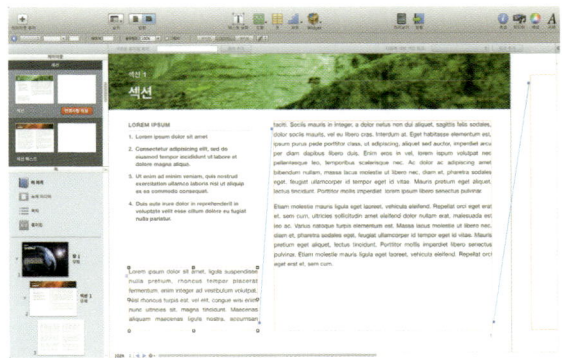

Tip
- 열을 나누려면, 포맷 막대에서 [열 나누기] 버튼을 클릭하고 나타나는 팝업 메뉴에서 원하는 열을 선택합니다. 자세한 사항은 86페이지의 '열 나누기' 섹션을 참조합니다.
- 텍스트 상자 아이콘을 눌러 생성한 빈 텍스트 상자에는 연결할 수 없는 점에 주의합니다. 연결된 텍스트 상자를 생성하려면 본문 텍스트 상자 왼쪽-상단 또는 오른쪽 하단에 있는 모서리 지점에 있는 파란색 삼각형을 클릭합니다.

28▶ 페이지 번호 스타일을 변경하려면 꼬리말 영역에 있는 페이지 번호가 입력된 텍스트 상자를 더블클릭한 다음 포맷 막대에서 [글자 크기], [글자 색상], [글자 배경색] 및 [정렬] 방식을 지정합니다.

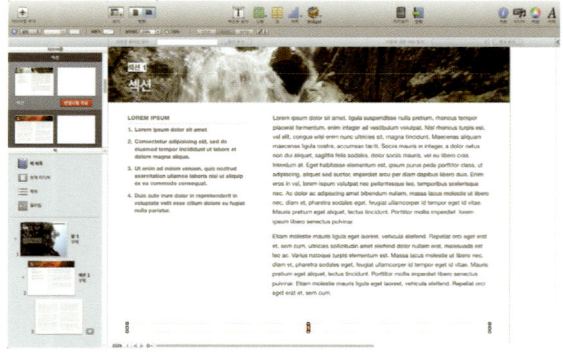

> **Tip**　위 28번 과정에서 변경한 페이지 번호 스타일은 책에 포함된 모든 섹션 및 페이지에 일괄 반영됩니다.

30▶ 섹션 제목 필드를 더블클릭합니다. 제목 팝업 메뉴가 나타나며 이중에서 [책(제목)], [현재 장(제목)], [현재 섹션(제목)] 중 하나를 선택합니다.

Etiam molestie mauris ligula eget laoreet, vehicula eleifend. Repellat orci eget erat et, sem cum, ultricies sollicitudin amet eleifend dolor nullam erat, malesuada est leo ac. Varius natoque turpis elementum est. Massa lacus molestie ut libero nec, diam et, pharetra sodales eget, feugiat ullamcorper id tempor eget id vitae. Mauris pretium eget aliquet, lectus tincidunt. Porttitor mollis imperdiet libero senectus pulvinar. Etiam molestie mauris ligula eget laoreet, vehicula eleifend. Repellat orci eget erat et, sem cum.

29▶ 자동으로 업데이트되는 '장 제목' 필드를 추가하려면 Option 키를 누르면서 페이지에 이미 추가되어 있는 [섹션 제목] 텍스트 상자를 드래그하여 복제하고 원하는 지점에 배치합니다. 다음 그림은 복제한 [섹션 제목] 텍스트 상자를 오른쪽 하단에 배치하고 글자 배경색은 검은 톤으로 변경한 예시입니다.

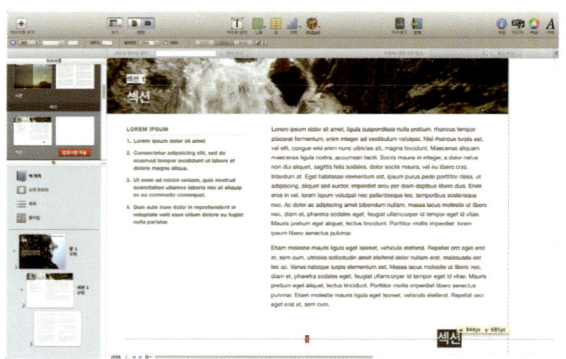

31▶ 섹션 제목 필드를 페이지 오른쪽 끝에 배치했으므로, 섹션 제목 필드를 더블클릭하고 포맷 막대에서 정렬 방식을 오른쪽 정렬로 변경합니다. 그리고 글자 크기를 레이아웃에 맞게 변경합니다.

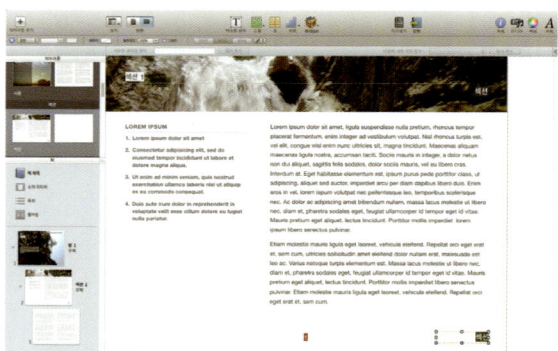

32▶ 레이아웃 변경 작업을 진행하면서 해당 섹션 레이아웃 축소판 이미지 아래에 있는 빨간색 [변경사항 적용] 버튼이 나타나면 수시로 클릭하여 저장합니다.

33▶ [레이아웃] 패널에서 페이지 레이아웃을 선택하고 페이지 편집 영역에서 디자인 작업을 시작합니다. 다음 그림은 1열로 구성된 페이지입니다.

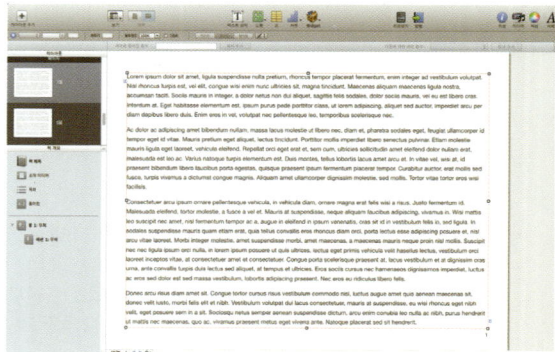

34 [레이아웃] 패널에서 변경할 페이지 레이아웃 유형 중 하나를 선택하고 단축키 Command + D 키를 누르거나 도구 막대에서 [레이아웃 추가] 아이콘을 클릭합니다. 선택한 페이지 레이아웃이 복제됩니다. 복제한 레이아웃의 이름을 변경하려면 해당 이름 영역을 더블 클릭하고 원하는 이름을 입력합니다.

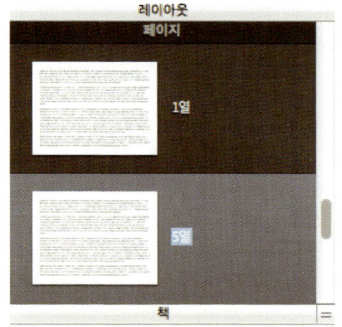

35 페이지에서 위 부분은 1열, 아래 부분은 2열로 변경하려면 텍스트 상자 테두리에 있는 선택 핸들을 드래그하여 다음 그림과 같이 텍스트 상자 크기를 조절합니다.

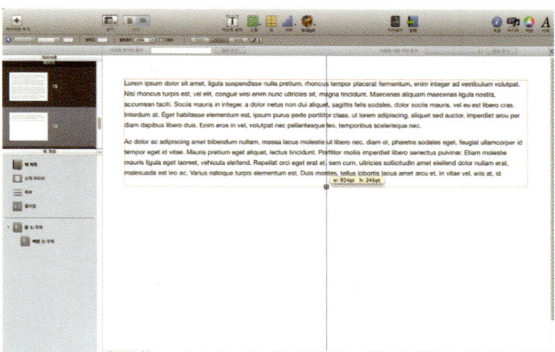

36 텍스트 상자 오른쪽 하단 모서리에 있는 파란색 삼각형을 클릭한 다음 페이지의 빈 영역을 다시 한 번 클릭합니다.

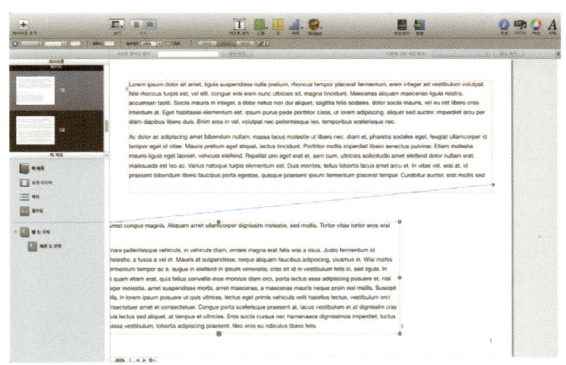

37 새로운 텍스트 상자가 추가되며 기존 텍스트 상자에 파란색선으로 연결됩니다. 새로운 텍스트 상자를 드래그하거나 테두리에 있는 선택 핸들을 드래그하여 다음 그림과 같이 레이아웃을 조절합니다.

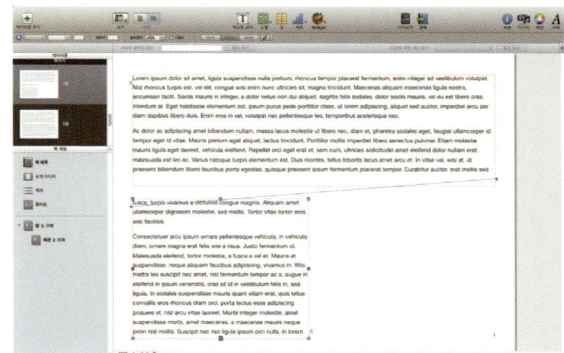

38 위 36번 과정에서 새로 추가한 텍스트 상자 오른쪽 하단 모서리에 있는 파란색 삼각형을 클릭한 다음 페이지의 빈 영역을 다시 한 번 클릭합니다. 새로운 텍스트 상자가 추가되며 기존 텍스트 상자에 파란색선으로 연결됩니다. 새로운 텍스트 상자를 드래그하거나 테두리에 있는 선택 핸들을 드래그하여 다음 그림과 같이 레이아웃을 조절합니다. 페이지 상단에 있는 텍스트 상자에 내용을 입력하다가 해당 영역을 초과하면 다음에 연결된 텍스트 상자로 내용이 흐릅니다.

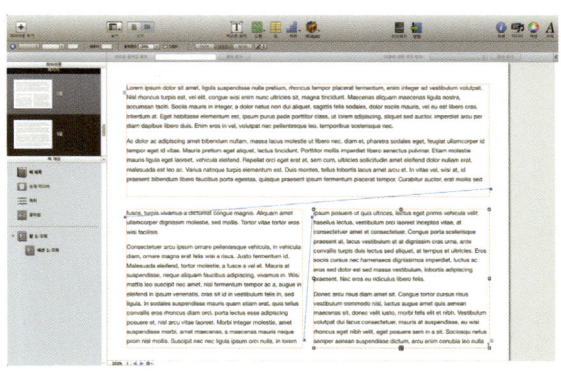

39 열 분리선을 추가하려면 도구 막대에서 [도형] 아이콘을 클릭하고 나타나는 팝업 메뉴에서 [직선] 모양을 선택합니다. 페이지 중앙에 직선 대상체가 나타납니다. Shift 키를 누른 상태에서 원하는 지점으로 드래그합니다. Shift 키를 누르면서 대상체를 이동하면 수평 위치가 어긋나지 않고 고정됩니다.

40 Shift + Option 키를 누른 상태에서 마우스 커서를 직선의 한 쪽 끝 지점에 위치시키고 페이지 바깥쪽으로 드래그합니다. 좌-우 동일한 비율로 직선의 길이가 늘어납니다.

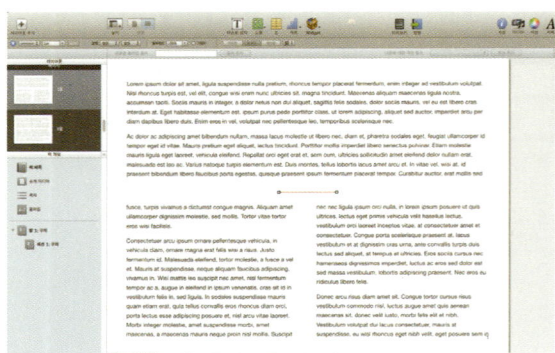

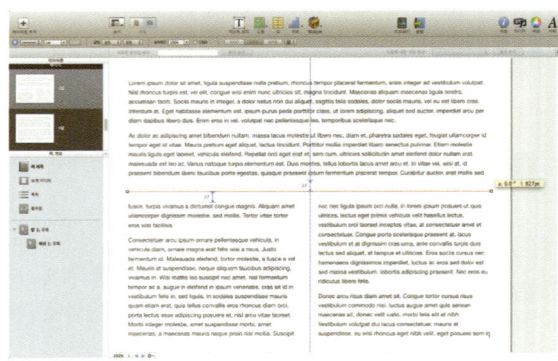

41 열 분리선의 선 유형, 색상을 조절하려면 직선 대상체를 선택하고 도구 막대에서 [속성] 아이콘을 클릭한 다음 [그래픽] 아이콘을 클릭해 [선 유형], [선 색상]을 변경합니다. 열 분리선이므로 선 유형은 점선, 색상은 연한 회색 계통으로 지정하는 것이 좋습니다.

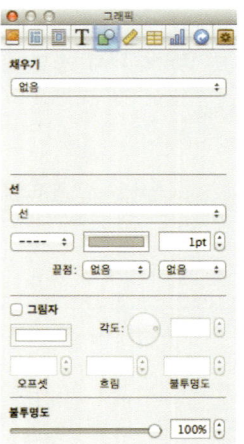

42 페이지에서 열 분리선의 모양새가 변경됩니다. 직선 대상체를 1 포인트 단위로 세밀하게 재배치하려면 키보드의 방향키를 누릅니다. 직선 대상체가 움직이지 않도록 고정하려면 [정렬] 메뉴 → [잠금]을 선택합니다.

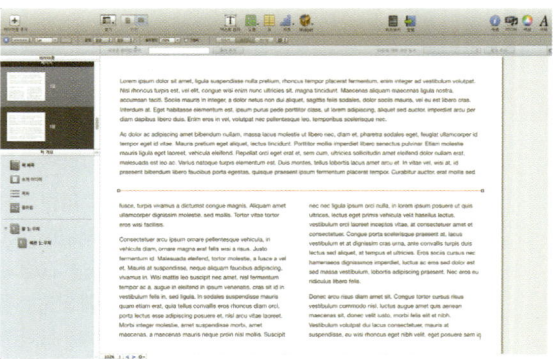

43 [파일] 메뉴 → [템플릿으로 저장]을 선택합니다. [별도
저장] 패널이 나타나며 템플릿 파일 이름을 입력하고
[저장] 버튼을 누릅니다.

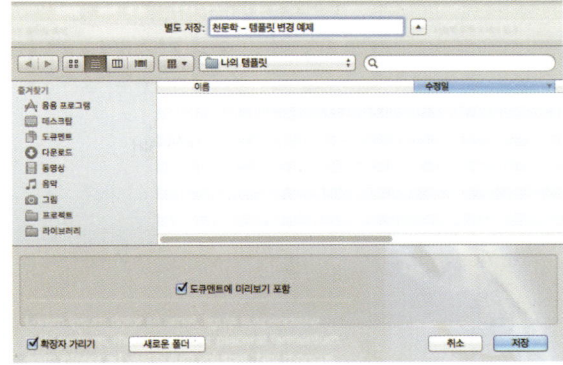

> **Tip**
>
> 템플릿 기본 저장 위치는 [홈 폴더/라이브러리/Application Support/iBooks Author/Templates/나의 템플릿] 폴더입니다. 만
> 약 저장 위치를 다른 폴더로 변경하면, 템플릿 선택 화면에 나타나지 않는다는 것에 주의합니다.

44 [파일] 메뉴 → [템플릿 선택 화면에서 새로운 파일]을
선택합니다. 앞의 과정에서 사용자화하고 저장한 템플
릿이 마지막 지점에 나타납니다. 이 템플릿을 열고 책
편집 작업을 시작합니다.

Lesson 02 서드파티 템플릿

애플에서 기본으로 제공하는 템플릿 이외에 서드파티 업체에 제작해 유료 또는 무료로 판매, 배포하는 템플릿을 Mac App Store로부터 다운로드 받아 설치합니다.

Exercise 01 Mac App Store에서 서드파티 템플릿 설치하기

01 Mac 컴퓨터를 인터넷에 연결하고 [애플] 메뉴 → [App Store]를 선택합니다. App Store 응용 프로그램이 실행되며 검색 필드에 'iBooks Author'를 입력하고 `Return` 키를 누릅니다.

02 검색 결과 목록이 나타나며 원하는 유형의 템플릿 앱이 있는지 각 항목을 클릭하고, 검토합니다.

03 템플릿 앱을 구매하려면 [설치] 버튼을 클릭하고 화면 지침에 따라 구입을 완료합니다. 이 템플릿 앱은 유료 또는 무료로 판매되거나 배포됩니다.

04 설치가 완료되면 Dock에서 Launchpad를 실행하고 해당 템플릿 앱을 실행합니다. 템플릿 창이 나타나고 여기서 원하는 항목을 더블클릭하면 iBooks Author에서 열립니다.

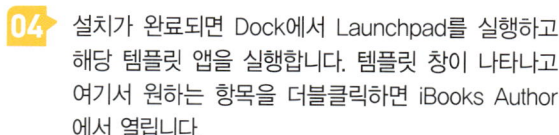

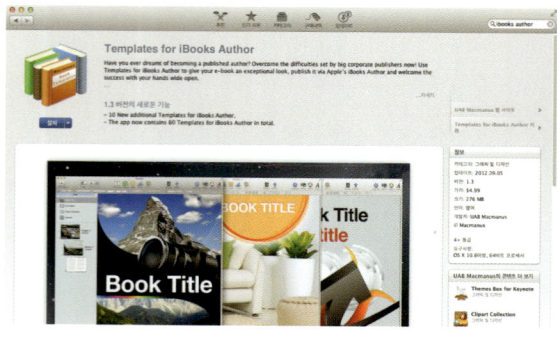

DIGITAL
BOOKS
www.digitalbooks.co.kr
디·지·털·세·상·의·이·정·표

D-13-04

독자의 경험을 더 멋지게 만드는 UX 멀티–터치 책 디자인 툴

iBooks Author 2

1판 1쇄 인쇄 2013년 2월 25일

1판 1쇄 발행 2013년 2월 28일

지 은 이 윤남웅

발 행 인 이미옥

발 행 처 디지털북스

정   가 23,000원

등 록 일 1999년 9월 3일

등록번호 220–90–18139

주   소 (143–839)서울 광진구 능동 253–21

새 주 소 (143–849)서울 광진구 능동로 32길 159

전화번호 (02)447–3157~8

팩스번호 (02)447–3159

ISBN 978–89–6088–116–7 (13000)

D–13–04